"十三五"江苏省重点出版物出版规划项目

走向深蓝·海上执法系列

海洋行政处罚通论

裴兆斌　王黎黎　郭凌川　等著

大连海洋大学东北亚研究中心（教育部备案GQ17091）资助
大连海洋大学社会科学界联合会资助
辽宁省社会科学界联合会:辽宁省区域经济发展研究重点基地（海洋经济发展与法律政策研究）项目资助
中国太平洋学会海洋维权与执法研究分会资助
辽宁省法学会海洋法学研究会资助
大连市社会科学界联合会、大连市国际法学会资助

东南大学出版社
SOUTHEAST UNIVERSITY PRESS
·南京·

图书在版编目(CIP)数据

海洋行政处罚通论 / 裴兆斌等著. —南京：东南大学出版社，2020.12
(走向深蓝 / 姚杰，裴兆斌主编. 海上执法系列)
ISBN 978-7-5641-9216-7

Ⅰ.①海… Ⅱ.①裴… Ⅲ.①海洋法—行政执法—研究 Ⅳ.①D993.5

中国版本图书馆 CIP 数据核字(2020)第 223399 号

海洋行政处罚通论
Haiyang Xingzheng Chufa Tonglun

著　　者	裴兆斌　王黎黎　郭凌川　等
出版发行	东南大学出版社
出 版 人	江建中
社　　址	南京市四牌楼 2 号(邮编:210096)
网　　址	http://www.seupress.com
责任编辑	孙松茜(E-mail:ssq19972002@aliyun.com)
经　　销	全国各地新华书店
印　　刷	广东虎彩云印刷有限公司
开　　本	700mm×1000mm　1/16
印　　张	15.75
字　　数	318 千字
版　　次	2020 年 12 月第 1 版
印　　次	2020 年 12 月第 1 次印刷
书　　号	ISBN 978-7-5641-9216-7
定　　价	68.00 元

(本社图书若有印装质量问题，请直接与营销部联系。电话：025-83791830)

走向深蓝·海上执法系列编委会名单

主　任：姚　杰
副主任：宋林生　张国琛　胡玉才　赵乐天
　　　　裴兆斌

编　委（按姓氏笔画排序）：

　　　　王　君　王太海　王祖峰　田春艳
　　　　刘　臣　刘　鹰　刘海廷　刘新山
　　　　朱　晖　李文旭　李　巍　郭云峰
　　　　高雪梅　常亚青　彭绪梅　蔡　静

总 序

人类社会发展史上,海权与世界强国伴生,互为倚重。无海权,便无真正的世界强国;而无强大的国力,则无法形成和维持强大的海权。海洋权益是海洋权利和海洋利益的总称。按照《联合国海洋法公约》规定,国家的海洋权利包括:沿海国在国家自己管辖海域(领海及毗连区、专属经济区和大陆架)享有的海洋主权、海洋管辖权、海洋管制权;在国家自己管辖之外海域(公海、国际海底区域、他国管辖海域)依法享有航行自由和捕鱼、深海底资源勘探开发等权利。国家海洋利益主要是指维护国家主权和领土完整的政治利益,以及开发利用领海、专属经济区、大陆架、公海、国际海底等所获得的收益。

伴随着《联合国海洋法公约》的生效,世界沿海各国不断加强对国家管辖海域的管理,随着世界各国对海洋问题的重视程度不断加深,沿海国家相继调整海洋战略,制定相对完善的海洋法律体系,强化海洋综合管理与执法,以维护本国在海洋上各项利益。纵观世界各国,随着海洋管理内容和模式的变化,世界各国逐渐形成了各自独特的海洋管理与执法体制,主要有以下发展模式:

第一,"管理部门集中——执法权集中"模式。"管理部门集中——执法权集中"模式,是指一个行政机关或法定组织通过一定的法律程序,集中行使几个行政机关的行政检查权和行政处罚权的一种行政执法体制[1],具体而言,就是指由一个部门统一管理全国的各项涉海事务,同时也有一个部门集中行使执法权。具有以下特点:一是有覆盖海洋管理各个方面的专门国家海洋管理机构;二是有健全、完善的海洋管理体系;三是有较为系统和完善的国家海洋法律法规及海洋政策;四是有统一的海上执法队伍。美国是"管理部门集中——执法权集中"模式的典型代表。

第二,"管理部门分散——执法权集中"模式。"管理部门分散——执法权集中"模式是指虽然没有一个能够完全管理国家海洋事务的机关,但是它却有一个能管理大部分或绝大部分海洋事务的组织,在发展趋势上,是不断向"管理部门集

---

[1] 刘磊,仇超.行政综合执法问题略论[J].泰安教育学院学报岱宗学刊,2004,8(1):45-47.

中——执法权集中"模式发展的。其具有以下特点：一是全国没有统一的海洋管理职能部门；二是建有海洋工作的协调机构，负责协调解决涉海部门间的各种矛盾；三是已经建立了统一的海上执法队伍。日本是"管理部门分散——执法权集中"模式的典型代表。

第三，"管理部门分散——执法权分散"模式。"管理部门分散——执法权分散"模式是指海洋管理工作分散在政府的各个部门，中央政府没有设立负责管理海洋事务的统一职能部门，也没有形成统一的执法体系。其特点是：一是全国没有统一的海洋管理职能部门，海洋管理权分散在较多的部门；二是没有统一的法规、规划、政策等；三是没有统一的海上执法队伍。此种类型在世界上相对来说是非常少的。加拿大是"管理部门分散——执法权分散"模式的典型代表。

这三种不同管理与执法体制模式虽然呈现出不同的特点，但是目前仍然属于"管理部门分散——执法权分散"模式的国家少之又少，并且"管理部门分散——执法权集中"模式也在向着"管理部门集中——执法权集中"模式转变，因而"管理部门集中——执法权集中"模式是海洋管理和执法模式的国际大趋势。

我国现行的海上行政执法体制是在我国社会主义建设初期的行政管理框架下形成的，其根源可推至我国计划经济时期形成的以行业执法和管理为主的模式，是陆地各行业部门管理职能向海洋领域的延伸。[1] 自新中国成立以来，我国海洋管理体制大概经历了四个阶段：

第一阶段大致为新中国成立至20世纪60年代中期，分散管理阶段。当时我国对海洋管理体制实行分散管理，主要是由于新中国刚刚成立，对于机构设置、人员结构的调整还处于摸索和探索时期，其主要效仿苏联的管理模式，导致海洋政策并不明确，海上执法建设相对落后，又随着海洋事务的增多，海洋管理规模的扩大，部门与部门之间、区域与区域之间出现了职责交叉重叠、力量分散、管理真空的现象。[2]

第二阶段是海军统管阶段。从1964年到1978年，我国海洋管理工作由海军统一管理，并且成立国务院直属的对整个海洋事业进行管理的国家海洋局，集中全国海洋管理力量，统一组织管理全国海洋工作。此时的海洋管理体制仍是局部统一管理基础上的分散管理体制。

第三阶段是海洋行政管理形成阶段。这一阶段的突出特点是地方海洋管理

---

[1] 刘凯军.关于海洋综合执法的探讨[J].南方经济,2004(2):19-22.
[2] 宋国勇.我国海上行政执法体制研究[D].上海:复旦大学,2008.

机构开始建立。至 1992 年底,地(市)县(市)级海洋机构已达 42 个,分级海洋管理局面初步形成。但海上行政执法管理与涉海行业或产业管理权力混淆在一起,中央及地方海洋行政主管部门、中央及地方各涉海行业部门各自为政,多头执法,管理分散。

第四阶段是综合管理酝酿阶段。国家制定实施战略、政策、规划、区划协调机制以及实施行政监督检查等行为时,开始注重以海洋整体利益和海洋的可持续发展为目标,但海洋执法机构仍呈现条块结合、权力过于分散的复杂局面。① 仍然无法改变现实中多头执法、职能交叉、权力划分不清等状况。②

2013 年 3 月 10 日《国务院机构改革和职能转变方案》公布,为进一步提高我国海上执法成效,国务院将国家海洋局的中国海监、公安部边防海警、农业部中国渔政、海关总署海上缉私警察的职责整合,重新组建国家海洋局,由国土资源部管理,国家海洋局以中国海警局的名义开展海上维权执法,接受公安部的业务指导。③ 重组后的海警具备了原有海监、渔政、边防海警的多项职能。从《国务院机构改革和职能转变方案(草案)》以及实践来看,中国海警局是海上执法主体之一。在这一轮的改革中,虽然整合了原有的海监、渔政等力量形成海警局,但目前在海洋执法方面还是平行地存在两个执法机构,即海警局和海事局。同时,在整个海洋执法体系中也存在一定的地方政府海洋执法力量。

总之,为了建设强大的海洋国家,实现中华民族的伟大复兴,更好地维护我国海洋权益和保障我国海上安全,有效地遏制有关国家在海上对我国的侵扰和公然挑衅,尽快完善我国海洋管理与执法体系显得尤为必要,这也是现阶段的紧迫要求和时代赋予我们的神圣使命。

为使我国海洋执法有一个基本的指导与理论依据,大连海洋大学法学院组织部分教师对海上执法工作进行研究,形成了以下成果:

1.《海上安全与执法》
2.《海上治安案件查处》
3.《海上行政案件查处》
4.《海上犯罪侦查实务》
5.《海洋行政处罚通论》
6.《海洋行政案件证据规范指南》

---

① 仲雯雯.我国海洋管理体制的演进分析(1949—2009)[J].理论月刊,2013(2):121-124.
② 裴兆斌.海上执法体制解读与重构[J].中国人民公安大学学报(社会科学版),2016,32(1):132-137.
③《海洋世界》综合报道.中国告别五龙治海[J].海洋世界,2013(3):6-7.

7.《海上治安执法实务若干问题研究》

8.《蔚蓝的秩序——西非渔事咨询案评析》

9.《海上渔事纠纷与治安案件调处》

10.《最新海洋执法实务实用手册》

丛书编委会主任由姚杰担任;宋林生、张国琛、胡玉才、赵乐天、裴兆斌担任丛书编委会副主任。王君、王太海、王祖峰、田春艳、刘臣、刘鹰、刘海廷、刘新山、朱晖、李文旭、李巍、郭云峰、高雪梅、常亚青、彭绪梅、蔡静担任丛书编委会编委。

丛书主要作者裴兆斌系大连海洋大学法学院院长,长期从事海上安全(维权)与执法、海洋法学教学与科研工作,理论基础雄厚。其余作者均系大连海洋大学法学院等部门教师、研究生及其他院校教师、硕士和博士研究生,且均从事海上安全(维权)与执法、海洋法学教学与科研工作,经验十分丰富。

本丛书的最大特点:准确体现海上执法内涵;体系完整,涵盖海上执法所有内容;理论联系实际,理论指导实际,具有操作性。既可以作为海警和其他海上执法部门执法办案的必备工具书,又可作为海警和其他海上执法部门的培训用书;既可以作为海洋大学法学专业本科生、研究生的教学参考书,又可作为海洋大学法学专业本科生、研究生的专业方向课的教材。

希望本丛书的出版,对提高我国海上执法水平与能力提供一些有益的帮助和智力支持,更希望海洋管理法治化迈上新台阶。

大连海洋大学校长、教授

二〇一五年十月于大连

前 言①

海洋行政处罚是国家进行海洋行政管理的重要内容。做好海洋行政处罚工作是依法治国的要求,对于维护国家海洋权益、维护海洋行政管理秩序、保护海洋生态环境和公民、法人及其他组织的合法权益,具有十分重要的现实意义。

2013年3月10日《国务院机构改革和职能转变方案》公布,为了进一步提高我国海上执法成效,国务院将国家海洋局的中国海监、公安部边防海警、农业部中国渔政、海关总署海上缉私警察的队伍的职责整合,重新组建国家海洋局,由国土资源部管理,国家海洋局以中国海警局的名义开展海上维权执法,接受公安部的业务指导。2013年3月14日,十二届全国人大一次会议审议通过了《国务院机构改革和职能转变方案(草案)》。2018年6月22日第十三届全国人民代表大会常务委员会第三次会议通过《关于中国海警局行使海上维权执法职权的决定》,主要内容如下:"为了贯彻落实党的十九大和十九届三中全会精神,按照党中央批准的《深化党和国家机构改革方案》和《武警部队改革实施方案》决策部署,海警队伍整体划归中国人民武装警察部队领导指挥,调整组建中国人民武装警察部队海警总队,对外称中国海警局,中国海警局统一履行海上维权执法职责。现就中国海警局相关职权作出如下决定:一、中国海警局履行海上维权执法职责,包括执行打

---

① 基金项目:
(一)科研项目:1.2019年辽宁省高等学校国(境)外培养项目《海洋法律和政策中加合作研究计划》(项目号2019GJWYB019)2.教育部备案2017年度国别与区域研究中心项目"海洋法律与政策东北亚研究中心"(GQ17091);3.2017年度国家社科基金重大项目"构建中国特色境外追逃追赃国际合作法律机制研究"(17ZDA136);4.湖南省社科基金重点项目(构建中国特色境外追赃之资产直接追回国际合作法律机制(19ZDB34);5.辽宁省教育厅2019年度科学研究经费项目"我省涉外渔业管控困境及法律对策研究"(DW201903);6.辽宁省教育厅2020年科学研究经费项目"乡村振兴视域下辽宁法治乡村发展研究"(DW202002);7.大连市社科院2020年度重大调研课题"推进大连市域治理现代化研究"(2020dlsky112);8.2019年度辽宁省社会科学规划基金项目"人工智能时代个人数据法律保护研究"(L19BFX013);9.农业农村部渔业渔政管理局横向课题"渔政执法支撑和法律咨询"(2020025)。
(二)教改项目:1."卓越海洋法治人才培养研究与实践",2018年度辽宁省普通高等教育本科教学改革研究项目(辽教函〔2018〕471)号;2."卓越海洋法治人才教育培养计划的探索与实践",中国学位与研究生教育学会农林学科工作委员会2019年研究课题立项(2019-NLZX-YB52)3."新时代海洋强国背景下海洋法治人才培养体系创新与实践",大连海洋大学2019年度校级本科教育教学改革研究项目(大海大校发〔2019〕152号;4.2020年大学生创新创业训练计划项目(水生野生动物禁食法律问题研究)国家项目。

击海上违法犯罪活动、维护海上治安和安全保卫、海洋资源开发利用、海洋生态环境保护、海洋渔业管理、海上缉私等方面的执法任务,以及协调指导地方海上执法工作。二、中国海警局执行打击海上违法犯罪活动、维护海上治安和安全保卫等任务,行使法律规定的公安机关相应执法职权;执行海洋资源开发利用、海洋生态环境保护、海洋渔业管理、海上缉私等方面的执法任务,行使法律规定的有关行政机关相应执法职权。中国海警局与公安机关、有关行政机关建立执法协作机制。"这标志我国海上行政执法职能由原中国海警向转隶后的中国海警的重要转变。目前海上行政执法主体主要是中国海警局、农业农村部及地方各级海上行政执法部门。这就要求海上执法人员和海洋大学法学专业学生能够掌握海洋行政处罚的基本内容。

  基于上述考虑,我产生了对海洋行政处罚进行深入研究的想法。同时,借我带领学院部分教师前往部分海上执法等部门进行调研的机会,我们虚心地向实务部门的领导和执法者进行了请教,在实务部门的领导和部分执法者的帮助下,我与王黎黎、郭凌川等老师及研究生终于完成了这本著作。参加本书撰写的还有大连海洋大学法律硕士研究生朱蒙蒙、武亚男、李宝敏、袁艺、周莹、王品一、李琦、王天琦等。

  本书的付梓得益于大连海洋大学党委书记姚杰、校长宋林生的鼎力支持与指导,也受益于中国海警局、农业农村部渔业渔政管理局等部门领导和执法者的无私帮助与启迪,大连海洋大学海洋法律与人文学院诸多老师都给予了大力帮助,在此深表衷心的谢意!东南大学出版社的编辑孙松茜老师任劳任怨,不辞劳苦逐字逐句予以核校勘正,在此也表达我们深深的谢忱!本书在撰写过程中,参阅了许多教材、著作和学术论文。在此,向引用的有关教材、文章和资料的编著者,表示衷心的感谢。

  当然,作者愿望良好,但效果尚待实践去检验。本书肯定存在一些不足与疏漏之处,恳请诸位热心读者发现、提出、指正,我一定会倾听各界的批评与建议,希望各位读者不吝赐教。

二〇二〇年十月于大连

目 录

第一章　海洋行政处罚概述 …………………………………………… 1
 第一节　海洋行政处罚的概念 ………………………………………… 1
 第二节　海洋行政处罚的基本原则 …………………………………… 5
 第三节　海洋行政处罚的主体 ………………………………………… 8
 第四节　海洋行政处罚的法律依据 …………………………………… 11

第二章　海洋行政处罚的常见措施 …………………………………… 14
 第一节　海洋行政处罚措施的分类 …………………………………… 14
 第二节　海洋行政处罚措施的具体适用 ……………………………… 18

第三章　海域使用和海岛保护行政处罚 ……………………………… 27
 第一节　海域使用违法行为行政处罚 ………………………………… 27
 第二节　海岛使用违法行为行政处罚 ………………………………… 56

第四章　海洋渔业行政处罚 …………………………………………… 79
 第一节　违反渔业资源增殖保护行为行政处罚 ……………………… 79
 第二节　违反捕捞许可管理规定行为行政处罚 ……………………… 84
 第三节　外国人、外国船舶渔业违法行为行政处罚 ………………… 88

第五章　海洋渔业港航安全行政处罚 ………………………………… 102
 第一节　违反渔港管理行为行政处罚 ………………………………… 102
 第二节　违反渔业船舶管理行为行政处罚 …………………………… 113
 第三节　违反渔业船员管理行为行政处罚 …………………………… 124

第六章　海洋环境保护行政处罚 … 128

第一节　违反海洋石油勘探开发行为行政处罚 … 128

第二节　违反海洋工程建设环保规定行为行政处罚 … 147

第三节　违反海洋倾废规定行为行政处罚 … 151

第四节　违反海洋自然保护区规定行为行政处罚 … 159

第七章　涉外海洋科研与铺设海底电缆管道行政处罚 … 166

第一节　涉外海洋科研行政处罚 … 166

第二节　铺设海底电缆管道行政处罚 … 174

第八章　海上缉私行政处罚 … 189

第一节　船舶无船名船号或者船舶名称与证件不符行为行政处罚 … 189

第二节　当事人无法查清的违法案件行政处罚 … 192

第三节　船舶运输国家禁止进出口或限制进出口货物、物品行为行政处罚 … 195

第九章　海上治安行政处罚 … 213

第一节　违反船舶边防治安管理的行政处罚 … 213

第二节　妨害国（边）境管理案件的行政处罚 … 224

第三节　妨害公共安全案件的行政处罚 … 227

第四节　妨害社会管理案件的行政处罚 … 232

第五节　非法运输、储存、买卖成品油案件的行政处罚 … 234

参考文献 … 236

第一章
海洋行政处罚概述

第一节 海洋行政处罚的概念

一、海洋行政处罚的定义

海洋行政处罚是指行政主体为达到对违法者予以惩戒，促使其以后不再犯，有效实施行政管理，维护公共利益和社会秩序，保护公民、法人或者其他组织的合法权益的目的，依法对行政相对人违反行政法律尚未构成犯罪的行为（违反行政管理秩序的行为），给予人身的、财产的、名誉的及其他形式的法律制裁的行政行为。海洋行政处罚适用的法律、行政规章主要有：《中华人民共和国行政处罚法》《罚款决定与罚款收缴分离实施办法》《中华人民共和国海上海事行政处罚规定》以及《海洋行政处罚实施办法》等。

通过海洋行政处罚的概念，可从以下几个方面进一步理解其内涵：

第一，海洋行政处罚的主体是特定的海洋行政管理机关。

目前，我国的海洋管理机关主要有海洋行政主管机关、海事管理机关、渔业行政管理机关、海关和公安边防管理机关等。其他社会组织在得到法律授权或者主管国家行政机关委托的情况下，在其授权或者委托的权限内，也可以行使海洋行政处罚权。[1] 但是实施海洋行政处罚都必须依据法定权限，无论是主管国家行政机关，还是其他社会组织，其是否享有海洋行政处罚权以及享有何种海洋行政处罚权、在多大范围内享有行政处罚权，还需要基于相关法律规范的规定，要求具备直接的法律依据。例如《中华人民共和国海上海事行政处罚规定》第四条规定："海事行政处罚，由海事管理机构依法实施。"《海洋行政处罚实施办法》第三条规定："县级以上各级人民政府海洋行政主管部门是海洋行政处罚实施机关（以下简称实施机关）。实施机关设中国海监机构的，海洋行政处罚工作由所属的中国海监机构具体承担；未设中国海监机构的，由本级海洋行政主管部门实施。中国海监机构以同级海洋行政主管部门的名义实施海洋行政处罚。"海洋行政管理机关

---

[1] 金伟峰.海洋行政法学[M].北京：法律出版社，2015.

必须严格依据法定权限行使海洋行政处罚权,否则超越法定权限的处罚无效。

第二,海洋行政处罚是针对违反海洋法律、法规或规章的行政相对人的制裁。

海洋行政处罚与行政处罚相同,是对违反海洋行政法律规范的行政相对人的人身自由、财产、名誉或者其他权益的限制或者剥夺,或者对其科以新的义务,体现了其强烈的制裁性或者惩戒性。[1] 因此,海洋行政处罚的目的具有制裁性,是对违法相对人的一种惩罚和警示,并不以督促相对人完成某项义务为目的。根据《海洋行政处罚实施办法》第二条规定,单位和个人违反海域使用、海洋环境保护、铺设海底电缆管道、涉外海洋科学研究管理等海洋法律、法规或者规章,海洋行政处罚实施机关依法给予海洋行政处罚的,适用本办法。因此,无论是个人还是组织,只要违反了行政法所规定的义务,都应受到相应的处罚。

第三,海洋行政处罚的前提是涉海违法但尚未构成犯罪的行为。

海洋行政处罚适用于涉海违法行为,而不适用于其他违法行为。

相对人的涉海违法行为属于一般违法,情节较轻,尚不构成刑事犯罪。《中华人民共和国海关行政处罚实施条例》第二条规定:"依法不追究刑事责任的走私行为和违反海关监管规定的行为,以及法律、行政法规规定由海关实施行政处罚的行为的处理,适用本实施条例。"

第四,海洋行政处罚的程序更具有应急性和及时性。

海洋是另一个有别于陆地的"流动世界",其制约海上执法的主要因素有三:一是远离陆地、交通不便。辽阔的海域,是人类从最初的"舟楫之便""渔盐之利",但直到现在对海洋的多方位开发利用,无不受到"距离"的限制。因为海水的阻隔,人类只能借助船舶、飞机、电台、卫星等交通与通信工具来缩短海陆间的距离,来弥补人与人的沟通。二是一体难分流。海洋为天然一体的水域,人无法随意分割,物难于随意定着。如不借助于相应设施,人在海上,无法分辨方位与界限,难于确认数量与性状。三是边界复杂、范围不定。海域的外缘多为国界,海域的内侧接壤于各地方辖区,对外涉及国家主权,对内跨越行政管辖。同时,海陆、海河界限因自然或人为而变化不定。还有海洋气候多变,常生台风、海啸等人力无法抗拒的灾害性天气,这些都是陆地执法所不具之特征。

由于海洋自然特性的约束,决定了海上执法具有成本高、技术含量高、专业性强的特点,海洋行政违法案件"发现难、取证难、结案难、执行难",海洋行政处罚程序更要求应急性、及时性和例外性。[2]

---

[1] 金伟峰.海洋行政法学[M].北京:法律出版社,2015.
[2] 刘惠荣,刘卫,张颖.海洋行政执法理论[M].北京:海洋出版社,2013:207-208.

二、海洋行政处罚与相关概念的区别

（一）海洋行政处罚与海洋行政强制

海洋行政处罚是对确定的海洋行政违法行为人给予行政制裁。海洋行政强制是海洋行政主管部门依法定职权而实施的一种单方的具体行政行为，其目的侧重于海洋行政管理，重在保障海洋行政管理的顺利进行。两者的主要区别有以下几个方面：

第一，性质不同。海洋行政处罚具有很强的制裁性，海洋行政管理机关对违反海洋行政法律法规的相对人设定新的义务，直接影响到相对人实体权利义务；而海洋行政强制并不对相对人设定新的义务，其核心是促使相对人履行原有的义务。如：确保船舶处于适航或适拖状态本身就是船舶的法定义务，海事行政机关根据《中华人民共和国海上交通安全法》第十九条规定对不适航或不适拖船舶作出禁止其离港的行政强制措施，本身就是为了船舶法定义务的实现；而海事机关依法对船舶处于不适航或不适拖状态的违法行为进行罚款处罚，实际上就对违法当事人科以了行政义务：违法当事人必须按照处罚决定交纳罚款。[1]

第二，实施主体不同。海洋行政强制执行可由有执行权的行政机关即海事机构实施；在海事机构不具有执行权时，则应申请人民法院强制执行。海洋行政处罚则只能由法定行政机关即海事机构根据法律授权组织实施，而不能由人民法院实施。[2]

第三，目的不同。海洋行政处罚的目的在于对当事人违反行政法律规范规定的义务进行制裁，其着眼点在于对"过去"违法行为的惩罚；而海洋行政强制的目的在于督促义务人履行义务，其着眼点在于对"将来"义务内容的实现。因此，海洋行政处罚的目的是为了惩罚海洋违法行为人，海洋行政强制目的是为了保障海洋行政管理的顺利进行。如：当船舶处于不适航或不适拖状态时，海事行政机关可以根据《中华人民共和国海上交通安全法》第十九条规定对当事船舶作出禁止其离港的行政强制措施，并且在船舶纠正了相关的不安全状态后，该行政强制措施即可解除。可见，上述行政强制措施的目的是为了迫使船舶纠正其不适航或不适拖状态（迫使其履行保证船舶处于适航或适拖状态的义务）；而如果船舶处于不适航或不适拖状态是因船舶配员不足等违法行为引起的，海事行政机关可以根据《中华人民共和国海上海事行政处罚规定》第三十三条的规定对船舶所有人和船长进行处罚，其目的是对违法行为人予以惩戒，并且处罚决定一旦合法作出，就不

---

[1] 连财辉.海事行政处罚与行政强制的区别实施[J].中国水运（下半月），2008,8(5)：26-27,29.
[2] 连财辉.海事行政处罚与行政强制的区别实施[J].中国水运（下半月），2008,8(5)：26-27,29.

因其在事后纠正了不适航或不适拖状态而解除。①

（二）海洋行政处罚与刑罚

海洋行政处罚作为行政处罚的组成部分与刑罚的共同之处在于二者都是国家对违法行为实施的法律制裁，两者的差异主要有以下几个方面：

第一，惩罚的性质不同。海洋行政处罚是由海洋行政主管部门履行行政职能作出的行政行为；刑罚则是由国家司法机关运用司法职权作出的司法行为。

第二，对象不同。海洋行政处罚针对的是尚未构成犯罪的海洋行政违法行为；刑罚针对的是犯罪行为。行为是否构成犯罪是二者作出惩罚的临界点；未构成犯罪的海洋行政违法行为应予以海洋行政处罚；已经构成犯罪的则应依法实施刑罚，不可以用海洋行政处罚代替刑罚。重大的海洋行政违法行为如构成犯罪，应当移交司法机关处理。

第三，惩罚的方式不同。相比于其他的法律惩罚措施，刑罚是最为严厉的，主要是限制或剥夺违法行为人的人身自由，更为严重的则剥夺其生命。海洋行政处罚大多是限制或剥夺违法行为人的财产权利和某种行为能力，最严重的是限制或剥夺相对人的人身自由。

（三）海洋行政处罚与海洋行政处分

海洋行政处分是海洋行政主管机关对其内部违法失职的工作人员实施的一种惩戒措施，海洋行政处罚与海洋行政处分虽然都是海洋行政机关实施的惩戒行为，但两者存在较大差别：

第一，制裁行为的性质不同。海洋行政处罚属于外部行政行为，海洋行政处分属于内部行政行为。

第二，实施制裁的机关不同。海洋行政处罚由对外部实施管理职能并具有行政处罚权的海洋行政机关予以实施；海洋行政处分则由违法失职人员从属的机关、组织或其上级主管机关、监察机关作出。

第三，适用的对象不同。海洋行政处分只适用于海洋行政机关内部工作人员；海洋行政处罚则适用于公民、法人和其他组织。

第四，制裁方式不同。海洋行政处罚包括：警告、罚款、没收违法所得、责令退还非法占用的海域、责令停止违法行为、责令恢复海域原状、收回海域使用权等。行政处分包括：警告、记过、记大过、降级、降职、撤职、留用察看和开除八种方式。

第五，救济方式不同。相对人对海洋行政处罚不服，可以申请行政复议，也可以向人民法院提起行政诉讼。对海洋行政处分不服的，只能向原处分机关或上级机关提出复议或者复查申请，不能提起行政诉讼。

---

① 连财辉.海事行政处罚与行政强制的区别实施[J].中国水运(下半月),2008,8(5):26-27,29.

(四) 海洋行政处罚与执行罚

执行罚,也称怠金或强制金,是海洋行政管理机关对拒不履行生效处罚决定所定义务的相对人,科以新的金钱给付义务,促使其尽快履行的强制执行措施。其与行政处罚的区别是:

第一,行为的性质不同。海洋行政处罚是对已发生的违法行为实施的制裁,遵循一事不再罚原则;执行罚则着眼于既定义务的实现,在该义务没有实现之前可反复适用。

第二,实施目的不同。行政处罚的目的在于惩罚行政违法人,使其不再实施违法行为;执行罚的目的在于促使相对人尽快履行先前确定的义务。

第三,构成要件不同。实施行政处罚通常要求行为人存在主观过错,即违法的故意或过失;而执行罚则不问主观过错,只要义务人客观上没有履行义务,海洋行政机关就可以科以执行罚。[1]

第二节 海洋行政处罚的基本原则

法律原则是法律制度基础性真理或原则,并且是其他法律要素的基础或本源。法律原则体现了人们对法律的认识,增强了法律适应社会的能力,突出了法律的目的性。海洋行政处罚的基本原则是指对海洋行政处罚的设定和实施具有普遍指导意义的基本行为准则。海洋行政处罚的基本原则来源于两个方面:一方面归纳自海洋行政处罚的实践和个案;另一方面推导自更抽象之上位原则,具体而言是指我国宪法、行政法、行政处罚法等法律法规中的基本原则。

一、处罚法定原则

处罚法定原则是行政活动合法性原则在行政处罚中的具体体现。《中华人民共和国行政处罚法》第三条规定:"公民、法人或者其他组织违反行政管理秩序的行为,应当给予行政处罚的,依照本法由法律、法规或者规章规定,并由行政机关依照本法规定的程序实施。没有法律依据或不遵守法定程序的,行政处罚无效。"处罚法定原则作为行政处罚的核心原则,也是海洋行政处罚所要遵循的最基本和最主要的原则。根据以上规定和法理,本原则包括以下四个方面的基本要求:

第一,处罚依据法定。即海洋行政处罚的创设权或规定权法定。海洋行政处罚行为合法与否,首先要看其是否有法律规范作为依据。只有规章以上的规范性文件才能设立行政处罚,其他文件无权设立行政处罚。因此,任何一项海洋行政

---

[1] 刘惠荣,刘卫,张颖.海洋行政执法理论[M].北京:海洋出版社,2013:208-209.

处罚必须在法律、法规以及规章中有法可依。法律、法规和规章无明文规定的不处罚,海洋行政相对人的行为只有在法律、海洋行政法规和海洋行政规章明确规定应予处罚时,才受处罚;没有相应法律、海洋行政法规和海洋行政规章规定应予处罚的,不受处罚。在实践中,海洋行政规章以下的其他海洋行政规范性文件不能成为独立的海洋行政处罚依据,因为这类文件不允许自行设定海洋行政处罚权,但是可以与行使设定权的法律、海洋行政法规和海洋行政规章共同成为海洋行政处罚的依据。[①]

第二,实施主体法定。行政处罚必须由依法取得行政处罚权的行政机关、法定授权组织以及行政机关依法委托的组织实施。海洋行政处罚实施主体法定,主要包括两层含义:一是职能部门法定。海洋行政处罚必须由依据海洋法律、法规或者规章取得海洋行政处罚权的各级海洋行政主管部门及其所属中国海监机构实施,其他国家机关不得享有和行使海洋行政处罚权。二是管辖范围法定。具有法定处罚权的海洋行政主管部门及其所属中国海监机构,只能在法律、法规或者规章规定的权限范围内实施处罚,越权处罚无效。

第三,处罚内容合法。即处罚条件、处罚标准、处罚种类、处罚幅度合法。

第四,处罚程序合法。《中华人民共和国行政处罚法》第三条规定:"不遵守法定程序的,行政处罚无效。""程序"是防止行政权力滥用的保障,保护相对人的合法权益。实施海洋行政处罚必须遵守法定程序,任何部门的行政处罚权都必须严格按照法定的程序运行,否则违反处罚法定原则行政处罚无效。[②]

二、公正、公开原则

海洋行政处罚公开、公正原则是海洋行政适当原则在海洋行政处罚领域的具体体现和要求。

公正,即公平正直,没有偏私。行政处罚的公正主要体现在实体公正和程序公正两个方面。实体公正要求处罚的设立和实施做到"处罚法定""过罚相当",有多大的过受多大的罚,且一视同仁。程序公正要求实施处罚的过程公正合法,规定的方式、步骤必须完全、实际地履行,不能缺少和颠倒。设定和实施行政处罚必须以事实为依据,与违法行为的事实、性质、情节以及社会危害程度相当。

公开,即公之于众,没有隐瞒。公开是公正的保障,用两项基本要求:一是处罚依据公开。《中华人民共和国行政处罚法》第四条规定:"对违法行为给予行政处罚的规定必须公布,未经公布的,不得作为行政处罚的依据。"二是行政处罚的过程和结果公开。为此,《中华人民共和国行政处罚法》第三十一条明确规定:"行

---

① 滕祖文,彭垣,闵庆方.论海洋行政处罚[J].海洋开发与管理,2002,19(6):13-21.
② 张宏声.海洋行政执法必读[M].北京:海洋出版社,2004.

政机关在作出行政处罚决定之前,应当告知当事人作出行政处罚决定的事实、理由及依据,并告知当事人依法享有的权利。"海洋行政处罚的主体在实施行政处罚时,必须恪守法定程序,不得拒绝当事人的陈述和申辩。

海洋行政处罚公开、公正原则的具体内容是:

第一,设定和实施海洋行政处罚必须以事实为依据。在实施海洋行政处罚中,海洋行政处罚与海洋行政相对人的违法行为应当是相应的。这就是说,一方面只要海洋行政相对人实施了应予以行政处罚的违法行为就应给予处罚而不能逃避行政制裁;另一方面要求海洋行政处罚必须要客观、适度。

第二,对违法行为给予海洋行政处罚的规定必须公布。未经公布的规定或海洋行政机关的内部文件,不得作为海洋行政处罚的依据。这里的本质问题是要求海洋行政机关的处罚依据必须通过正当渠道为海洋行政相对人知悉,首先是要让海洋行政相对人知法,其次才是要求其守法。

第三,海洋行政处罚的内容应向海洋行政相对人公开。海洋行政相对人作为被处罚人员,有权了解海洋行政主体对其处罚的内容,包括对海洋行政相对人违法事实的认定和所适用的法律规范的了解,以便于海洋行政相对人通过法律程序保护自己的正当利益,从而增强海洋行政处罚的透明度。[1]

三、一事不再罚原则

一事不再罚原则,是指对于违法当事人的同一个违法行为,不得以同一事实和理由给予两次以上罚款的行政处罚。一事不再罚原则主要解决的是海洋管理实践中多头处罚与重复处罚的问题。具体内容如下:

第一,海洋行政相对人的一种违法行为,同时违反了两个以上法律、海洋行政法规和海洋行政规章的规定,可以给予两次以上的处罚,但如果涉及罚款,则只能实施一次;其他处罚可以是吊销许可证、责令停工停产,也可以是没收非法所得等,但不能二次罚款。《中华人民共和国行政处罚法》第二十四条规定:"对当事人的同一个违法行为,不得给予两次以上罚款的行政处罚。"

第二,海洋行政相对人的一种违法行为,违反了一个法律、法规的规定,该法律、法规同时规定海洋行政主体,可以并处两种处罚。例如,可以没收违法所得并处罚款,或罚款并处吊销许可证等,这些不属于一事不再罚原则的范围。

第三,海洋行政相对人的违法行为构成犯罪的,海洋行政机关必须将案件及时移交司法机关,追究刑事责任。但海洋行政机关认为需依法应予以海洋行政处罚的,仍可适用海洋行政处罚。但在被人民法院判处罚金时,海洋行政机关已经给予当事人罚款处罚的,应当折抵相应罚金。

---

[1] 滕祖文,彭垣,闵庆方.论海洋行政处罚[J].海洋开发与管理,2002,19(6):13-21.

行政处罚的目的,不在于为处罚而处罚,而是要让违法行为人引以为戒,以防再犯。对同一个违法行为一般只实施一次处罚,就可以达到惩戒的目的,如果再对其进行处罚,就违背了"过罚相当"的原则,会有失公正。

四、保障相对人权利原则

保障相对人权利原则,是指在行政处罚过程中要充分保障相对人的合法权益。该原则有三个基本要求:一是保障无辜的人免受违法处罚;二是保障当罚之人得到公正的处罚;三是保障错罚之人得到应有的救济。为使这一原则得以实现,《中华人民共和国行政处罚法》第六条规定:"公民、法人或者其他组织对行政机关所给予的行政处罚,享有陈述权、申辩权;对行政处罚不服的,有权依法申请行政复议或者提起行政诉讼。公民、法人或者其他组织因行政机关违法给予行政处罚受到损害的,有权依法提出赔偿要求。"海洋行政执法部门、执法人员应为海洋行政相对人行使上述权利提供便利,不得随意加以限制或剥夺。

五、惩罚和教育相结合的原则

《中华人民共和国行政处罚法》第五条规定:"实施行政处罚,纠正违法行为,应当坚持处罚与教育相结合,教育公民、法人或者其他组织自觉守法。"《中华人民共和国行政处罚法》第二十五条规定:"不满十四周岁的人有违法行为的,不予行政处罚,责令监护人加以管教;已满十四周岁不满十八周岁的人有违法行为的,从轻或者减轻行政处罚。"《中华人民共和国海上海事行政处罚规定》第三条规定:"实施海事行政处罚,应当遵循合法、公开、公正,处罚与教育相结合的原则。"这一原则是指在实施行政处罚、纠正违法行为的过程中,要注意说服教育,实现教育和制裁的双重目的。一是不能为处罚而处罚。执法人员应当加强对当事人的教育,使其认识到自己行为的违法性和危害性,从而自觉守法,防止违法行为再次发生。二是不能"以教代罚"。毕竟教育和处罚具有不同的社会功能,对违法行为只教育不处罚就会放纵违法行为,使行政处罚失去应有的惩戒作用。

第三节 海洋行政处罚的主体

一、海洋行政处罚的实施机关

根据《中华人民共和国行政处罚法》的规定,海洋行政处罚的实施机关包括以下三类:

(一)行政机关

《中华人民共和国行政处罚法》第十五条规定:"行政处罚由具有行政处罚权

的行政机关在法定职权范围内实施。"该规定包含以下几个意思：(1) 行政处罚权一般只能由行政机关行使，不能由其他国家机关或组织行使。(2) 不是所有的行政机关都可以行使行政处罚权，只有法律、法规或规章规定有行政处罚权的机关才能行使行政处罚权。(3) 有行政处罚权的行政机关只能在法定职权范围内行使行政处罚权。为了解决实践中特别是城市管理中的联合执法等问题，《中华人民共和国行政处罚法》第十六条规定："国务院或者经国务院授权的省、自治区、直辖市人民政府可以决定一个行政机关行使有关行政机关的行政处罚权，但限制人身自由的行政处罚权只能由公安机关行使。"

（二）法律法规授权的组织

法律、法规授权的社会组织是指行政机关以外的，经法律、法规授权而享有行政处罚权的社会组织。《中华人民共和国行政处罚法》第十七条规定："法律、法规授权的具有管理公共事务职能的组织可以在法定授权范围内实施行政处罚。"

（三）行政机关委托的组织

《中华人民共和国行政处罚法》第十八条规定："行政机关依照法律、法规或者规章的规定，可以在其法定权限内委托符合本法第十九条规定条件的组织实施行政处罚。行政机关不得委托其他组织或者个人实施行政处罚。委托行政机关对受委托的组织实施行政处罚的行为应当负责监督，并对该行为的后果承担法律责任。受委托组织在委托范围内，以委托行政机关名义实施行政处罚；不得再委托其他任何组织或者个人实施行政处罚。"第十九条规定："受委托组织必须符合以下条件：(一) 依法成立的管理公共事务的事业组织；(二) 具有熟悉有关法律、法规、规章和业务的工作人员；(三) 对违法行为需要进行技术检查或者技术鉴定的，应当有条件组织进行相应的技术检查或者技术鉴定。"

《中华人民共和国海域使用管理法》第七条规定："国务院海洋行政主管部门负责全国海域使用的监督管理。沿海县级以上地方人民政府海洋行政主管部门根据授权，负责本行政区毗邻海域使用的监督管理。"渔业行政主管部门依照《中华人民共和国渔业法》，对海洋渔业实施监督管理。海事管理机构依照《中华人民共和国海上交通安全法》，对海上交通安全实施监督管理。"《中华人民共和国海域使用管理法》第五十条进一步规定："本法规定的行政处罚，由县级以上人民政府海洋行政主管部门依据职权决定。但是，本法已对行政机关作出规定的除外。"

二、海洋行政处罚的实施主体

海洋行政处罚的实施主体，是指依法有权对海洋行政违法案件进行调查与处罚的行政机关或组织。通常也可以理解为海洋行政主管部门与其他涉海管理部门之间行政处罚权的职责划分。根据《中华人民共和国海域使用管理法》《中华人民共和国海洋环境保护法》等海洋行政法律、法规和规章的规定,海洋行政处罚实施的主体是国务院海洋行政主管部门以及沿海县级以上地方人民政府海洋行政主管部门,具体包括中国海警、中国海事与中国渔政。

(一) 中国海警

2018年6月22日,第十三届全国人民代表大会常务委员会第三次会议通过《全国人民代表大会常务委员会关于中国海警局行使海上维权执法职权的决定》,决定根据《深化党和国家机构改革方案》和《武警部队改革实施方案》决策部署,自2018年7月1日起,中国海警队伍整体划归中国人民武装警察部队领导指挥,调整组建中国人民武装警察部队海警总队,称中国海警局。

中国海警局统一履行海上维权执法职责,相关职权包括:履行海上维权执法职责,包括执行打击海上违法犯罪活动、维护海上治安和安全保卫、海洋资源开发利用、海洋生态环境保护、海洋渔业管理、海上缉私等方面的执法任务以及协调指导地方海上执法工作。中国海警局执行打击海上违法犯罪活动、维护海上治安和安全保卫等任务,行使法律规定的公安机关相应执法职权;执行海洋资源开发利用、海洋生态环境保护、海洋渔业管理、海上缉私等方面的执法任务,行使法律规定的有关行政机关相应执法职权。中国海警局与公安机关、有关行政机关建立执法协作机制。[1]

(二) 中国海事

中国海事局成立于1998年10月,在原中华人民共和国港务监督局、中华人民共和国船舶检验局的基础上合并组建而成,是交通运输部直属行政机构。

中国海事是隶属于中国海事局的海上交通执法监管队伍之一,负责船舶安全检查和污染防治;管理水上安全和防治船舶污染,调查、处理水上交通事故、船舶污染事故及水上交通违法案件;负责外籍船舶出入境及在中国港口、水域的监督管理;负责船舶载运货物的安全监督;负责禁航区、航道(路)、交通管制区、锚地和安全作业区等水域的划定和监督管理;管理和发布全国航行警(通)告,办理国际航行警告系统中国国家协调人的工作;审批外籍船舶临时进入中国非开放水域;管理沿海航标、无线电导航和水上安全通信;组织、协调和指导水上搜寻救助并负责中国搜救中心的日常工作;负责危险货物运输安全管理;维护通航环境和水上交通秩序;组织实施国际海事条约等。

(三) 中国渔政

2014年1月20日,中华人民共和国农业部渔业局(中华人民共和国渔政局)

---

[1] 参见:全国人民代表大会常务委员会关于中国海警局行使海上维权执法职权的决定.中国军网. 2018-06-22[引用日期 2019-08-15].

更名为中华人民共和国农业部渔业渔政管理局。中华人民共和国农业部渔业渔政管理局负责起草渔业发展政策、规划。保护和合理开发利用渔业资源,指导水产健康养殖和水产品加工流通,组织水生动植物病害防控。承担重大涉外渔事纠纷处理工作。按分工维护国家海洋和淡水管辖水域渔业权益。组织渔业水域生态环境及水生野生动植物保护。监督执行国际渔业条约,监督管理远洋渔业和渔政渔港。指导渔业安全生产。

第四节 海洋行政处罚的法律依据

一、宪法

宪法是我国的根本大法。宪法是制定其他法律的基础和来源,宪法具有最高的法律效力。我国宪法规定,一切法律、法规和地方性法规都不得同宪法相抵触;一切国家机关和武装力量、各政党和各社会团体、各企业、事业组织都必须遵守宪法和法律;一切违反宪法和法律的行为,必须予以追究;任何组织或者个人都不得有超越宪法和法律的特权。但在具体的行政执法中,宪法不被作为依据使用,原因在于宪法的法律效力虽高,但其规定比较抽象和宏观,如规定公民的基本权利义务等。所以,宪法难以被作为海洋行政处罚的直接依据。

二、法律

法律是指由全国人民代表大会及其常务委员会制定的法律。法律分为基本法律和普通法律,基本法律是涉及刑事、民事、国家机构等重要内容的法律,基本法律由全国人民代表大会制定和修改。普通法律由全国人民代表大会常务委员会制定和修改。海洋行政处罚主要依据《中华人民共和国行政处罚法》《中华人民共和国治安管理处罚法》《中华人民共和国海洋环境保护法》《中华人民共和国海上交通安全法》等法律。

三、行政法规

行政法规,是国务院根据宪法和法律并依法定程序制定或批准的各类型法规。行政法规在我国法律体系中的地位低于宪法、法律,属于地位较高的法律规范。行政法规的数量较多,涉及的范围较宽。国务院不仅可以为执行法律而制定行政法规,还可以对属于国务院行政管理职权的事项制定行政法规。此外,对属于应当由全国人民代表大会及其常务委员会制定法律的事项,国务院根据全国人民代表大会及其常务委员会的授权决定制定行政法规。

四、地方性法规

地方性法规是由法定的地方国家权力机关依照法定的权限,在不与宪法、法律及行政法规相抵触的前提下,制定和颁布的在本行政区域范围内实施的规范性文件。在我国,有权制定地方性法规的国家权力机关是各省、自治区、直辖市以及设区的市的人民代表大会及其常务委员会。对于设区的市所制定的地方性法规,须报省、自治区的人民代表大会常务委员会批准后才能施行。此外,经济特区所在地的省、市的人民代表大会及其常务委员会根据全国人民代表大会的授权决定,可以制定法规,在经济特区范围内实施。

五、自治条例和单行条例

自治条例和单行条例是民族自治地方的人民代表大会依照当地民族的政治、经济和文化的特点制定的,在本地域内适用的条例。自治条例和单行条例需要履行一定的批准手续。自治区的自治条例和单行条例,须报全国人民代表大会常务委员会批准后方能生效。自治州、自治县的自治条例和单行条例,须报省、自治区、直辖市的人民代表大会常务委员会批准后方能生效。自治条例和单行条例可以依照当地民族的特点,对法律和行政法规的规定作出变通规定,但不得违背法律或者行政法规的基本原则,不得对宪法和民族区域自治法的规定以及其他有关法律、行政法规专就民族自治地方所作的规定作出变通规定。自治条例和单行条例也是海上行政案件查处的依据之一。

六、行政规章

行政规章是一个专门术语,特指有关行政机关根据法律和行政法规,依法定权限和程序制定的,具有普遍法律约束力的规范性文件的总称。在我国,行政规章分为部门规章和地方政府规章。部门规章的制定是国务院各部、委员会、中国人民银行、审计署和具有行政管理职能的直属机构等根据法律和国务院的行政法规、决定、命令,在本部门的权限范围内制定的规章;地方政府规章是省、自治区、直辖市和设区的市、自治州的人民政府根据法律、行政法规和本省、自治区、直辖市的地方性法规所制定的规章。

七、行政规范性文件

行政规范性文件是指所有国家行政机关依法制定的具有普遍约束力的、除法律、法规和规章外的各种规范性文件。行政规范性文件通常是对现有的法律、法规和规章作出具体的规定,以方便行政机关的执行。

八、国际条约

国际条约是我国政府缔结或参加的国家间的条约,包括双边条约和多边条约。在海洋领域,1996年5月15日,我国人大常委会批准了《联合国海洋法公约》,同年7月,该公约对我国生效。我国参加的国际条约还包括《〈防止倾倒废物及其他物质污染海洋的公约〉1996年议定书》等。国际条约对我国政府具有约束力,但在具体的查处行政案件的过程中,通常并不直接将国际条约作为依据,而是采用相关的国内法律法规,这是因为国家通常会把需要遵守的国际条约的具体内容在国内的法律、法规中加以规定。

第二章
海洋行政处罚的常见措施

第一节　海洋行政处罚措施的分类

根据《中华人民共和国行政处罚法》以及我国海洋法律、行政法规和规章的有关规定,我国的海洋行政处罚有如下类型:

一、警告

警告是指海洋行政主体对海洋行政相对人实施的违法行为情节较轻,且尚未构成实际危害后果的一种影响海洋行政相对人声誉的海洋行政处罚形式。警告是海洋行政主体适用最经常、最普遍的行政处罚形式。警告既可以适用于公民,也可以适用于法人或其他组织。海洋行政处罚的警告,应以书面形式作出,并向当事人宣布及送达。它既可以单处,也可以并处。当海洋行政相对人的违法行为比较严重时,则可同时适用警告以外的其他处罚形式。

《铺设海底电缆管道管理规定》第十四条规定:"主管机关有权对海底电缆、管道的铺设、维修、改造、拆除、废弃以及为铺设所进行的路由调查、勘测活动进行监督和检查。对违反本规定的,主管机关可以处以警告、罚款,直至责令其停止海上作业。"《中华人民共和国海洋环境保护法》第八十五条规定:"违反本法规定进行海洋石油勘探开发活动,造成海洋环境污染的,由国家海洋行政主管部门予以警告,并处二万元以上、二十万元以下的罚款。"《中华人民共和国海域使用管理法》第四十九条规定:"违反本法规定,拒不接受海洋行政主管部门监督检查、不如实反映情况或者不提供有关资料的,责令限期改正,给予警告,可以并处二万元以下的罚款。"

二、通报批评

通报批评虽然和警告一样,都是对违法者通过书面形式予以谴责和告诫,指明其违法及危害,避免再犯错误,但二者是有区别的:(1)适用范围不同。警告处罚适用范围广泛,它既可以适用于自然人,也可以适用于法人和其他组织;而通报批评一般只适用于法人或其他组织。(2)处罚的形式不同。二者虽然都必须以书面形式表示,但通报批评造成的影响大,主要通过报刊或海洋行政机关的公文在一定范围内公开和发布;而警告只是直接下达给海洋行政相对人。因此,就其处罚程度而言,通报批评比警告的处罚要重得多。(3) 处罚的方法不同。警告可以单处,也可以并处;而通报批评只能单独使用。

三、罚款

罚款是海洋行政处罚形式中适用最广泛的形式之一,是对海洋行政相对人一定经济利益的剥夺。罚款必须严格遵守法律、海洋行政法规和海洋行政规章的规定,并在一定的数额或者幅度之内。海洋行政主体只能在法定幅度内决定罚款数额。目前,我国的有关海洋法律法规对罚款的规定主要有四种方式:

(一) 仅规定罚款的最高限额

海洋行政主管部门科处罚款的数额不得突破最高限额;但在最高限额下,海洋行政主管部门可以自由裁量。比如《中华人民共和国海域使用管理法》第四十五条规定:"违反本法第二十六条规定,海域使用权期满,未办理有关手续仍继续使用海域的,责令限期办理,可以并处一万元以下的罚款;拒不办理的,以非法占用海域论处。"《中华人民共和国海洋环境保护法》第八十三条规定:"违反本法第四十九条规定的,使用含超标准放射性物质或易溶出有毒有害物质材料的,由海洋行政主管部门处五万元以下的罚款,并责令其停止该建设项目的运行,直到消除污染危害。"

(二) 规定罚款的最低限额和最高限额

海洋行政主管部门科处罚款的数额,既不得低于最低限额,又不得高于最高限额,而只能在最低限额和最高限额的幅度内自由裁量。这是我国近年来通常采用的设定罚款数额的立法方式。比如《中华人民共和国海洋环境保护法》第八十二条规定:"违反本法第四十八条的规定,海洋工程建设项目未建成环境保护设施、环境保护设施为达到规定要求即投入生产、使用的,由海洋行政主管部门责令其停止施工或者生产、使用,并处五万元以上二十万元以下的罚款。"

(三) 规定以特定的基数为罚款数额

《中华人民共和国海洋环境保护法》第九十条第二款规定:"对造成一般或者较大海洋环境污染事故的,按照直接损失的百分之二十计算罚款;对造成重大或者特大海洋环境污染事故的,按照直接损失的百分之三十计算罚款。"这里规定了罚款数额是按照"直接损失"这一基数为标准的百分比作为罚款额度。

四、没收违法所得和非法财物

没收违法所得和非法财物是指海洋行政主管部门依法将违法行为人的违法

所得或非法财物收归国有的一种海洋行政处罚。非法所得是海洋违法行为人通过违法手段获得的金钱或财物的收益,就其性质来讲,这些收益并不属于该违法行为人所有,而是被其非法占有。如违法养殖获取的海产品、违法采砂获取的海砂等,对违法所得的没收,本质上是一种追缴,而不是违法行为人对其违法行为付出的代价。非法财物是违法行为人占有的财物。没收非法财物是一种较为严厉的行政处罚,其实施领域具有较大的限定性,主要适用于行为人非法生产、经营、运输、持有、保管、使用及其他违法或违禁的财物。

没收可以是一部分或全部,可以是违法所得,也可以是非法财物。具体哪些属于违法所得或非法财物,要以法律法规规定为准。[1] 海洋行政法律法规一般都对海洋行政主体可以没收的财物的作出了法律规定。例如,《中华人民共和国涉外海洋科学研究管理规定》第十三条规定:"违反本规定进行涉外海洋科学研究活动的,由国家海洋行政主管部门或者派出机构,其委托的机构责令停止该项活动,可以没收违法活动器具,没收违法获得的资料和样品……。"

《中华人民共和国海洋环境保护法》第七十六条规定:"违反本规定,造成珊瑚礁、红树林等海洋生态系统及海洋水产资源、海洋保护区破坏的,由依照本法规定行使海洋环境监督管理权的部门责令限期改正和采取补救措施,并处一万元以上十万元以下的罚款;有违法所得的,没收其违法所得。"《中华人民共和国涉外海洋科学研究管理规定》中既有没收违法所得的规定,又有没收非法财物的规定。《中华人民共和国涉外海洋科学研究管理规定》第十三条第一款规定,违反本规定进行涉外海洋科学研究活动的,由国家海洋行政主管部门或者其派出机构、其委托的机构责令停止该项活动,可以没收违法活动器具、没收违法获得的资料和样品,可以单处或者并处5万元人民币以下的罚款。

五、责令赔偿

责令赔偿,一般包括财产赔偿和作为赔偿两部分。从作为赔偿来讲,一般是课以海洋行政相对人某种作为义务,如责令海洋行政相对人限期治理等。由于这种措施要求海洋行政相对人停止侵害,恢复到侵害之前的状态,具有赔偿的性质,它不仅要求海洋行政相对人作出某种特定行为,还对海洋行政相对人的精神造成某种压力,用以达到行政制裁的目的。

六、责令停产停业

责令停产停业是指海洋行政主管部门依法强令海洋行政相对人在一定时期内或者永久性地不准从事海洋工程建设、海洋开发、生产经营活动的一种海洋行

---

[1] 王振清.海洋行政执法研究[M].北京:海洋出版社,2008:216.

政处罚。责令停产停业的目的是制止正在发生的违反海洋行政管理秩序、妨害社会经济生活、危害人民生命健康的海洋违法行为的非常有效的行政处罚措施,也是一种带有经济强制措施性质的处罚手段,对于防止海洋违法行为的进一步扩大,避免造成更严重的社会后果,具有明显的效果。

一般认为,这种处罚形式直接剥夺了生产经营者从事经营活动的权利,与吊销许可证和执照的处罚相类似。在这两种处罚形式中,享有权利和行使权利是不相同的。事实上,责令停产停业的处罚并未剥夺违法行为人的生产经营权利和资格,而只是要求被处罚人在一定的期限内不得行使此种权利,其权利和资格仍然享有,许可证和执照依然有效,只是对违法行为人从事生产经营活动的行为能力进行限制。违法行为人只要在一定期限内及时纠正了违法行为、按期履行了法定义务之后,仍可继续从事生产经营活动,而无需再重新申领许可证和执照。

七、暂扣或吊销许可证件

暂扣或吊销许可证件的行政处罚是针对持有某种海洋行政许可证的单位或个人进行违法行为时,海洋行政主管部门所给予的行政处罚,其目的在于取消海洋行政相对人的一定资格和剥夺、限制某种特许权利。

暂扣许可证件是海洋行政主体依法中止海洋行政相对人在短时间内从事某种活动的资格的一种海洋行政处罚;而吊销许可证件是指海洋行政相对人向海洋行政主体所申请的许可证或者其他执照上规定的权利不再享有的一种海洋行政处罚,除非海洋行政相对人在法律规定的期限以后再次向海洋行政主体提出申请,获得新的许可证或者其他执照,否则海洋行政相对人不得从事这种活动或者工作。

《中华人民共和国海域使用管理法》第四十六条规定:"违反本法第二十八条规定,擅自改变海域用途的,责令限期改正,没收违法所得,并处非法改变海域用途的期间内该海域面积应缴纳的海域使用金五倍以上十五倍以下的罚款;对拒不改正的,由颁发海域使用权证书的人民政府注销海域使用权证书,收回海域使用权。"该法第四十八条规定:"违反本法规定,按年度逐年缴纳海域使用金的海域使用权人不按期缴纳海域使用金的,限期缴纳;在限期内仍拒不缴纳的,由颁发海域使用权证书的人民政府注销海域使用权证书,收回海域使用权。"《中华人民共和国海洋倾废管理条例》第二十条第二项规定:"凡实际装载与许可证所注明内容不符,情节严重的,除中止或吊销许可证外,还可处以人民币2 000元以上5 000元以下的罚款。"

八、行政拘留等法律法规规定的其他行政处罚

许多海洋法律法规还设定了其他一些海洋行政处罚形式,例如:《中华人民共

和国专属经济区和大陆架法》第十二条规定:"中华人民共和国在行使勘查、开发、养护和管理专属经济区的生物资源的主权权利时,为确保中华人民共和国的法律、法规得到遵守,可以采取登临、检查、逮捕、扣留和进行司法程序等必要的措施。"

上述行政处罚可以从不同角度进行分类:

(1)根据行政处罚的内容,可分为三类:①剥夺权利的行政处罚。它以剥夺相对人某种权利为特征,其中包括人身罚、财产罚和行为罚。②科以义务的行政处罚。它以科以相对人某种义务为特征,如罚款等。③影响声誉的行政处罚。它单纯以精神上给相对人一定的训诫为特征,如警告等。

(2)根据行政处罚的适用范围,可分为治安管理处罚、财政金融管理处罚、工商行政管理处罚、环境保护管理处罚、农林水利管理处罚、文教卫生管理处罚等。

第二节 海洋行政处罚措施的具体适用

一、关于许可证注销的适用

涉及许可证的处罚主要包括:《中华人民共和国海洋环境保护法》规定的暂扣或吊销倾废许可证,《中华人民共和国海域使用管理法》规定的注销海域使用权证书,《海洋倾废管理条例》规定的中止或吊销许可证等。这里需要说明的是注销许可证书也属于行政处罚的一种形式。《中华人民共和国行政许可法》第七十条规定,有下列情形之一的,行政机关应当依法办理有关行政许可的注销手续:(一)行政许可有效期届满未延续的;(二)赋予公民特定资格的行政许可,该公民死亡或者丧失行为能力的;(三)法人或其他组织依法终止的;(四)行政许可依法被撤销、撤回,或者行政许可证件依法被吊销;(五)因不可抗力导致行政许可事项无法实施的;(六)法律、法规规定的应当注销行政许可的其他情形。

在上述6种情形下,行政机关应当依法办理有关行政许可注销手续。注销包括主动申请注销和强制注销两种方式。注销是对权利已经依法消灭后采取的一种注明取消的措施,是行政许可结束后由行政机关办理的程序性的手续。它具有以下法律特征:

第一,行政相对人所取得的权利已经消灭或不存在,也就是相对人依法取得的行政许可权利已经终止。

第二,行政相对人的权利消灭是依法的,也就是行政相对人所取得的行政许可因发生某种法定事由而丧失了所取得的许可权利,如依法被吊销、撤销或者许可有效期限届满后未申请延续,公民死亡、丧失行为能力,法人终止等等。

第三,注销是权利消灭采取的一种注明取消的措施。

第四,注销是行政机关办理的程序性的手续。

可见,注销是登记机关办理行政许可的程序性手续,是最后一道程序。注销必须是在权利已经依法被消灭的前提下,由登记机关依照法律规定进行。其权利为消灭,登记行为未被法定机关撤销,行政机关就无从注销。①

二、关于罚款适用的具体案例

案例一

【基本案情】

被处罚人:某市临港工业区管理委员会

处罚机关:国家海洋局

大平湾二期填海工程是某市鸡啼门西滩开发工程的一部分,位于某市临港工业区鸡啼门浅海西侧南水岛与高栏岛之间。从1993年开始,某市政府就针对"鸡啼门西滩开发工程"报请广东省政府有关部门审批,有关部门也从经济开发、环保和水利等方面作出了批复。依据某港经〔2003〕54号文件,该工程由某市临港工业区管理委员会(以下简称"管委会")组织实施,具体施工单位为广东省水利水电三局。然而至2003年4月2日大平湾二期填海工程开工之时,用海单位从未向海洋行政主管部门提出过用海申请。2003年6月9日,中国海监南海总队向管委会发出了《关于限期办理海域使用手续的通知》。2003年10月15日,中国海监南海总队第七支队执法人员在检查中发现该工程填海施工正在进行。10月29日,南海总队向其发出《责令停止海洋违法行为通知书》。接到通知后,管委会于30日向某市海洋与渔业局提交了西滩填海工程用海申请。2003年10月31日,市海洋与渔业局初审后向广东省海洋与渔业局报送了呈批表。在省海洋与渔业局审批期间,管委会未就大平湾二期填海工程采取停工措施,仍坚持无证填海施工。大平湾二期填海工程违法用海,将原来的海域填为陆地的面积为1 171.644 6亩。

在办案过程中,管委会对大平湾二期填海工程违法用海情况提出了四点意见:第一,大平湾二期填海工程系某市鸡啼门西滩开发工程的组成部分。自1993年以来,围绕西滩开发的工程建设及报批工作就在不断地进行,因此该工程应属历史遗留问题。填海区域围堰早在1994年完成,填海区已露滩,因标高未达到规划的要求,现在进行的是标高的加高工作。第二,鸡啼门西滩开发工程按照《广东省河口滩涂管理条例》等地方性法规,编制了环境影响评价及水土保持方案,已经广东省水利厅和省环保局审批。第三,大湾二期填海工程符合市临港工业区规划。第四,2002年1月1日《中华人民共和国海域使用管理法》施行以后,管委会已经按照有关要求填报了鸡啼门西滩海域使用申请表及申请书,因材料尚不完

---

① 王振清.海洋行政执法研究[M].北京:海洋出版社,2008:221-222.

备,现正在补充有关的材料。

【处理结果】

某市临港工业区管理委员会未获取海域使用权证书,擅自实施大平湾二期填海工程,其行为违反了《中华人民共和国海域使用管理法》的规定。依据《中华人民共和国海域使用管理法》第四十二条的规定及广东省物价局《关于征收海域使用费问题的复函》,处罚机关对某市临港工业区管理会作出责令退还非法占用的海域,并处非法占用海域1 171.644 6亩应缴纳海域使用金10倍的罚款,即人民币5 858 000元罚款的行政处罚。

【评析意见】

本案存在着特殊地理因素和历史遗留问题,反映了在《中华人民共和国海域使用管理法》出台前河口水域填海造地工程一类案件的特征:

1. 关于珠江口水域是否应纳入《中华人民共和国海域使用管理法》的调整范畴的问题

大平湾二期填海工程位于珠江支流的出海口区域。之前对于该水域的管辖问题一直存在争议,某市政府曾向广东省政府呈报《关于珠江口是河口还是海域的请示》,广东省政府未作批复。但从以下几方面来考虑,该水域很明显应当纳入海域管理范围。

(1) 现行的国内法、国际法和有关规定,以及该区域的自然状况都表明该区域是海域

①《联合国海洋法公约》第八条规定:"领海基线向陆一面水域构成国家内水的一部分。"内海是指领海基线向陆一侧的全部海域,包括海湾、海峡、河口湾、海港以及领海基线与海岸之间的其他海域。它构成沿海国内水的一部分。《联合国海洋法公约》将"河口湾"纳入了其调整范畴。

②该水域包括在《中华人民共和国海域使用管理法》所称的海域内。《中华人民共和国海域使用管理法》第二条规定:"本法所称海域,是指中华人民共和国内水、领海的水面、水体、海床和底土。本法所称内水,是指中华人民共和国领海基线向陆地一侧至海岸线的海域。"根据2000年颁布的国家标准(GB/T18190-2000),"海洋学术语"对"海岸线"一词的界定是:"海陆分界线,在我国系指多年大潮平均高潮位时海陆分界线。"显然该水域在内水范围内。

③在广东省海洋功能区划中,该水域亦在海洋功能区内。根据现场调查情况,该工程施工水域海面宽阔,有明显的潮汐现象,附近是海洋养殖区。

(2) 珠江口海域管理争议起源分析

2001年1月广东省人大出台的《广东省河口滩涂管理条例》将河口海域滩涂围垦和整治纳入水利部门管辖范畴,其地理范围包括了珠江流域八大入海口门和整个万山群岛及其附近海域。2005年1月广东省人大出台的《广东省河道采砂

管理条例》,确定河道延伸区域的采砂许可权由水行政主管部门行使。以上两个地方性法规是依据水利部《珠江河口管理办法》,为保障河道行洪纳潮的安全而制定的。上述两条例与《中华人民共和国海域使用管理法》在管理的地理范围上出现了交叉,海洋行政主管部门和水行政主管部门分别依照相关法律、法规,针对不同的开发、利用行为和活动进行管理。目前,对河流入海口的河海界限尚没有公认的、统一的划分标准,致使珠江口海域管理矛盾更为复杂和突出。根据现行法律和管理实践,水利部门从防洪目的出发,划定珠江口八大口门及其延伸区为防洪重点地区,履行水行政主管部门的职责是极其必要的;海洋行政主管部门根据国务院批复的全国海洋功能区划,按照《中华人民共和国海域使用管理法》等有关法律、法规的规定加强对珠江口区域的海域使用和海洋开发活动的管理,也是履行国家赋予的职责。两者职能各有分工,各有侧重,并不互相取代,也不能互相排斥。《珠江河口管理办法》等水利法规调整的是水资源开发利用活动与防止水害的管理关系,目的在于减轻洪涝灾害,保障生命和财产的安全;《中华人民共和国海域使用管理法》则属于海域空间资源的物权法律范畴,规范的是海域使用权获得和转移的原则和程序,调整的是国家与海域使用者之间、海域使用者相互之间的权利义务关系。按照相关法律、法规的规定,海洋行政主管部门和财政部门代表国家行使国有海洋资源权属管理权和资产收益征收权;水行政主管部门则代表国家行使水行业行政管理权和行政收费权。两者在管理手段、管理层次和征收性质上都有区别。全国人大《中华人民共和国海域使用管理法》实施情况检查组高度关注上述问题,检查组认为,相关法律、法规和行政规章在基本原则上并不冲突。在管理中地理范围的交叉重叠,并不意味着法律制度的冲突和职能的对立。各主管部门在各自的权限范围内各司其职,并加强协调配合,依法行政才是解决问题的正确途径。

2. 对于在《中华人民共和国海域使用管理法》施行以前已经实施的违法用海行为的处理

管委会称大平湾填海工程填海区域围堰早在 1994 年就完成,填海区已露滩,因标高未达到规划的要求,之后又进行加高工作。因此,该工程应属历史遗留问题。事实上,处罚机关所认定的非法占用海域 1 171.644 6 亩,系 2003 年 4 月 2 日大平湾二期填海工程开工以后填成的陆域面积,未包括该日期之前填成的陆域面积。故此案中并不存在管委会所说的历史遗留问题。但管委会所提及的历史遗留问题在许多同类型案件中都存在,我们认为很有探讨价值。历史遗留问题牵涉法律的溯及力问题,即新的法律颁布以后,对在它生效以前发生的事件或行为是否适用的问题。一般而言,法律应自公布之日起生效,或是在公布一定时间后生效。如果法律明确规定其效力溯及延伸至过去时间,便是法溯及既往,且是强度溯及(strongly retroactive);如果新法对于生效时仍在进行、尚未终结的事件或行为发生面向未来的效力,则是弱度溯及(weakly retroactive)。实际上,事物通常是延续发展的,新法的生效必然变更传统的自然秩序或法律秩序,弱度溯及是绝大多数法律都具有的特征之一。美国1787年宪法最先作出了"不得制定有溯及力的法律"的规定,随后在19世纪的立宪运动中,许多国家宪法都作了类似规定。如1804年的《法国民法典》第2条也有规定。现在,法律不溯及既往已经成为公认的法治原则。但这个原则的采用也不是绝对的,如我国立法机关在某些法律中规定有溯及力或有一定溯及力的,实行从新、有条件从新或从旧兼从轻的关于追罚时效问题《中华人民共和国行政处罚法》第二十九条规定:"违法行为在二年内未被发现的,不再给予行政处罚。法律另有规定的除外。前款规定的期限,从违法行为发生之日起计算;违法行为有连续或者继续状态的,从行为终了之日起计算。"这里的连续状态是指同一违法当事人连续两次或两次以上实施性质相同的违法行为;继续状态是指同一违法当事人在一定时间内所实施的处于继续状态的违法行为。目前,在沿海各地存在很多历史遗留工程,大致可分为以下几种类型进行处理:

(1) 如果工程在《中华人民共和国海域使用管理法》颁布施行之前已完工或停工,且自违法行为终了之日起两年内未被海洋行政执法部门发现,该工程就不在海洋行政执法查处范围之内。就填海而言,这里的"违法行为"有两层含义:一是指非法填海的具体行为;二是指占用非法填海所形成陆域的行为。由于未取得海域使用权,非法填海区域按照相关海洋功能区划应当属于海域的,填海成陆后非法占用陆地的行为即应视为非法占用海域。《国家海域使用管理暂行规定》第三十条和《中华人民共和国海域使用管理法》第四十二条分别对处罚非法占用海域行为作出了规定,因此,即使行政相对人组织的填海施工早已结束,且两年内未被海洋行政执法部门发现,只要该相对人仍在使用非法填海所形成的陆域,海洋行政执法部门即可对其进行查处。其中,非法占用行为终了之日在《中华人民共和国海域使用管理法》施行之前的,适用《国家海域使用管理暂行规定》追究其法律责任;在其之后的,依照《中华人民共和国海域使用管理法》进行查处。

(2) 如果工程在《中华人民共和国海域使用管理法》颁布施行之前已完工或停工,但自违法行为终了之日起两年内已被海洋行政执法部门发现,则海洋行政执法部门有权酌情按《国家海域使用管理暂行规定》或《中华人民共和国海域使用管理法》追究其法律责任。

(3) 若工程在《中华人民共和国海域使用管理法》颁布施行之后仍在继续施工或重新开工,其性质是继续违法行为或连续违法行为,原则上应当依照该法对违法行为进行查处。在本案中,大平湾填海工程是一个延续时间极长的工程,且其间中断时间长,延续性弱,应视为前后两个非法填海行为。前文中已说明在大平湾二期填海工程开始之前,该工程填海区域只修建了部分的围堰,在某些海域进行了堆填,整个工程填海区域仍是海域,故南海总队未对管委会在大平湾二期填海工程之前实施的填海行为进行查处。

3. 关于"非法占用海域期间"问题

本案作出行政处罚决定的依据之一是《中华人民共和国海域使用管理法》第四十二条,该条规定,对未经批准或骗取批准,进行围海、填海活动的,并处非法占用海域期间内该海域面积应缴纳的海域使用金10倍以上20倍以下的罚款。本案的行政处罚决定是"责令你单位退还非法占用的海域,并处以你单位非法占用海域1 171.644 6亩缴纳海域使用金10倍的罚款,即人民币5 858 000元"。可见,在行政处罚决定中只出现了非法占用海域面积,而回避了"非法占用海域期间"这个问题。

"非法占用海域期间"是指违法用海者非法占用海域的时间,如几个月或几年。"期间"之所以会成为一个难题,与本案行政处罚决定的另一个依据——广东省物价局《关于征收海域使用费问题的复函》有关。因为该文件规定围海、填海的海域使用金是一次性缴纳的,根本不存在"期间"的概念。那么在处罚决定中自然无法按"期间"来计算罚款额。笔者认为,对于非法填海行为的行政处罚,确定罚款额度不考虑"非法占用海域期间"是合理且合法的。

(1)《中华人民共和国海域使用管理法》第三十四条规定:根据不同的用海性质或者情形,海域使用金可以按照规定一次性缴纳或按年度逐年缴纳。全国人大常委会法工委编写的《中华人民共和国海域使用管理法释义》也明确,对填海等完全改变海域自然属性的用海项目,海域使用金应一次性缴纳。广东省物价局《关于征收海域使用费问题的复函》规定:"非农业围海、填海一次性征收海域使用金6 000元/亩;农业围海、填海一次性征收海域使用金500元/亩。"可见,由于填海行为与其他用海行为在性质上存在明显不同,完全改变了海域自然属性,从国家到地方各级法律法规、规章都对其作了较严的规定,尤其是广东省,明确规定了填海行为须一次性缴纳海域使用金。

(2)如果考虑用"非法占用海域期间"来计算罚款金额,以此案为例,管委会非法占用海域1 171.644 6亩,时间为1.5年。依据《中华人民共和国海域使用管理法》第四十二条规定和广东省物价局《关于征收海域使用费问题的复函》,其应缴纳的罚款额在175 700元以上,最高也不超过351 500元。而如果管委会在合法情况下实施填海行为,同样是根据广东省物价局《关于征收海域使用费用的复函》有关围填海项目海域使用金一次性征收的规定,却必须缴纳海域使用金585 800元。两相对比,罚款额远远低于应缴纳的海域使用金额,这与《中华人民共和国海域使用管理法》第四十二条规定罚款额应当为应缴纳的海域使用金十至二十倍的规定明显不符。

(3)在现实中,填海项目往往在相对较短的时间内就可以将海域填成陆域。

根据《中华人民共和国海域使用管理法》第三十二条的规定,填海项目竣工后形成的土地,属于国家所有。海域使用权人应当凭海域使用权证书换发国有土地使用权证书,确认土地使用权。显而易见,原有海域使用权对应的确权"海域"已经消失,设定在该海域上的海域使用权随之终止,相应权利和义务也随之解除;新的土地使用权得以设立,新增土地权利义务及使用期限等,均须依据土地管理的相关制度进行设定,由土地行政主管部门进行管理。因此,规定填海项目应在办理海域使用权证书时一次性征收海域使用金的做法是适宜的,是合乎法律规定的。若考虑用"非法占用海域期间"计算处罚额度,这是对一个用海行为采用双重标准的做法,即对合法占用海域行为和非法占用海域行为采用不同的海域使用金征收标准,以本案为例,前者应缴纳海域使用金 585 800 元;后者则约在 175 700 元。这种做法非但与目前国内通行的海域使用金征缴方式相悖,也违背了立法的一致性原则。

关于河口区工程用海管理,涉及《广东省河口滩涂管理条例》等地方性法规与海域使理管理法律、法规的衔接问题。由于入海口河口区属于水利和海洋两家部门共管的特殊区域,即:在该区域内海洋、水利等管理部门各自从不同的角度依法进行管理。在海洋管理部门按照海域使用管理的法律、法规进行管理;水利管理部门按照水利管理方面的法律、法规进行管理。应当说并无矛盾,并且两家管理部门应当相互配合,形成管理合力。在本案中,水利管理部门依据《广东省河口滩涂管理条例》等规定从水利行政行业管理角度对临港工业区管委会的施工项目进行管理,并不能排斥海洋管理部门从海域权角度进行管理,因此,临港工业区管委会还应当向海洋管理部门办理海域使用审批手续。

(4) 规定可以罚款,但对罚款数额不作具体明确的规定。在这种情况下,海洋行政主管部门科处罚款的数额,既无最低限额的法律限制,也无最高限额的法律限制,完全由海洋行政主管部门参考其他罚款规定自由裁量。比如《中华人民共和国海洋倾废管理条例》第二十一条第一款规定,对违反本条例,造成或可能造成海洋环境污染损害的直接责任人,主管部门可以处以警告,也可以并处。[①]

案例二

【基本案情】

被处罚人:青岛市某发电厂

处罚机关:山东省海洋与渔业厅

2004 年 4 月,执法人员在检查中发现青岛市某发电厂涉嫌违法用海。经立案调查发现,该发电厂于 2000 年 5 月经青岛市人民政府批准,取得面积为 218 亩

---

① 王振清.海洋行政执法研究[M].北京:海洋出版社,2008:213.

的海域使用权,使用期限为20年,用海类型是海底工程用海,用途为管道用海,但该单位自2003年11月30日开始,未经批准,擅自改变海域使用用途实施填海。经有资质的测量单位对其填海面积进行测量,测定其非法填海面积为18.8亩。2004年4月13日,青岛市海洋与渔业局对该单位下达了责令停止海洋违法行为通知书后,该工程停止施工。

根据《山东省"保护蓝色国土——海盾2004"专项执法行动实施方案》的要求和部署,中国海监青岛市支队将该案移交中国海监山东省总队查处。

2004年5月7日,中国海监山东省总队黄岛支队在对移交材料进行了细致致核实后,对该案进行了现场检查,在认定涉嫌非法填海的区域并未全部在海域使用权证书批准的区域之内,需要重新认定该填海项目的违法用海性质。为此,2004年6月23日,黄岛支队又到现场进行了进一步调查核实,同时委托山东省渔业环境监测站对该非法填海的位置及面积进行了测量,测定青岛市某发电厂自2003年11月30日起,未经批准非法填海11.2205亩,其中在海域使用权证批准的用海范围外非法填海11.2091亩;改变经批准的海域用途非法填海0.0114亩。其行为分别违反了《中华人民共和国海域使用管理法》第三条第一款和第一十八条的规定,应依法予以处罚。

【处理结果】

根据《中华人民共和国海域使用管理法》第四十二条、第四十六条和山东省《关于印发〈山东省海域使用金征收管理暂行办法〉的通知》(鲁财综字〔2004〕33号)之规定,处罚机关对青岛市某发电厂依法作出责令恢复海域原状,并处罚款人民币1 121 480元的行政处罚决定(罚款数额包括:非法填海11.2091亩处罚数额1 120 910元;改变经批准的海域用途非法填海0.0114亩处罚数额570元)。

【评析意见】

本案的焦点问题是对当事人违法性质的认定。《中华人民共和国海域使用管理法》第三条第一款规定,单位和个人使用海域,必须依法取得海域使用权。违反该条款的规定,应当依据该法第四十一条的规定予以处罚;《中华人民共和国海域使用管理法》第二十八条规定,海域使用权人不得擅自改变经批准的海域用途。违反该条款的规定,应当依据该法第四十六条的有关规定予以处罚。在本案的调查取证中,两级执法机构对同一违法案件的违法用海性质做出了不同的判断,其主要原因在于,两级执法机构对当事人所取得的海域使用权证书所标明的用海位置与面积的认定存在差异。在本案中,当事人依法获得的海域使用权证书标明海域用途为电缆管道用海,用海位置为5个坐标点连线内区域。如其实施的填海行为在此批准用海范围内,违法行为则为擅自改变经批准的海域用途,否则为未取得海域使用权证书的违法填海行为。在调查取证过程中,执法人员会同有资质的海域测量部门对当事人获取的海域使用权证书所载明的用海范围进行了认定,认为其填海工程绝大多数不在已批准的用海范围之内,应为违法填海行为;少量在已批准范围之内,应为擅自改变海域用途,遂作出上述处理意见。

通过对此案的查处,执法人员体会到,在对海域违法案件的调查取证工作中应注意以下几点:一是对移送案件的查处,接受机关应对移送材料做进一步核实,对相关证据要持有怀疑的态度,逐一分析使用;二是要加强与海域使用行政审批部门的沟通,充分掌握用海者海域使用活动的详细情况;三是对违法用海行为性质的确定一定要慎重、准确,本案对当事人的违法用海行为分别定性为无证非法填海和擅自改变海域用途填海,虽然后者的填海面积非常小,但它体现了法律适用的准确性和严肃性。

此案涉及违法行为性质的认定问题。违法行为性质的认定涉及行政处罚的种类和手段的运用是否合法,因此,亦直接关系到行政行为的合法性。在行政执法实践中,只有对违法行为予以准确的定性,才能正确地科以处罚。对违法行为性质的认定,应注意以下几点:第一,行政违法的主体是行政法律关系主体。行政违法的主体首先必须处于行政法律关系之中,某种违法行为,只有其主体以行政相对人的资格出现时,才有可能构成违法;反之,不属于行政法律关系的主体,其行为就不能构成违法。第二,违法行为是违反了行政法律规范,侵害受法律保护的行政关系。违法是违反法律规范的行为,而不是违反纪律的行为;同时行政违法是违反行政法律规范的行为,而不是违反民事、刑事法律规范的行为。第三,行政违法是尚未构成犯罪的违法行为。行政违法与犯罪有本质的区别,二者由不同的法律规范调整,依法追究不同的法律责任。但二者有量的转化,违法后果严重,危害程度大,也可构成犯罪。第四,行政违法行为的法律后果是承担相应的法律责任,即承担行政法律责任,而不是承担民事法律责任或者刑事法律责任。

在行政执法实践中,注意把握上述几点,将有助于对违法行为性质作出准确的判断与认定。

第三章
海域使用和海岛保护行政处罚

第一节 海域使用违法行为行政处罚

海域使用违法行为是指海域使用管理活动中的行政管理相对人违反海域使用管理法律、法规以及规章所设定的义务,侵害了海域使用管理法律所保护的行政关系,对国家、社会的公共利益和管理秩序造成一定危害,尚未构成犯罪,应当予以行政处罚的行为。[①]

海域使用违法行为的构成特征:

(1) 该行为违反了海域使用管理的法律规范。

(2) 该行为已经发生。这里所说的海域使用违法行为包括积极的作为和消极的不作为。积极的作为是指行为人做出了海域使用管理的法律规范所禁止的行为,消极的不作为是指没有做海域使用管理的法律规范所要求的行为。

(3) 该行为具有社会危害性。也就是说,违法行为人的行为必须侵犯了海域使用管理的法律规范所保护的社会关系,行为的违法性和行为的社会危害性具有比较密切关联。具体来讲,海域使用违法行为的危害性体现在:它破坏了海洋行政管理秩序,给我国的海洋权益造成了威胁,损害了我国海洋环境,影响了海洋资源的合理开发和利用。

(4) 行为人具有主观上的过错。过错包括故意和过失。前者是指违法行为人明知自己的行为会产生危害社会的后果并且希望或者放任这种后果的发生的主观心态;后者是指违法行为人应当预见到但因过于自信而轻信能够避免,结果导致损害后果发生的主观心态。

一、未经批准或者骗取批准,非法占用海域

(一) 法条释义

非法占用海域的违法行为主要表现在未经批准或者骗取批准而非法占用海域。所谓未经批准是指:(1) 有关单位和个人未向县级以上海洋行政主管本部门

[①] 郭飞,俞兴树,段伟.海域使用和海岛保护行政执法实务[M].北京:海洋出版社,2013:110.

提交海域使用申请书擅自使用海域的行为;(2)相对人向县级以上海洋行政主管部门申请使用海域,在海洋行政主管部门审核过程中,尚未获得批准擅自使用海域的行为;(3)相对人向县级以上海洋行政主管部门申请使用海域未获批准,仍然擅自使用海域的行为。所谓骗取批准,是指有关单位和个人为了获得海域使用权,在向县级以上海洋行政主管部门申请使用海域时,提供虚假材料,以获得海洋行政主管部门的批准的行为。

(二) 违法行为的认定

根据《中华人民共和国海域使用管理法》的规定,任何单位和个人未经批准或骗取批准,非法占用海域,侵犯海域使用管理秩序的违法行为,海洋行政主管部门有权对其进行处罚。

(三) 违法行为的处罚

对于未经批准或骗取批准,非法占用海域的违法行为,违法行为人停止在非法占用海域内的一切生产经营活动和其他有关活动,拆除该海域内的违法用海设施和构筑物,对海域造成破坏的,应当采取治理措施,进行整治,恢复海域被非法占用前的状态。对于在非法占用海域期间内获取的违法所得,海洋行政主管部门应当予以没收。海洋行政主管部门在对违法行为人作出上述处罚行为的同时,还应对其处以罚款。罚款幅度为违法行为人非法占用海域期间内该海域面积应缴纳的海域使用金五倍以上十五倍以下。[①]

(四) 法条链接

《中华人民共和国海域使用管理法》第三条第二款规定:"单位和个人使用海域,必须依法取得海域使用权。"

《中华人民共和国海域使用管理法》第四十二条规定:"未经批准或者骗取批准,非法占用海域的,责令退还非法占用的海域,恢复海域原状,没收违法所得,并处非法占用海域期间内该海域面积应缴纳的海域使用金五倍以上十五倍以下的罚款;对未经批准或者骗取批准,进行围海、填海活动的,并处非法占用海域期间内该海域面积应缴纳的海域使用金十倍以上二十倍以下的罚款。"

二、未经批准或者骗取批准,进行围海、填海活动

(一) 法条释义

围海造地是指利用堤坝将一片海域与海洋隔开,将其中海水排除,形成封闭的陆地的行为。填海造地是指把原有的海域、湖区或河岸通过人工技术手段转变

[①] 郭飞,俞兴树,段伟.海域使用和海岛保护行政执法实务[M].北京:海洋出版社,2013:111.

为陆地的行为。而围海、填海活动的违法行为主要表现在未经批准或者骗取批准而进行围海、填海活动。所谓未经批准是指:(1)有关单位和个人未向县级以上海洋行政主管本部门提交海域使用申请书擅自使用海域的行为;(2)相对人向县级以上海洋行政主管部门申请使用海域,在海洋行政主管部门审核过程中,尚未获得批准擅自使用海域的行为;(3)相对人向县级以上海洋行政主管部门申请使用海域未获批准,仍然擅自使用海域的行为。所谓骗取批准,是指有关单位和个人为了获得海域使用权,在向县级以上海洋行政主管部门申请使用海域时,提供虚假材料,以获得海洋行政主管部门的批准的行为。

(二) 违法行为的认定

根据《中华人民共和国海域使用管理法》的规定,对于未经批准或骗取批准,进行围海、填海活动,侵犯海域使用管理秩序的违法行为,海洋行政主管部门可依法对其进行处罚。

(三) 违法行为的处罚

对于未经批准或者骗取批准,进行围海、填海活动的违法行为,除了要有县级以上海洋行政主管部门对违法行为人处以责令退还非法占用的海域,恢复海域原状,没收违法所得的处罚外,还要对违法行为人处以非法占用海域期间内该海域面积应缴纳的海域使用金10倍以上20倍以下的罚款。对非法进行填海、围海活动的行为处罚较重是因为填海、围海活动会对海域的自然形状、环境、功能等属性产生直接的影响。非法填海、围海活动由于未经过有效的审查,无法保证填海、围海的科学性以及是否符合本地区的海洋功能区划,甚至会改变海域的自然属性和破坏近岸海洋的生态环境,造成海洋资源的极大浪费。[①]

(四) 法条链接

《中华人民共和国海域使用管理法》第三条第二款规定:"单位和个人使用海域,必须依法取得海域使用权。"

《中华人民共和国海域使用管理法》第四十二条规定:"未经批准或者骗取批准,非法占用海域的,责令退还非法占用的海域,恢复海域原状,没收违法所得,并处非法占用海域期间内该海域面积应缴纳的海域使用金五倍以上十五倍以下的罚款;对未经批准或者骗取批准,进行围海、填海活动的,并处非法占用海域期间内该海域面积应缴纳的海域使用金十倍以上二十倍以下的罚款。"

---

① 张宏声.海洋行政执法必读[M].北京:海洋出版社,2004:144.

三、海域使用权期满，未按规定办理有关手续仍继续使用海域

（一）法条释义

该行为是指在海域使用权到期后，海域使用权人仍然需要使用该海域，未办理有关手续仍继续使用该海域，或未办理有关手续在收到海洋行政主管部门责令限期办理的通知后仍拒不办理继续使用该海域的行为。

针对该行为，主要有以下几点说明：

（1）海域使用权到期后，海域使用权人仍然需要使用该海域的，还可以申请续期使用，海域使用权续期申请按照规定进行。

（2）关于海域使用权续期申请的时间和管理部门。海域使用权续期申请的时间为海域使用权期限届满前2个月。续期使用申请的接受和审批部门为原来批准该海域使用权的人民政府。不论原海域使用权的取得是通过申请、审批取得的，还是通过招标或者拍卖取得的，其进行续期申请的程序和要求都相同。

（3）关于海域使用权续期申请批准的条件。一般情况下，海域使用权人申请海域使用权续期的，原批准用海的人民政府应当批准其续期使用申请。如果因公共利益和国家安全需要使用该海域的，原批准用海的人民政府也可以不批准海域使用权人的续期使用申请。例如，假设某一利用海域开采矿产的海域使用权人按照本条规定的时间向原批准用海的人民政府提出了海域使用权续期使用申请，但由于洋流变化或者采矿活动以及其他的原因，使得该海域成为某海洋珍稀鱼类的洄游和繁殖区域，如果继续进行矿产开采，就会改变该海域的自然条件，造成该海洋珍稀鱼类的死亡或者繁殖力降低，进一步发展将导致该海域的生态系统恶化，在这种情况下，原批准用海的人民政府就可以不批准进行矿产开采的海域使用权人的续期使用申请。

（4）经批准准予续期使用的，海域使用权人应当按照规定或者约定的数额缴纳续期的海域使用金。续期使用期间，海域使用权人的权利义务与原来相同。

（二）违法行为的认定

依据《中华人民共和国海域使用管理法》的规定，可知海域使用权是有期限的，自准予登记之日起，至终止日期为海域使用权期限。若海域使用权期满，海域使用权人未办理或拒不办理有关手续仍继续使用海域的，海洋行政主管部门有权依法对其进行处罚。

（三）违法行为的处罚

海域使用权期满，海域使用权人未办理或拒不办理有关手续仍继续使用海域的，违法行为人应当承担法律责任的情况分为以下两种：

（1）海域使用权期限届满，未办理有关手续仍继续使用海域的，由县级以上

海洋行政主管部门责令非法使用海域的行为人在一定的期限内办理海域使用续期的手续。在对违法行为人做出上述处罚的同时,海洋行政主管部门可以做出对违法行为人处以罚款的决定。罚款的幅度不得超过1万元。

(2) 海域使用权期限届满,未办理有关手续仍继续使用海域,收到海洋行政主管部门责令限期办理的通知后仍拒不办理的,以非法占用海域论处,即未经批准非法占用海域的,责令退还非法占用的海域,恢复海域原状,没收违法所得,并处非法占用海域期间内该海域面积应缴纳的海域使用金五倍以上十五倍以下的罚款。非法占用海域的,由县级以上海洋行政主管部门责令违法行为人退还非法占用的海域,恢复海域原状,即停止在非法占用海域的一切生产经营活动和其他有关活动,拆除在该海域的违法用海设施和构筑物,对海域造成破坏的,应当采取治理措施,进行整治,恢复海域被非法占用前的状态。对于在非法占用海域期间在该海域内取得违法所得的当事人,应当没收其违法所得。县级以上海洋行政主管部门在对违法行为人作出上述处罚行为的同时,还应当对其处以罚款。罚款的幅度为违法行为人占用该海域期间内该海域面积应缴纳的海域使用金五倍以上十五倍以下。

(四) 法条链接

《中华人民共和国海域使用管理法》第二十六条规定:"海域使用权期限届满,海域使用权人需要继续使用海域的,应当至迟于期限届满前二个月向原批准用海的人民政府申请续期。除根据公共利益或者国家安全需要收回海域使用权的外,原批准用海的人民政府应当批准续期。准予续期的,海域使用权人应当依法缴纳续期的海域使用金。"

《中华人民共和国海域使用管理法》第四十五条规定:"违反本法第二十六条规定,海域使用权期满,未办理有关手续仍继续使用海域的,责令限期办理,可以并处一万元以下的罚款;拒不办理的,以非法占用海域论处。"

四、擅自改变海域用途

(一) 法条释义

所谓擅自改变海域用途的违法行为是指海域使用权人在使用海域的过程中,确实需要改变海域用途,而未经法定程序擅自改变海域用途的行为。

海域使用权人在使用海域的过程中,确实需要改变海域用途的,需经过法定的程序,主要包括以下几点:

(1) 改变后的用途仍然要符合海洋功能区划,比如原来用于养殖海带的海域改为养殖珍珠或对虾,可以认为是符合海洋功能区划的。

(2) 必须报原批准用海的人民政府批准。如果原来用于养殖海带的海域改为采挖海砂,就难以认定其符合海洋功能区划,即使海域使用权人申请改变海域用途,原批准用海的人民政府也不会批准。

(3) 经批准改变的海域用途如符合海洋功能区划,还要相应调整海域使用金及办理海域用途变更登记等。

(二) 违法行为的认定

根据《中华人民共和国海域使用管理法》的规定,任何单位和个人擅自改变海域用途,或擅自改变海域用途经责令限期改正而拒不改正的,侵犯海域使用管理秩序的违法行为,海洋行政主管部门有权依法对其进行处罚。

(三) 违法行为的处罚

对于该违法行为,违法行为人承担的法律责任主要有以下两种情况:

(1) 对于在用海活动中,擅自改变海域用途的,由县级以上人民政府海洋行政主管部门以行政命令的方式责令违法行为人停止其用海活动,在一定期限内改正其违法行为,按照经过海洋行政主管部门批准的海域用途进行用海活动。对于海域使用权人因为擅自改变海域用途而获得收益的,应当没收其违法所得。对没有违法所得的,不适用该处罚措施。县级以上海洋行政主管部门在对违法行为人作出上述处罚行为的同时,还应当对其处以罚款。罚款的幅度为违法行为人占用该海域期间内该海域面积应缴纳的海域使用金五倍以上十五倍以下。具体的罚款幅度由县级以上海洋行政主管部门根据具体情况确定。

(2) 对于海洋行政主管机关要求违法行为人限期改正,而违法行为人在规定时间内拒不改正的,由颁发海域使用权证书的人民政府注销海域使用权证书,收回海域使用权。海域使用权是任何单位和个人使用海域的先决条件,收回海域使用权也就意味着违法行为人不能够继续使用该海域进行排他性的用海活动,例如养殖、旅游等。海域使用权由颁发海域使用权证书的人民政府负责收回,并同时注销海域使用权证书。

(四) 法条链接

《中华人民共和国海域使用管理法》第二十八条规定:"海域使用权人不得擅自改变经批准的海域用途;确需改变的,应当在符合海洋功能区划的前提下,报原批准用海的人民政府批准。"若违反该条规定,擅自改变海域用途,或擅自改变海域用途经责令限期改正而拒不改正的,海洋行政主管部门有权依据《中华人民共和国海域使用管理法》第四十六的规定对其进行处罚。

《中华人民共和国海域使用管理办法》第四十六规定:"违反本法第二十八条规定,擅自改变海域用途的,责令限期改正,没收违法所得,并处非法改变海域用途的期间内该海域面积应缴纳的海域使用金五倍以上十五倍以下的罚款;对拒不改正的,由颁发海域使用权证书的人民政府注销海域使用权证书,收回海域使用权。"

五、海域使用权终止,原海域使用权人不按规定拆除用海设施和构筑物

(一)法条释义

该违法行为是指当海域使用权期满后,海域使用权人认为不需要继续使用该海域,或者该海域预期不能提供使海域使用权人满意的经济收益时,海域使用权人不申请使用权的续期;或海域使用权人申请使用权的续期,但有批准权的人民政府未批准,导致海域使用权终止后,原海域使用权人不按规定拆除用海设施和构筑物的行为。

海域使用权终止后,海域使用权的权利消失,但义务并未完全消失。这并非是权利义务的不对等,恰恰是权利义务一致的要求。这是因为,海域使用权人在使用海域期间,为了便于自己利用海域,取得最大的经济利益,往往需要建造一些用海设施和构筑物。在海域使用权终止后,这些用海设施和构筑物如果不能被新的海域使用权人利用,就会成为废物,一方面妨碍新的海域使用权人利用该海域;另一方面,当其腐烂毁坏时,还会对海域造成污染。按照权利义务一致原则的要求,清理这些用海设施和构筑物的责任既不应当由新的海域使用权人承担,也不应当由国家承担,因此,海域使用权终止后,由原海域使用权人拆除可能造成海洋环境污染或者影响其他用海项目的用海设施和构筑物的规定,是权利义务一致原则的具体体现。

(二)违法行为的认定

在海域使用权终止后,原海域使用权人不按规定拆除或逾期不按规定拆除可能造成海洋环境污染或者影响其他用海项目的用海设施和构筑物的,由县级以上人民政府海洋行政主管部门依法对其进行处罚。

(三)违法行为的处罚

对于该违法行为,海洋行政主管部门可作出如下处罚:

(1)责令限期拆除。即由县级以上人民政府海洋行政主管部门向违法行为人发出处罚通知,以行政命令的方式责令违法行为人在一定的期限内拆除其违法的用海设施和构筑物。这种处罚是一种行为罚,是对违法行为人实施的一种制止其违法行为继续进行并予以改正的行政处罚措施。违法行为人在接到责令限期拆除的行政处罚后,应当立即拆除可能造成海洋环境污染或者影响其他用海项目的用海设施和构筑物。

(2)罚款。如果当事人逾期拒不拆除的,处五万元以下的罚款。行政机关责

令限期拆除的行政处罚决定一经做出,即对当事人产生拘束力,当事人在限定的期限内拒不拆除的,则要给予罚款的处罚。罚款是一种财产罚,是对违法行为人在经济上给予的一定惩罚,以补偿其造成的损失或者加强惩戒作用。

(3) 行政代执行罚。对逾期拒不拆除的违法行为人给予罚款处罚的同时,由县级以上人民政府海洋行政主管部门委托有关单位代为拆除其违法的用海设施和构筑物,所需费用由原海域使用权人承担。

对违法行为人应当首先给予责令限期拆除的处罚,违法行为人如果拆除了其违法用海设施和构筑物,就不再给予罚款的行政处罚。若违法行为人经责令限期拆除而逾期拒不拆除的,才应当给予罚款和行政代执行罚的行政处罚。[①]

(四) 法条链接

《中华人民共和国海域使用管理法》第二十九条第二款规定:"海域使用权终止后,原海域使用权人应当拆除可能造成海洋环境污染或者影响其他用海项目的用海设施和构筑物。"

《中华人民共和国海域使用管理法》第四十七条规定:"违反本法第二十九条第二款规定,海域使用权终止,原海域使用权人不按规定拆除用海设施和构筑物的,责令限期拆除;逾期拒不拆除的,处五万元以下的罚款,并由县级以上人民政府海洋行政主管部门委托有关单位代为拆除,所需费用由原海域使用权人承担。"

六、按年度逐年缴纳海域使用金的海域使用权人不按期缴纳海域使用金或在期限内仍拒不缴纳

(一) 法条释义

由于用海性质或者用海情形不同,海域使用金的缴纳方式也应有所区别,不能一概而论。对填海等完全改变海域属性的用海项目,海域使用金应当一次缴纳;对养殖、旅游等用海项目,海域使用金可以按年度逐年缴纳。由此可知,按年度逐年缴纳海域使用金针对的是指养殖、旅游等用海项目,若该海域使用权人不按期缴纳海域使用金便应当受到处罚。

首先,单位和个人使用海域,应当按照国务院的规定缴纳海域使用金,既是海域有偿使用制度的基本内容和海域使用权人的应尽义务,也是由海域使用金的性质决定的。海域使用金是国家作为海域自然资源的所有者出让海域使用权应当获得的收益,是资源性国有资产收入。海域使用金属于权利金的范畴,它既有别于税金,也不同于行政事业性收费。按照国有自然资源财产权利第一、政治权力第二的原则,首先应当凭借国家对资源性资产的所有权收取权利金,然后是凭借

---

① 张宏声.海洋行政执法必读[M].北京:海洋出版社,2004:146.

国家政治权力向纳税人征税。尽管在国家财政收入中,权利金在数量上远低于税收收入,但其收取的优先度应当在税收之上。而我国现行的行政事业性收费,是以政府形式出现或者政府委托有关部门代行政府职能,对提供直接服务所收取的费用,比如进出口检验检疫费等。因此,不能将海域使用金与行政事业性收费混为一谈。

其次,由于用海的类型、使用期限及区位不同,对海域使用金应当分等定级,采用不同的基准价格标准。具体缴纳标准,由国务院制定。

最后,海域使用金既然属于权利金,就应当按照国务院的规定上缴财政,纳入预算资金管理。上缴各级财政的比例,由国务院做出具体规定。

(二) 违法行为的认定

《中华人民共和国海域使用管理法》第二十六条规定:"海域使用权期限届满,海域使用权人需要继续使用海域的,应当至迟于期限届满前二个月向原批准用海的人民政府申请续期。除根据公共利益或者国家安全需要收回海域使用权的外,原批准用海的人民政府应当批准续期。准予续期的,海域使用权人应当依法缴纳续期的海域使用金。"若按年度逐年缴纳海域使用金的海域使用权人违反该条规定,不按期或在期限内拒不缴纳海域使用金,海洋行政主管部门有权依据《中华人民共和国海域使用管理法》第四十八条规定对其进行处罚。

(三) 违法行为的处罚

对于该违法行为,处罚主要包括以下两种:

(1) 限期缴纳,即由县级以上人民政府海洋行政主管部门向违法行为人发出通知,以行政命令的方式责令其在一定的期限内缴纳欠缴的海域使用金。违法行为人在接到限期缴纳的通知后,应当在规定的期限内缴纳欠缴的海域使用金。

(2) 注销海域使用权证书,收回海域使用权。在责令海域使用权人限期缴纳欠缴的海域使用金后,该海域使用权人仍不按期缴纳海域使用金的,应视为放弃海域使用权,由颁发海域使用权证书的人民政府注销其海域使用权证书,收回海域使用权。

(四) 法条链接

《中华人民共和国海域使用管理法》第二十六条规定:"海域使用权期限届满,海域使用权人需要继续使用海域的,应当至迟于期限届满前二个月向原批准用海的人民政府申请续期。除根据公共利益或者国家安全需要收回海域使用权的外,原批准用海的人民政府应当批准续期。准予续期的,海域使用权人应当依法缴纳续期的海域使用金。"

《中华人民共和国海域使用管理法》第四十八条规定:"违反本法规定,按年度逐年缴纳海域使用金的海域使用权人不按期缴纳海域使用金的,限期缴纳;在限期内仍拒不缴纳的,由颁发海域使用权证书的人民政府注销海域使用权证书,收回海域使用权。"

七、拒不接受海洋行政主管部门监督检查、不如实反映情况或者不提供有关资料

(一) 法条释义

县级以上人民政府海洋行政主管部门负责海域使用的监督管理,有权对本管辖范围内的海域使用情况进行监督检查,有关单位和个人拒不接受海洋行政主管部门监督检查、不如实反映情况或者不提供有关资料,就要依法承担法律责任。

(1) 县级以上人民政府海洋行政主管部门对违反海域使用管理法律、法规的行为进行监督检查是法律赋予县级以上人民政府海洋行政主管部门的职权。查处违反海域使用管理法律、法规的行为,维护的是国家海域使用管理秩序和海域的国家所有权,保护的是海域所有权人、使用权人的合法权益,对促进海域的合理开发和可持续利用具有重大意义。因此,有关单位和个人对县级以上人民政府海洋行政主管部门就海域使用违法行为进行监督检查应当支持与配合,并提供工作方便。

(2) 县级以上人民政府海洋行政主管部门依法查处违反海域使用管理法律、法规的行为是为了捍卫法律的尊严,使法律面前人人平等。但是,海域使用管理涉及方方面面、各行各业,单靠县级以上人民政府海洋行政主管部门对违反海域使用管理法律、法规的行为进行监督检查是不够的。为了保障海域使用管理法律、法规的有效实施,加大对违法行为的查处力度,有关单位和个人对县级以上人民政府海洋行政主管部门就海域使用违法行为进行监督检查应当支持与配合,并提供工作方便。

(3) 有关单位和个人,包括政府机关、社会团体、群众组织、企事业单位、公民等,只要违反海域使用管理法律、法规的,就必须依法接受县级以上人民政府海洋行政主管部门的监督检查,不得拒绝与阻碍海域使用管理监督检查人员依法执行职务。拒绝或者阻碍海域使用管理监督检查人员依法执行职务,构成犯罪的,依法追究刑事责任;尚不构成犯罪的,由公安机关依照《中华人民共和国治安管理处罚法》的规定处罚。

(二) 违法行为的认定

有关单位和个人拒不接受海洋行政主管部门的监督检查、不如实反映情况或者不提供有关资料,妨碍监督检查人员依法执行公务,侵犯海域使用管理秩序,则海洋行政主管部门有权依法对其进行处罚。

（三）违法行为的处罚

拒不接受海洋行政主管部门监督检查、不如实反映情况或者不提供有关资料的，责令限期改正，给予警告，可以并处二万元以下的罚款。这里所说的警告是一种既有教育性质，又有强制性质的处罚形式，其目的主要是对违法行为人给予批评教育，敦促其改正违法行为，一般采用书面形式。而这里的罚款是一种并罚的行政处罚措施，不能单独适用，而是由县级以上人民政府海洋行政主管部门根据违法行为的性质、情节和造成的后果等具体情况，在作出责令限期改正、警告处罚的同时，决定是否给予罚款的处罚。罚款幅度为二万元以下，具体罚多少，则由县级以上人民政府海洋行政主管部门根据违法行为的轻重、造成的后果等实际情况确定。[1]

（四）法条链接

《中华人民共和国海域使用管理法》第四十条第二款规定："有关单位和个人对海洋行政主管部门的监督检查应当予以配合，不得拒绝、妨碍监督检查人员依法执行公务。"

《中华人民共和国海域使用管理法》第四十九条规定："违反本法规定，拒不接受海洋行政主管部门监督检查、不如实反映情况或者不提供有关资料的，责令限期改正，给予警告，可以并处二万元以下的罚款。"

八、海域使用违法案例分析

（一）荣成市某海珍品养殖开发有限公司非法占用海域行政处罚案[2]

【基本案情】

被处罚人：荣成市某海珍品养殖开发有限公司

处罚机关：国家海洋局

2002年6月，某公司欲出借荣成市宁津镇西钱家村传统的养殖海域进行围海养殖。同年12月，西钱家村向宁津镇人民政府提交海域使用申请，申请围海建池59.6公顷。2003年4月，威海市人民政府发文批复"同意其围海59.6公顷（894亩），用于海珍品养殖。"根据威海市政府的批复，西钱家村与荣成市某海珍品养殖开发有限公司于2003年签订了《承包协议书》，根据协议，海域使用金由该公司缴纳；海域租金为每年每亩120元，每年不低于18万元（合1 500亩）。

围海工程自2003年4月25日正式开始施工，2004年4月30日工程竣工。施工采取从岸边筑坝，由两边推进的方式，形成围堰由大小不等的碎石构成，围堰

---

[1] 张宏声.海洋行政执法必读[M].北京：海洋出版社，2004：147.
[2] 王振清.海洋行政执法研究[M].北京：海洋出版社，2008：446-450.

坝顶宽度在7.5米以上,平均高度为5.5米封闭的围堰严重改变了海域的自然属性。

该公司在进行围海施工过程中,擅自超出经批准的围海面积修建海参养殖池,经现场测量,实际围海的面积为1 813.5亩,超出威海市政府批准的用海面积大919.5亩。其行为构成非法占用海域。

2004年7月14日,中国海监北海总队向该公司下达了《行政处罚听证告知书》。当事人在接到告知书后当日提交了陈述意见,认为处罚决定公正合理,表示不要求举行听证会。同时提出,其公司系职工集资设立,资金较少,公司成立后始终处于施工建设、养殖投入阶段,还未产生经济效益等,请求给予从轻处罚。

【处理结果】

荣成某海珍品养殖开发有限公司实际围海面积为1 813.5亩,其中政府批准的围海面积为894亩(合59.6公顷),超出批准范围即未经批准的占用海域进行围海养殖的面积为919.5亩。其未经批准擅自围海919.5亩的行为违反了《中华人民共和国海域使用管理法》第三条第二款的规定。依据《中华人民共和国海域使用管理法》第四十二条及《山东省海域使用金征收管理暂行办法》第五条第一项第二目之规定,处罚机关对该公司作出"责令退还非法占用的海域,并处人民币22.987 5万元罚款"的行政处罚。

【评析意见】

本案的违法行为事实是未经批准超面积围海。在对该公司非法占用海域一案进行查处的过程中,以下几个问题成为焦点:

1. 威海市政府的批复是否有效

西钱家村提出围海申请后,在履行完申请程序后,威海市以市人民政府红头文件的形式批复同意其围海申请,并加盖了威海市人民政府公章;威海市政府按规定收取海域使用金,并向荣成市某海珍品养殖开发有限公司开具海域使用金专用收据。但是,按《中华人民共和国海域使用管理法》的规定,海域使用权人自取得海域使用证之日起,方取得海域使用权。本案西钱家村只取得政府的批复,算不算取得海域使用权呢?荣成市某海珍品养殖开发有限公司围海养殖工程算不算无证用海呢?

从审批权限看,根据《中华人民共和国海域使用管理法》及《山东省海域使用管理规定》,威海市人民政府对59.6公顷围海有审批权。从申请审批程序上看,当事人按照国家海洋局颁布的《海域使用申请审批暂行办法》的规定,提交了申请,并按照规定及时缴纳了海域使用金。根据该暂行办法,海洋行政主管部门审核通过用海申请、收取海域使用金后,就只剩下登记造册、颁发海域使用权证书了。由此可见,本案当事人已履行了有关程序,未取得海域使用权证书的责任不在村里和企业。如果认定该批文无效,认为村里和企业是无证用海,那就是将政府审批不规范的责任转嫁到企业身上,对当事人不公平、不合理,因此我们在处理该案时,认可了威海市政府的批复,即认为西钱家村具有围海 59.6 公顷的海域使用权。

2. 西钱家村是否有权租赁

(1)《中华人民共和国海域使用管理法》第二十二条规定:"本法施行前,已经由农村集体经济组织或者村民委员会经营、管理的养殖用海,符合海洋功能区划的,经当地县级人民政府核准,可以将海域使用权确定给该农村集体经济组织或者村民委员会,由本集体经济组织的成员承包,用于养殖生产。"根据该条和西钱家村的养殖证、养殖历史事实,可以确认该村有权将养殖用海进行租赁承包,但承包的范围应限于本集体经济组织的成员。因此,西钱家村将围海养殖的海域使用权承包给本组织外的荣成市某海珍品养殖开发有限公司,不符合法律规定。

(2)该村取得威海市政府的用海批复,并缴纳了海域使用金,由于该政府的原因致使海域使用证未发,应当认为该村具有海域使用权。根据《承包协议》和由承包公司缴纳海域使用金的情况,有一种意见认为,该村实际上是将围海养殖的海域使用权转让给了承包公司。而根据《中华人民共和国海域使用管理法》第二十七条规定,海域使用权可以依法转让,该村有权转让海域使用权,但转让需要按照《海域使用权登记办法》办理海域使用权变更登记。

3. 西钱家村的责任认定

在本案中西钱家村作为海域的租赁方,与案件有着密切的联系,承租方因超面积用海面临行政处罚,西钱家村是否也负有一定的责任呢?该村是否明知批准的海域只有 59.6 公顷,却超面积出租海域呢?

第一,西钱家村是在履行了申请,报批手续之后,才进行海域使用权出租的。通过调查了解到,西钱家村最初向宁津镇提交的申请用海总面积是 89 公顷(1 335 亩),宁津镇也上报了威海市海洋与渔业局,但是由于审批权限的问题,政府将申请海域进行分割处理。西钱家村又重新提出申请,用海面积为 59.6 公顷(894 亩)。由此可见,该村的申请不存在故意隐瞒或骗取批准;该村也不是围海的施工单位,只负责运料,而且是先接到政府批复文件,才开始运料,该村有"拿到政府批文后再施工"的意识。第二,海域租赁费并未按批准的 59.6 公顷(894 亩)收取。在承包协议中,双方虽未明确承包海域面积,但其约定每年每亩按 120 元收,每年收承包费不低于 18 万元,由此可推算出是按照 1 500 亩收费的。故西钱家村在客观上存在着超面积租海的事实,也应负有一定的责任。

综上,西钱家村已经按申请程序办理了有关手续,提交了海域使用论证报告,且已缴纳了海域使用金。没有海域使用权证书的责任不在该村;对于超面积出租海域,存在着政府部门人为分割用海申请的情况。因此,我们认为本案应当主要追究围海者承包公司的法律责任,对西钱家村应当给予批评教育。

此案同时警示各级海洋行政主管部门要按照法定程序审批用海项目,杜绝化整为零,分散审批。在加强对行政管理相对人用海活动中实施监督检查的同时,对行政审批行为也应严格规范。

(二) 某港口开发公司违法占用海域围垦行政处罚案①

【基本案情】

被处罚人:某港口开发公司

处罚机关:国家海洋局

2006年5月22日中国海监东海总队执法人员对舟山市普陀区用海现场进行执法检查发现有围垦工程施工。经对工程业主、施工方及监理方代表进行调查询问,查明了当事人未取得海域使用权证书。为此,中国海监东海总队进行立案调查。

该用海工程业主单位为舟山市某港口开发有限公司。工程经立项批准后于2004年12月18日开工。工程属于围垦性质,分为一期和二期工程,两期工程同时动工。工程采用先围后填的方式即先在外围修筑堤坝然后再行填海。至东海总队介入调查时,堤坝仍在建设之中,尚未合龙,堤坝内侧海域尚未实施填海。2006年6月20日东海总队依法向当事人发出《责令停止违法行为通知书》。

经调查核实,舟山市某港口开发有限责任公司于2004年12月18日至2006年6月20日期间在未取得海域使用权证书的情况下,擅自占用海域,实施筑坝填海工程。经测定,违法占用海域的面积为131.85亩。

【处理结果】

当事人违反了《中华人民共和国海域使用管理法》第三条的规定,违法事实清楚、证据确凿。依据该法第四十二条和《浙江省海域使用金征收管理暂行办法》第四条第一款第(六)项、第五条第二款的规定,东海总队以国家海洋局的名义对当事人作出"责令退还非法占用的海域,恢复海域原状,并处罚款人民币21.755 25万元"的行政处罚。

2006年7月7日国家海洋东海分局发出《行政处罚听证告知书》,当事人未提出听证申请。2006年7月28日,东海总队以国家海洋局的名义发出《行政处罚决定书》。当事人于法定期限内如数缴纳了罚款。

【评析意见】

本案的评析问题:一是违法用海类型的确定;二是案件受理首问责任制。

1. 违法用海类型的确定

在违法用海案件的查处过程中确定用海类型是关键性的一环。根据《中华人

---

① 孙书贤.海洋行政执法案例汇编(第二辑)[M].北京:海洋出版社,2008:21-25.

民共和国海域使用管理法》第四十二条的规定，违法用海类型直接决定应缴纳海域使用金的标准以及并处罚款的倍数幅度，从而影响最终的处罚决定。因此，为违法用海类型定性成为案件查处过程中的一项基础性工作。定性的准确与否，将直接关系到行政处罚的合法性和合理性，决定案件查处的成败。

由于现有的海域使用法律规定和配套文件中对如何定性违法用海类型尚无明确规定，加之用海活动千差万别，引发了在法律理解上存在着的千差万别，违法用海案件类型的定性认识不一。这其中特别突出的就是有关围填海的争论。

在围填海施工过程中随着施工的进程可能呈现出不同的用海性质。例如：在圩堤筑成但尚未抛填促淤阶段，或者在抛填推进过程中，违法用海到底属于何种用海类型。在海域使用法律法规中，并没有"围填海"这样一种用海类型，要么"围海"、要么"填海"，只能择一。这也是造成当下执法实践中争论不休的一个重要根源。

本案是一起典型的围填海工程用海。东海总队介入调查时，堤坝仍在建设之中，尚未合龙，留有两个龙口，堤坝内外水体相通，船只仍可自由进出。堤坝内侧海域亦未实施填海。在违法事实的认定上曾有两种意见：一种是按围海论，一种是以堤坝为出发对象按填海论。经过研究，中国海监东海总队最终采纳了后者观点。原因是：在围填海工程中，围海是过程，填海是结果，当事人的主观动机与目的是填海。根据《中华人民共和国海域使用管理法》第四十二条的规定，"并处非法占用海域期间内该海域面积应缴纳的海域使用金十倍以上二十倍以下的罚款"，这里所说的"应缴纳的海域使用金"是指行政许可程序下应缴纳的海域使用金。而依正常行政许可程序，用海者实施的是填海工程，用海类型属于填海。堤坝只是整个填海工程中的一部分。

依据《中华人民共和国行政处罚法》第四条第二款的规定，设定和实施行政处罚必须以事实为依据，与违法行为的事实、性质、情节以及社会危害程度相当，即"过罚相当"原则。显然，随着围填海工程的不断推进，填海面积愈来愈大，危害后果也在增大。因此，若将违法用海行为认定为填海，则罚款额将与填海的面积成正比，体现"过罚相当"原则。在本案中若将违法事实认定为围海，则无论工程进度如何，违法用海面积都是恒定的，从而导致罚款金额的唯一，这无从体现"过罚相当"原则。由此引发出一个问题，即工程已填部分所围起来的海域属性。在围海工程建设过程中，用海事实通常由两部分构成：一是已填部分的海域；二是填海部分所围的海域。毫无疑问，工程已填部分的海域明显处于被非法占用状态；但填海部分所围海域是否完全被当事人占用，就需要行政机关有足够的证据来佐证，而取得这些证据并非易事。退一步讲，即便在完全封闭的情况下，对当事人占用被围海域性质的认定，目前法律无明文规定。

就目前情况而言，在缺少相关法律解释及理论依据的前提下，搁置争议部分，单就法律关系明晰的部分进行处罚,是一种相对合理的选择。这与《中华人民共和国行政处罚法》中"处罚与教育相结合"的原则也是一致的。

2. 案件受理首问责任制

案件受理首问责任制简单地说是指最早发现违法行为的执法人员全面负责案件的调查取证、撰写案件调查终结报告、送达处罚文书、编写案例分析等一整套行政处罚案件办理过程。

根据以往执法部门的经验,最早发现违法行为的执法人员通常对整个案件的来龙去脉和现场的情况都比较了解,由其负责并参与到整个办案过程中会使案件的各个环节衔接更为紧密、顺畅。因此,承办机关在本案的查处过程中采用了此项制度。

从海域使用情况普查发现案源,到开展调查取证,再到后期的行政处罚执行,每个环节中首问责任人都参与其中,为案件的顺利办结起到了重要的作用。此种办案方法已经扩大到其他海洋行政违法案件的查处中。在案件的办理过程中,除了首问责任人外,执法业务领导要负责全面把好案件关,对每一个环节进行认真的审查,及时指出并纠正执法不规范的地方。应该说这样的执法工作模式有效地提高了办案效率,降低了行政复议、行政诉讼的可能,值得在今后的执法工作中继续推广。

(三) 某中油重工有限公司违法填海行政处罚案[①]

【基本案情】

被处罚人:某中油重工有限公司

处罚机关:国家海洋局

2008年3月26日,中国海监某海区支队执法人员在某县附近海域进行定期巡查时,发现某中油重工有限公司所属某中油重工基地场平工程在实施过程中,未取得海域使用权证书,涉嫌违法用海。2008年4月2日,中国海监某县大队向某海区支队反映,其已于2008年2月26日对某中油重工有限公司违法填海立案查处,认定当事人违法填海面积163.814 9亩,3月18日作出行政处罚决定,处罚如期执行。但在进一步核实过程中,执法人员发现原施工区域内仍进行局部填海作业,存在新的违法行为。2008年5月27日,经国家海洋局批准,予以立案查处。2008年6月4日,执法人员对当事人作进一步调查取证,对有关人员进行调查询问,提取相关证据材料。同日,委托资质单位某海洋环境监测中心对某中油重工基地场平工程违法填海面积进行复核测量,根据测量结果,当事人在某县海洋与渔业局下达《行政处罚决定书》后未停止施工,在未取得海域使用权的情况

[①] 郭飞,俞兴树,段伟. 海域使用和海岛保护行政执法实务[M]. 北京:海洋出版社,2013:151-153.

下,仍非法占用海域,新增填海面积 7.3 亩。

【处理结果】

当事人自 2008 年 3 月 18 日受到某县海洋与渔业局行政处罚后,至 2008 年 6 月 12 日下达《责令停止违法行为通知书》之日起为止,在未取得海域使用权证书的情况下,仍进行某中油重工基地场平工程,实施违法填海行为。上述行为违反了《中华人民共和国海域使用管理法》第三条第二款"单位和个人使用海域必须依法取得海域使用权"的规定,违法事实清楚、证据确凿。依据《中华人民共和国海域使用管理法》第四十二条及《财政部国家海洋局关于加强海域使用金征收管理的通知》的有关规定,对某中油重工有限公司作出"责令退还非法占用的海域,恢复海域原状,并处罚款人民币 286.65 万元"的行政处罚。当事人在接到行政处罚决定书后,于法定期限内如数缴纳了罚款。

【评析意见】

评析问题:加强对地方海监机构已查处案件的执法检查

根据国家海洋局《关于规范中国海监海区总队行政执法工作的意见》和中国海监总队《关于贯彻落实国家海洋局 2008 年 79 号文件积极推进海区行政执法工作的意见》的文件要求,某海区支队切实履行监管职责,有针对性地对地方海监执法工作实施执法检查,本案是某海区支队对此项职责的第一次尝试,取得了很好的效果。

在本案中,当事人在未取得海域使用权情况下非法占用海域的行为已经被地方海监机构查处并执行完毕。表面看来,案件已经顺利结案,当事人违法用海的行为已经得到惩戒。但根据国家海洋局 2008 年 79 号文件的有关规定,某海区支队依法提取了地方海监大队的案卷材料,进行了检查和核实。后经资质单位测量比对,认定当事人在地方海监机构查处后并未停止施工,有新增填海面积 7.3 亩,遂作出"责令退还非法占用的海域,恢复海域原状,并处罚款人民币 286.65 万元"的行政处罚。

通过本案的办理,我们总结出:

1. 切实履行国家海洋局 2008 年 79 号文件赋予的监管职责

在今后办案过程中,针对违法用海行为,不能简单地以罚与未罚为划分标准,对于地方海监机构已经查处过的案件,某海区支队应切实履行自己的监管职责,将地方海监机构和人员是否作到依法行政、是否认真贯彻和执行上级的工作部署、案件查处是否公正严明等作为检查的重点。必要时,可以提取有关案卷材料,有针对性地进行检查和核实。

2. 地方海监机构已查处案件中存在的问题

通过本案,我们发现地方海监机构对于已查处案件缺乏事后监督。本案当事人的违法用海活动虽然已被处罚,但并未停止施工,仍然非法占用海域,甚至有新增填海面积。一方面,当事人认为海监机构查处过了,罚款也按时缴纳了,就不会再对该项目进行检查;另一方面,地方海监机构在作出行政处罚决定后,对于当事人是否及时补办了相关手续没有进行监督核实,造成当事人违法行为的继续。这就需要海区支队加强与地方海监机构之间的协调与配合,开展各种用海项目的全程监管,建立事前监管、事中监管、事后监管三个阶段的监管工作制度。海洋行政执法工作的目的不是当事人是否按时、如数缴纳罚款,而是督促当事人的用海活动走向合法的道路。在今后的执法工作中,海区支队应该加强对地方海监机构已查处案件的执法检查工作。

(四)某化工股份有限公司擅自改变海域用途行政处罚案[①]

【基本案情】

被处罚人:某化工股份有限公司

处罚机关:国家海洋局

1986年,某化工有限公司(以下简称某公司)根据国家有关文件的规定,决定建设储渣场。其中第一储渣场已经按照土地手续办理了土地使用证,第二储渣场于1993年建成并投入使用,并办理了海域使用手续。某公司为了给公司的远景发展提供必要的保障,保证公司的可持续发展,经某市海洋局批准于2001年12月在第二储渣场南侧的滩涂,建立了备用储渣场,批注用途为"排污倾废"。2003年,该公司决定将备用储渣场改建为第三储渣场,即在原来备用储渣场小埝的基础上,建筑土石围堰,储放碱渣。

2003年2月,某公司向某省海洋局提交第三储渣场海域使用申请。同年7月26日,该公司考虑到第三储渣场施工难,工期长,且容易受季节条件的影响,向某省海洋局提交提前施工的申请。7月底,某市海洋局口头通知该公司可以提前开工。2003年8月16日,该公司在未取得第三储渣场海域使用权证书的情况下,开始进行围堰施工。

2003年10月1日,中国海监某总队进行执法检查时发现,现场正在进行施工,围堰堤身已经基本完成,已经实现了第二储渣场南边与新建第三储渣场的东、西、南三面围堰封闭合龙。

经委托的有资质的测量单位现场测量,围海面积为1 071.01亩。

【处理结果】

案件调查结束后,中国海监某总队根据《重大海洋违法案件会审工作规则》的要求对该案进行了会审,形成拟处罚意见,并向某公司下达了《行政处罚听证告知书》,2003年11月18日,应当事人的要求,某总队按照法定程序举行了案件听证会。

---

① 郭飞,俞兴树,段伟.海域使用和海岛保护行政执法实务[M].北京:海洋出版社,2013:135-138.

2003年12月5日,对某公司作出了行政处罚决定。该处罚决定认为:某公司于2003年8月16日至2003年10月15日,在第三储渣场海域未经批准的情况下擅自改变海域用途进行围海1 071.01亩,该行为违反了《中华人民共和国海域使用管理法》第二十八条的规定,依据《中华人民共和国海域使用管理法》第四十六条规定,决定给予某公司责令限期改正,并处人民币200 814元罚款的行政处罚。

【评析意见】

1. 认定本案是未经批准擅自改变海域用途有法律依据

在本案的定性上,存在着是"未经批准擅自进行围、填海"还是"未经批准擅自改变海域用途"的争论。

根据《中华人民共和国海域使用管理法》第二十八条规定,"海域使用权人不得擅自改变经批准的海域用途;确需改变的,应当在符合海洋功能区划的前提下,报原批准用海的人民政府批准"。从该条规定可以看出,擅自改变海域用途的前提条件必须是已经经过政府批准。那么本案中涉及的这片海域是否已经得到了人民政府的批准,根据所提取的证据材料可以看出原该宗用海已经获得海域使用权证书,其用途是"排污倾废"。海域使用权证书是海域使用的法律凭证,不得擅自涂改,不得随意变更。

在本案中,某公司虽然有某市人民政府颁发的海域使用权证书,但是某公司并未按照批准的用途(排污倾废)使用该宗海域,而是将本该用于排污倾废的这宗用海建筑土石围堰,储放碱渣,改变了海域的自然属性。

海域使用权设定后未经法定程序不得随意变更,如确需要变更的,根据《中华人民共和国海域使用管理法》和《中华人民共和国行政许可法》的相关规定,应当报原批准用海的人民政府批准,海域使用权人在批准之日起10日内到原批准用海人民政府的海洋行政主管部门办理变更登记手续。这一立法的目的在于维护已经形成的稳定的用海秩序,维护国家海域所有权和海域使用权人的合法权益,只有经过依法登记变更后的该宗用海才能受到法律的保护,才能对抗任何第三人的干涉。

2. 某公司围海施工没有取得海域使用权证书

备用储渣场的海域使用权证书是海域使用者用海的法律凭证,在未取得变更后的海域使用权证书的情况下,该公司自2002年8月16日开始了围海施工,到2003年10月15日某总队对该公司进行检查时,现场施工仍在进行中,但海域使用权证书仍未取得。《中华人民共和国海域使用管理法》第四条第二款规定,"国家严格管理填海、围海等改变海域自然属性的用海活动"。该法第二十八条规定,"海域使用权人不得擅自改变经批准的海域用途;确需改变的,应当在符合海洋功能区划的前提下,报原批准用海的人民政府批准"。上述法律条款说明,对改变海域用途进行围海、填海等改变海域用途的用海行为,在取得改变用途后的海域使用权证书后才属于合法行为。

在现场调查中,该公司负责人陈述施工行为得到了有关海洋行政主管部门的口头通知第三储渣场可以提前开工。《中华人民共和国海域使用管理法》第十九条规定,"海域使用申请人自领取海域使用权证书之日起,取得海域使用权"。《中华人民共和国海域使用管理法》确认了海域使用权登记制度,该制度是海域使用权设立、变更、消灭的基础制度,体现了物权公示和公信原则。该公司虽然递交了变更申请,但是在还未取得原批准用海的人民政府批准的情况下擅自进行围海作业,其行为应被视为非法而受到法律制裁。

3. 本案充分保证了案件的程序公正和实体公正

本案调查结束后,中国海监某总队提出了拟处罚意见,同时根据国家海洋局《重大海洋违法案件会审工作规则》对本案进行了会审。会审会议对本案进行了审议,经过审议认为本案事实清楚、认定违法行为的证据清楚、拟给予的行政处罚使用法律正确、符合法定程序、处罚裁量得当。

《中华人民共和国行政处罚法》第三十一条规定,行政机关在作出行政处罚之前,应当告知当事人作出行政处罚决定的事实,理由及依据,并告知当事人依法应当享有的权利。这一规定是一种现代司法理念的体现。现代社会国家公权力高度发达,而且随时都有外扩张的倾向。在强大的公权力面前,行政相对人处于弱势地位,要有效地控制公权力,就必须在程序上加以规范,司法公正除了实体法律使用公正外,程序公正也是组成部分。即虽然法律的实体适用没有问题,但是如果适用法律的程序不合法,同样不符合司法公正的要求。

为了保证本案的程序公正和实体公正,2003 年 11 月 14 日,中国海监某总队向某公司下达了《行政处罚听证告知书》,11 月 18 日根据某公司的要求,召开了案件听证会。听证会充分听取了某公司的意见,对该公司提出的事实、理由和证据进行了认真的复核,充分保证了该公司权利的享有,也为行政处罚的顺利进行奠定了基础。

(五)某石油化工有限公司拒不接受监督检查和违法填海修建加油站行政处罚案[①]

【基本案情】

被处罚人:某石油化工有限公司

处罚机关:漳州市海洋与渔业局、福建省海洋与渔业局

2006 年 1 月 6 日中国海监漳州市支队对东山县某渔业码头西侧海域进行用

---

① 孙书贤.海洋行政执法案例汇编(第二辑)[M].北京:海洋出版社,2008:131-137.

海情况检查,发现有填海施工。经查证,用海单位为东山县某石油化工有限公司,填海行为未取得海域使用权。

执法人员进行了现场拍照取证,并当场向该公司发出《责令停止海洋违法行为通知书》和《检查通知书》。在《检查通知书》中要求当事人在2006年1月11日16:00前带法人登记证书及复印件、法人身份证明及海域使用等相关资料到中国海监漳州市支队接受调查。

此后执法人员分别于1月9日和1月12日电话敦促当事人,并委托当地村干部转告当事人。但当时人仅口头答应,直至2006年4月18日还没有提供海域使用的有关资料和接受调查。因此,漳州市海洋与渔业局以当事人签收的《检查通知书》送达回证为证据,认定该公司拒不提供海域使用的有关资料并接受调查的行为违反了《中华人民共和国海域使用管理法》第四十条第二款"有关单位和个人对海洋行政主管部门的监督检查应当予以配合,不得拒绝、妨碍监督检查人员依法执行公务"的规定,依据该法第四十九条"违反本法规定,拒不接受海洋行政主管部门监督检查、不如实反映情况或者不提供有关资料的,责令限期改正,给予警告,可以并处二万元以下的罚款"的规定,于2006年4月19日向该公司送达了《行政处罚告知书》,作出"责令立即改正,给予警告,并处罚款人民币2万元"的行政处罚。

对于当事人的非法填海行为,漳州市支队上报了中国海监福建省总队。福建省总队接到报告后,进行了现场调查。于2006年8月16日报请福建省海洋与渔业局批准立案查处。

通过现场调查、调查询问、证据收集、委托鉴定和咨询有关单位后证实:东山县某石油化工有限公司在未取得海域使用权的情况下,于2005年12月15日开始在东山县某海域进行填海施工作业,修建渔业船舶加油站工程,现已经竣工,填海面积为3.57亩。

【处理结果】

1. 对当事人拒不接受调查行为的处理

漳州市海洋与渔业局在充分听取当事人陈述和申辩的基础上,依据《中华人民共和国海域使用管理法》第四十九条规定,对当事人作出"责令立即改正,给予警告,并处罚款人民币1万元"的行政处罚。行政处罚决定书送达后,当事人及时履行了处罚义务。

2. 对当事人非法填海行为的处理

该案经会审,福建省海洋与渔业局根据《中华人民共和国海域使用管理法》第四十二条作出了"责令其退还非法占用的海域,恢复该海域原状,并处以非法占用海域期间内该海域面积应缴纳海域使用金十倍(人民币10.9242万元)罚款"的行政处罚决定。

【评析意见】

该案是一个违法相对人在实施一个填海行为的过程中,因两种不同的违法事实,受到了两个行政处罚机关的两种不同类型行政处罚的案件。

为了保证《中华人民共和国海域使用管理法》得到有效实施,该法在第四十条为当事人设定了"有关单位和个人对海洋行政主管部门的监督检查应当予以配合,不得拒绝、妨碍监督检查人员依法执行公务"的义务,并进一步在第四十九条设定了当事人的法律责任:"违反本法规定,拒不接受海洋行政主管部门监督检查、不如实反映情况或者不提供有关资料的,责令限期改正,给予警告,可以并处二万元以下的罚款。"

本案当事人作为大型企业从事省重点建设项目建设,却无视国家有关海域使用的法律规范,在未取得海域使用权违法用海的情况下,仍拒不配合海洋行政执法人员的执法检查,提供有关资料。该行为已属对抗法律性质,已违反了《中华人民共和国海域使用管理法》第三条和第四十条的规定,并应承担该法第四十二条和第四十九条所设定的法律责任。

本案有以下三个问题值得探讨:

1. 关于对"一事不再罚"的认识

《中华人民共和国行政处罚法》第二十四条规定:对当事人的同意违法行为,不得给予两次以上罚款的行政处罚。本案中,由于被处罚人曾因拒不配合监督检查被中国海监漳州市支队以漳州市海洋与渔业局的名义处以行政罚款,因此有人认为不能再对被处罚人实施行政罚款,而只能给予行政罚款以外的行政处罚,如责令退还海域,恢复该海域原状等。但是,执法人员认为这个观点有失偏颇。

《中华人民共和国行政处罚法》确立了"一事不再罚"的行政处罚适用原则,它包含三层意思:(1) 违法行为人的同一个违法行为,行政机关只能给予一次处罚,不能罚两次或多次;(2) 对违法行为人的同一行为只给予一次处罚仅限于罚款行为;(3) 如果行为人的一个违法行为,同时违反了两个以上法律、法规的规定可以给予两次以上的处罚,但另一次处罚不能是罚款行为,只能是其他的行政处罚。由此可知,"一事不再罚"的适用前提是在于"一事"。

本案当事人分别因"拒不接受海洋部门对其涉嫌违法用海的检查"和"违法占用海域"两个事项被行政处罚机关处罚。这两个事项在《中华人民共和国海域使用管理法》中有明确的规定:"拒不接受海洋部门对其涉嫌违法用海的检查"违反了《中华人民共和国海域使用管理法》第四十条的规定,依据该法第四十九条给予处罚;"违法占用海域"违反了《中华人民共和国海域使用管理法》第三条的规定,依据该法第四十二条给予处罚。因此,本案中处罚机关对其处以包括罚款在内的两个行政处罚是恰当的。

2. 关于自由裁量权的正确行使

在《中华人民共和国海域使用管理法》法律责任部分的条款中,立法者赋予了行政机关较大的行政处罚自由裁量空间。但这一权利行使是否得当,对树立海洋行政执法部门的权利具有重要意义。行政处罚不仅是制裁行政违法行为的手段,而且也是教育人们遵守法律的一种形式。处罚的目的不仅是"惩"已然的违法行为,而且也是"戒"未然的违法行为。对于已然的违法行为,必须给予处罚。通过惩罚与教育相结合,使人们认识到违法行为的危害,从而培养自觉守法的意识。教育必须以处罚为后盾,不能以教育代替处罚,两者不可偏废。只有这样才能达到制止、预防违法的目的。在本案中,中国海监漳州市支队就较好地把握了这个原则。

本案前期,从 2006 年 1 月 6 日当事人签收《检查通知书》至 2006 年 4 月 18 日,海洋行政执法机构在 4 个多月内多次和多渠道敦促当事人提供有关资料、接受调查。但当事人没有提供任何资料,承办机构认为当事人故意抗拒执法检查而且情节严重,应从重处罚。因此取罚款幅度上限处罚。2006 年 4 月 19 日向当事人送达《行政处罚告知书》,拟对该公司作出"责令立即改正,给予警告,并处罚款人民币 2 万元"的行政处罚。

《行政处罚告知书》送达后,当事人提出申辩,请求从轻处罚。漳州市海洋与渔业局组织相关人员对当事人的申辩意见进行了专题讨论。与会人员认为:一是该公司违法填海行为事实清楚,证据充分,当事人也承认违法填海行为;二是该公司拒不提供海域使用的有关证据材料并接受调查的违法事实成立。因此,为便于本案的继续调查,对当事人"罚款幅度上限过高,请求从轻处罚"的要求,可降低处罚幅度,理由是:(1) 该公司的违法填海行为还要进一步查处,如果按法律规定的处罚上限即罚款二万元对当事人进行处罚,会对今后的调查工作产生负面因素;(2) 当事人在申辩材料中主动承认了违法填海行为,明确表示要全力配合调查取证工作,态度较好;(3) 根据漳州市委"政府部门应慎用行政处罚,对首次违规的要主动提请,帮助企业限期整改"的要求,本着以处罚为手段,教育为目的的原则,采用罚款幅度中限也可达到惩戒的目的。

因此,本案最终作出"责令立即改正,给予警告,并处罚款人民币 1 万元整"的行政处罚。

3. 关于"零口供"案件的办理

在海洋行政执法中,当事人不予配合、回避调查、阻碍现场执法检查甚至拒签收法律文书等情况时有发生,当事人往往存在"我不配合,执法机关就难以处罚"的侥幸心理。执法人员对此进行了认真研究。在《中华人民共和国行政处罚法》和《海洋行政处罚实施办法》等法律法规中,并没有明确规定海洋行政违法案件的处罚必须以相对人提供的材料或"口供"作为案件定性量罚的必要依据。只要其他证据足以证明海域使用行为的行为主体、违法性质、危害程度、危害结果,行政相对人的行为与危害结果之间存在因果关系,证据之间能够形成完整的证据链,就可以对违法行为人予以定性量罚,不论是否有行政相对人的供述。因此,"零口供"的案件也是可以查处的。

在本案中,案件承办人员通过现场调查、询问有关单位和人员等方法,证实了非法填海行为是由当事人实施的。其拒不履行提供海域使用的有关资料并接受调查的行为,有当事人签收的《检查通知书》为证,其违法事实是客观存在的,而且所取得的证据也印证了两者之间的因果关系。据此,漳州市海监执法人员在"零口供"的情况下,对相对人拒不提供有关资料并接受调查的行为,依法作出行政处罚决定是正确的。

本案的查处再次证明:一部法律制定后,能否顺利发挥其指引、评价、教育和强制的作用,就在于是否有可靠的法律实施作保证。只有真正做到有法必依、执法必严、违法必究,才能保证法律得到贯彻执行,充分发挥法律的作用,否则它将是一纸空文。

(六) 海丽国际高尔夫球场有限公司诉国家海洋环保行政处罚案①

被处罚人:海丽国际高尔夫球场有限公司

处罚机关:国家海洋局

【基本案情】

广东省海丰县海丽国际高尔夫球场有限公司(以下简称海丽公司)与海丰县人民政府(以下简称县政府)签订合同约定"征地范围南边的临海沙滩及向外延伸一公里海面给予乙方作为该项目建设旅游的配套设施"。海丽公司在海丰县后门镇红源管区海丽国际高尔夫球场五星级酒店以南海域进行涉案弧形护堤的建设。2009年3月9日,涉案弧形护堤部分形成。2010年3月19日,海监部门在执法检查中发现该公司未取得海域使用权证擅自建设涉案弧形护堤,涉嫌违反《中华人民共和国海域使用管理法》第三条的规定。经逐级上报,国家海洋局立案审查。2011年3月,南海勘察中心受海监部门委托作出《汕尾市海丰县海丽国际高尔夫球场海岸线弧形护堤工程海域使用填海面积测量技术报告》,指出涉案弧形护堤填海形成非透水构筑物(堤坝),面积为0.1228公顷。

2011年6月2日,国家海洋局作出《行政处罚听证告知书》,告知海丽公司拟对其作出的处罚及事实和法律依据,经组织召开听证会,同年12月14日作出第12号行政处罚决定:认定海丽公司在未经有权机关批准的情况下,自2010年3月中旬进行涉案弧形护堤工程建设,以在海中直接堆筑碎石的方式进行填海活

---

① 中国法院网.海丽国际高尔夫球场有限公司诉国家海洋局环保行政处罚案[DB/OL].中国法院网,2014-12-19.访问网址:https://www.chinacourt.org/article/detail/2014/12/id/1519515.shtml.

动,至 2010 年 11 月 17 日技术单位测量之日,填成弧形护堤面积为 0.122 8 公顷。据此,依据《中华人民共和国海域使用管理法》有关规定和《财政部、国家海洋局关于加强海域使用金征收管理的通知》,责令该公司退还非法占用的海域,恢复海域原状,并处非法占用海域期间内该海域面积应缴纳的海域使用金 15 倍的罚款人民币 82.89 万元。该公司不服,申请行政复议。国家海洋局于 2012 年 5 月 30 日作出行政复议决定认为:第 12 号处罚决定关于海丽公司自 2010 年 3 月中旬进行涉案弧形护堤建设的认定与海监部门航空照片显示涉案弧形护堤 2009 年已存在的情况不一致,系认定事实不清,决定撤销第 12 号处罚决定。其后,国家海洋局经履行听证告知、举行听证会等程序,于 2012 年 7 月 25 日作出海监七处罚(2012)003 号行政处罚决定书,指出证据显示 2009 年 3 月 9 日涉案弧形护堤已部分形成,至 2010 年 11 月 17 日海监机构委托技术单位进行现场测量之日,该弧形护堤非法占用海域的面积为 0.122 8 公顷;处罚依据与具体内容与上述 12 号处罚决定相同。海丽公司不服,提起行政诉讼,请求法院撤销海监七处罚(2012)003 号行政处罚决定书。

【处理结果】

北京市第一中级人民法院一审认为,《国家海域使用管理暂行规定》《广东省海域使用管理规定》等有关规定明确了任何单位或个人实施填海等占用海域的行为均必须依法取得海域使用权,海洋行政主管部门颁发的海域使用权证书是当事人合法使用海域的凭证。本案中,海丽公司未经批准合法取得海域使用权,填海建设弧形护堤的行为,属于《中华人民共和国海域使用管理法》第四十二条所指未经批准非法占用海域进行填海活动的情形,被诉处罚决定中的该部分认定证据充分,定性准确。海丽公司关于涉案弧形护堤并非建设于海域范围,故国家海洋局无管辖权的诉讼理由,缺乏事实依据,其关于海丰县政府与其签订的合同可以作为其取得海域使用权证明的诉讼理由,缺乏法律依据,遂判决驳回该公司的诉讼请求。海丽公司上诉后,北京市高级人民法院判决驳回上诉,维持原判。

【典型意义】

本案的典型意义在于:人民法院通过发挥行政审判职能作用,有力地支持了海洋行政主管部门依法实施监督管理,切实保护海洋生态环境。党的十八届三中全会明确提出了完善自然资源监管体制,对海洋资源超载区域等实行限制性措施。海域属于国家所有,任何单位和个人在未依法取得有权机关颁发的海域使用权证书的情况下,不得侵占、买卖或者以其他形式非法转让海域,否则要受到相应的处罚。在本案中,虽然海丰县政府与海丽公司签订了合同,允许其使用涉案海域,但依照《中华人民共和国海域使用管理法》等有关规定,该公司仍需依法向项目所在地县以上海洋行政主管部门提出申请,并按照《广东省海域使用管理规定》第十一条规定的批准权限逐级上报,由批准机关的同级海洋行政主管部门发给海域使用证。本案的处理对于厘清地方政府与海洋行政主管部门的法定职权,对于相关行政执法和司法实践有着积极示范意义。

(七)河北省某港务集团有限公司擅自改变海域用途处罚案

【基本案情】

被处罚人:河北省某港物集团有限公司

处罚机关:河北省海洋局

某港东港区储油罐区扩容改造工程(以下简称"储油罐区扩改工程")于2003年4月由交通部批准立项,属河北省重点工程,位于某港东港区已确权的港池内。同年7月1日,该工程围堰施工开始。围堰横断面底宽43.5米,顶宽5.4米。同年12月25日,围堰合龙,完成长度960米。2004年1月26日,开始利用港池疏浚物进行吹填。同年6月,吹填施工停止,未形成土地。

2003年6月18日,该公司向河北省海洋局汇报了储油罐区扩改工程等项目的用海计划。河北省海洋局考虑到当时"非典"的影响和省政府在"非典"期间对省重点建设项目的优惠政策,同意其"在申办海域使用手续的同时"提前开工,并就此于6月20日印发了会议纪要。同年11月12日,该工程的《海域使用可行性论证报告》和《海洋环境影响评价报告》通过了评审。同年12月19日,该公司向河北省海洋局递交了海域使用申请书。2004年4月30日,河北省人民政府批准了该公司的海域使用申请。2004年7月5日,河北省海洋局向该公司下发了海域使用权批准通知书,将海域使用期限定为自2003年12月19日至2053年12月18日。截至2004年8月30日,由于该公司向河北省海洋局申请减免该工程项目的海域使用金,始终未进行海域使用权登记,故未取得有效的海域使用权证书。

2004年6月4日至5日,中国海监北海总队和河北省总队对储油罐区扩改工程进行了联合检查。6月23日,北海总队正式立案,7月15日、北海总队将本案移交给河北省总队。7月20日,河北总队召开案情讨论会,基于执法主体变更,决定在北海总队调查取证的基础上重新立案。7月23~27日,河北总队进行了补充调查,核实了原有证据,取得了一些新的证据。8月30日和9月14日,河北省海洋局就本案两次召开会审会。9月15日,河北省海洋局向该公司下达了《行政处罚听证告知书》,当事人在法定期限内没有听证。9月21日,河北省海洋局向该公司下达了《行政处罚决定书》。

【处理结果】

经过调查,处罚机关最终认定了该公司以下违法事实:

1. 违法行为性质

河北省某港务集团有限公司在未进行海域使用可行性论证和海洋环境影响评价,也未正式向主管部门申办海域使用手续的情况下,实施"储油罐区扩改工程",在已确权的港池内进行围堰吹填施工,属于擅自改变海域用途行为。

2. 非法改变海域用途期间

确认非法改变海域用途期间为半年,自 2003 年 7 月 1 日起(围堰施工开始),至 2003 年 12 月 18 日止(正式向河北省海洋局递交海域使用申请)。

3. 擅自改变用途的海域面积

根据有资质的专业机构测量,确认擅自改变用途的海域面积为 284.05 亩。

根据《中华人民共和国海域使用管理法》第四十六条规定,违反本法第二十八条规定,擅自改变海域用途的,责令限期改正,没收违法所得,并处非法改变海域用途的期间内该海域面积应缴纳海域使用金五倍以上十五倍以下的罚款。根据《河北省实施〈国家海域使用管理暂行规定〉细则》第十八条规定,改变海域属性的储藏灰渣场,应缴纳海域使用金标准为每年每亩不低于 800 元;鉴于该项目符合海洋功能区划、且相对人在项目实施过程中能够积极申办海域使用有关手续并承诺缴纳海域使用金,已准备将改变海域使用用途的海域面积进行确权登记,处罚机关最终决定从轻予以处罚,责令其限期改正并罚款人民币 568 100 元(284.05 亩×800 元/(亩·年)×0.5 年×5 倍=568 100 元)。

相对人在接到处罚决定书后,对处罚决定没有异议,并全额缴纳了罚款。

【评析意见】

本案案情比较复杂,直接涉及的因素有案件定性、违法期间、用海类型、从轻理由等,由于处罚机关较好地把握了这几个问题的关键,所以取得了较好的社会效果。

1. 关于违法行为定性

在本案中,处罚机关将河北省某港务集团有限公司的行为定性为"擅自改变海域用途"。起初,该公司不能接受这一定性,其理由是在开始施工之前,该集团向河北省海洋局汇报了有关情况,有关部门以会议纪要的形式同意其在申办海域使用手续的同时提前开工。因此不存在"擅自改变"的问题。

对此我们认为,《中华人民共和国海域使用管理法》第二十八条规定:海域使用权人不得擅自改变经批准的海域用途;确需改变的,应当在符合海洋功能区划的前提下,报原批准用海的人民政府批准。首先应当确认该工程是否符合海洋功能区划,然后再确认其是否经批准、该工程符合海洋功能区划,但是,按照省政府关于"非典"期间特事特办的精神,河北省海洋局作为省政府的职能部门,于 2003 年 6 月 20 日以会议纪要的形式,同意工程在申办海域使用手续的同时提前开工,据此,该公司开始施工。该公司向河北省海洋局递交海域使用申请的时间为 2003 年 12 月 19 日,开工时间却是 2003 年 7 月 1 日。未提申请先行开工,因此确认其为"擅自改变海域用途"并无不当。

2. 关于非法改变海域用途期间的认定

"非法改变海域用途期间"是罚款额度计算的一个重要变量,对确定罚款数额有着重要影响。河北省某港务集团有限公司未经批准自 2003 年 7 月 1 日开始围堰施工,此日作为擅自改变海域用途行为的起始时间没有问题。而对截止时间的界定有不同的意见。第一种意见认为是 2004 年 4 月 30 日,即河北省人民政府批准海域使申请之日。而《中华人民共和国海域使用管理法》第十九条规定"海域使用申请人自领取海域使用权证书之日起,取得海域使用权"。所以,批准并不意味着取得了海域使用权,因此我们未采纳该意见。第二种意见认为是 2004 年 7 月 5 日,即省海洋局向某港务集团公司下发海域使用权批准通知书之日。我们也未采纳该意见,理由是此时海域使用申请人并未取得海域使用权。第三种意见认为是 2004 年 6 月 3 日,即海监机构检查并开始查处之日。对此当事人有异议,理由是省海洋局同意其"在申办海域使用手续的同时"提前开工,因此 2003 年 12 月 19 日其向河北省海洋局递交海域使用申请之后就应视为合法用海。第四种意见认为是 2003 年 12 月 19 日,即其向河北省海洋局递交海域使用申请之日,我们采纳了该意见。理由是虽然此时当事人尚未取得海域使用权,但已符合会议纪要的精神,在申办海域使用手续的同时"提前开工",相对人对此也无异议。

3. 关于海域使用类型的界定

海域使用类型的界定直接关系到海域使用金征收标准的确定,对于此案,第一种意见认为应当按照"围海造田"的类型来计算;第二种意见认为应当按照"改变海域属性的储灰(渣)场"的类型来计算,经过比较分析,我们采用了第二种意见。

否定第一种意见的理由:一是《海籍调查规程》附录 1 中对"围海造地用海"的概念及分类做了规定。围海造地用海包括城镇建设用海和围垦用海。其中,城镇建设用海是指在沿海筑堤围割滩涂和港湾,并填成土地用于城镇建设的工程用海;围垦用海是指在沿海筑堤围割滩涂和港湾,并填成土地用于农林牧业生产的工程用海。通过比较不难发现,将港池内的围填海行为视为围海造地用海并不合理。二是如果将港池内的围填海行为视为围海造地用海,依据《河北省实施〈国家海域使用管理暂行规定〉细则》第十八条规定,海域使用金比照当地土地出让价(10 万元/亩)的 40% 一次性征收。处罚金额应为 284.05 亩×4 万元/亩×10 倍 = 11 362 万元。超过 1 亿元的行政处罚很难执行。

采用第二种意见的理由是该工程施工工艺为先围堰、后将疏浚物储放其中,因此认定其为"改变海域属性的储灰(渣)场"比较合理。

按照《河北省实施〈国家海域使用管理暂行规定〉细则》第十八条的规定,改变海域属性储灰(渣)场,应缴纳海域使用金标准为每年每亩不低于 800 元。据此计算罚金为 284.05 亩×800 元/亩·年×0.5 年×5 倍 = 568 100 元。这样既达到了教育相对人的目的,又有利于处罚决定的执行。

　　一般人会认为河北省某港务集团有限公司的填海行为似乎有值得理解的地方。从表面上看,该公司的填海行为本身也没有造成直接、实际的社会危害,如破坏了海洋自然环境或侵占了他人有权海域等,而且最终还是被海洋行政主管部门认可,但是,仍然有必要对其进行处罚。

　　违法行为的构成要件一般有四个:一是该行为违反了现行法律、法规和规章;二是该行为客观上已经发生;三是该行为具有社会危害性;四是行为人主观有过错。从行政违法行为的归责原则来看,行为人的主观状态并不是必要条件。这里采用的是严格责任原则,即只要实施了违法行为,不管有无故意或过失,都视为有过错都要追究法律责任。

　　事实上,人们在理解违法行为的社会危害性时,往往流于表层,认为行为要是没有对他人、社会,以及受保护的自然资源、环境等公共利益造成实际的物质性损害,就应该免于处罚或减轻处罚。必须指出,这种理解是肤浅的,应当从法律的角度上理解一个违法行为的社会危害性。制定、实施法律的目的之一就在于通过建立一定的法律秩序来进行社会管理、社会控制,以保障、促进社会安全和利益。这种社会公共利益在很大程度上取决于社会关系的健康和稳定。《中华人民共和国海域使用管理法》的宗旨就是要建立海域空间资源使用管理秩序。海域使用管理秩序正是海域使用管理行政法律关系的客体。因此,只要违反海域使用管理法律,不管有无实际的物质性损害,都对秩序构成了损害,挑战了海域使用管理法律的尊严。尽管这种危害在很多时候难以用物质来衡量,但对秩序的破坏有着比物质性损害更为严重、深远的危害,其后果就包括违法"示范"、规则失效,等等。可以说,违法的同时就必然造成了社会危害。

　　但是值得我们注意的是,本案中当事人将主管部门的会议纪要作为其行为得到认可因而合法的抗辩理由。这一抗辩理由是否有值得思考的地方呢?按照《中华人民共和国海域使用管理法》的规定,取得海域使用权(获得海域使用权证书)是用海活动的前置条件,非如此即是违法,因此他们的申辩理由还不足以成立。但是,海洋行政主管部门在其未取得海域使用权证书的前提下,表示倾向性意见、允许其动工,就说明,当事人的超前填海行为确实存在可以被理解的理由,而且预示着最终被接受的可能。海洋行政主管部门这种提前同意、非正式许可的管理行为本身似乎与现行法律存在一定冲突。

第二节 海岛使用违法行为行政处罚

行政违法行为包括狭义的行政违法行为和广义的行政违法行为。狭义的行政违法行为仅指行政主体的违法,广义的行政违法行为既包括行政主体的违法,也包括行政相对人的违法。而海岛使用违法行为属于广义的行政违法行为的范畴,是指行政相对人违反海岛保护的法律规范使用海岛,但尚未构成犯罪而依法须承担行政责任的行为。行政法律责任是指法律规定的行政法律关系主体违反行政法律规范,损害个人、组织的合法权益或国家社会公益所应承担的法律责任。海岛使用违法行为的行政责任一般指行政处罚,即行政主体依法对行政相对人违反海岛保护的法律规范使用海岛,但尚未构成犯罪的行为给予法律制裁的具体行政行为。行政处罚包括警告、罚款、没收违法所得、责令停产停业、行政拘留以及法律、行政法规规定的其他处罚。[①]

海岛使用违法行为的特征:

(1) 海岛使用违法行为的主体是行政相对人的违法。

(2) 海岛使用违法行为是违反了海岛保护的法律规范,但尚未构成犯罪的行为。第一,海岛使用违法行为具有违法性,违反了海岛保护的法律规范,因而具有一定的社会危害性;第二,海岛使用违法行为在性质上属于一般违法,其社会危害性较小,尚未达到犯罪的程度。

(3) 海岛使用违法行为是依法必须承担行政责任的行为。海岛使用违法行为是违反海岛保护的法律规范并依照法律规定应当承担行政责任的行为。

一、改变自然保护区内海岛的海岸线

(一) 法条释义

海岛的海岸线及岸滩,一般都是需要经过长期的地质和海洋水文动力的作用才能形成,是维持海岛生态平衡的关键。海岛海岸线还保存有海陆变迁的各种遗迹、剖面以及进化过程的自然遗迹以及人类活动遗迹,这些遗迹在区域海洋演化史、古地理、古气候、古生物、古环境、人类海洋开发活动史等问题的研究中具有重要意义。对于具有典型的、特殊价值的海岛海岸线,一般都纳入自然保护区予以保护,必须禁止可能改变自然保护区内海岛海岸线的活动。

自然保护区内的自然生态环境比较脆弱,容易遭受破坏,需要依法划出一定区域予以特殊保护和管理。海岸线是陆地与海洋的分界线,一旦改变很容易引起保护区内的自然生态环境的改变,从而对自然保护区内的自然生态系统或者珍稀

---

① 郭飞,俞兴树,段伟.海域使用和海岛保护行政执法实务[M].北京:海洋出版社,2013:229.

濒危野生动植物造成不利影响。因此,若违法改变自然保护区内海岛的海岸线,则须承担法律责任。

(二) 违法行为的认定

依据《中华人民共和国海岛保护法》的规定,单位和个人改变自然保护区内海岛的海岸线,侵犯海岛保护、开发、使用管理秩序的,有关部门有权依法对其进行处罚。

(三) 违法行为的处罚

对于该违法行为,违法行为人应承担的法律责任是:

(1) 责令退还非法占用的海域。无论是填围海还是填海连岛,都要占用海域。因此,海洋主管部门首先应当以行政命令的方式要求违法行为人退还非法占用的海域。

(2) 恢复海域原状。恢复海域原状,即停止在非法占用海域的一切生产经营活动和其他有关活动,拆除在该海域的违法用海设施和构筑物,对海域造成破坏的,应当采取治理措施进行整治,恢复海域被非法占用前的状态。

(3) 没收违法所得。违法行为人取得的违法所得,由县级以上政府海洋主管部门予以没收。

(4) 罚款。罚款是行政处罚的一种,属于金钱处罚。县级以上海洋主管部门在对违法行为人作出上述处罚的同时,还应当对其处以罚款。罚款幅度为违法行为人非法占用海域期间内该海域面积应缴纳的海域使用金的十倍以上二十倍以下的数额。

(四) 法条链接

《中华人民共和国海岛保护法》第十六条第二款规定,"禁止改变自然保护区内海岛的海岸线。禁止采挖、破坏珊瑚和珊瑚礁。禁止砍伐海岛周边海域的红树林。"

《中华人民共和国海岛保护法》第四十五条规定:"违反本法规定,改变自然保护区内海岛的海岸线,填海、围海改变海岛海岸线,或者进行填海连岛的,依照《中华人民共和国海域使用管理法》的规定处罚。"

《中华人民共和国海域使用管理法》第四十二条规定:"未经批准或者骗取批准,非法占用海域的,责令退还非法占用的海域,恢复海域原状,没收违法所得,并处非法占用海域期间内该海域面积应缴纳的海域使用金五倍以上十五倍以下的罚款;对未经批准或者骗取批准,进行围海、填海活动的,并处非法占用海域期间内该海域面积应缴纳的海域使用金十倍以上二十倍以下的罚款。"

二、未经批准实施填海、围海改变海岛海岸线

(一) 法条释义

围海造地是指利用堤坝将一片海域与海洋隔开,将其中海水排除,形成封闭的陆地。填海造地是指把原有的海域、湖区或河岸通过人工技术手段转变为陆地的行为。而这里的围海、填海活动的违法行为主要表现在未经批准而进行围海、填海活动。所谓未经批准是指:(1) 有关单位和个人未向县级以上海洋行政主管本部门提交海域使用申请书擅自使用海域的行为;(2) 相对人向县级以上海洋行政主管部门申请使用海域,在海洋行政主管部门审核过程中,尚未获得批准擅自使用海域的行为;(3) 相对人向县级以上海洋行政主管部门申请使用海域未获批准,仍然擅自使用海域的行为。

未经批准实施填海、围海改变海岸线的行为会给海岛的生态环境造成不可逆转的损害。我们须严格限制填海、围海等改变有居民海岛海岸线的行为;确需填海、围海改变海岛海岸线,项目申请人应当提交项目论证报告、经批准的环境影响评价报告等申请文件,依照《海域使用管理法》的规定报经批准。

(二) 违法行为的认定

单位和个人未经批准实施填海、围海改变海岛海岸线,侵犯海岛保护、开发、使用管理秩序的,有关部门有权依法对其进行处罚。

(三) 违法行为的处罚

对于改变自然保护区内海岛的海岸线,填海、围海改变海岛海岸线,或者进行填海连岛的,依照《中华人民共和国海域使用管理法》的规定处罚。《中华人民共和国海域使用管理法》第四十二条规定,未经批准或者骗取批准,非法占用海域的,责令退还非法占用海域,恢复海域原状,没收违法所得,并处非法占用海域期间内该海域面积应缴纳的海域使用金五倍以上十五倍以下的罚款;对未经批准或者骗取批准,进行围海、填海活动的,并处非法占用海域期间内该海域面积应缴纳的海域使用金十倍以上二十倍以下的罚款。[①]

(四) 法条链接

《中华人民共和国海岛保护法》第二十七条第一款规定:"严格限制填海、围海等改变有居民海岛海岸线的行为,严格限制填海连岛工程建设;确需填海、围海改变海岛海岸线,或者填海连岛的,项目申请人应当提交项目论证报告、经批准的环境影响评价报告等申请文件,依照《中华人民共和国海域使用管理法》的规定报经

---

① 郭飞,俞兴树,段伟.海域使用和海岛保护行政执法实务[M].北京:海洋出版社,2013:231.

批准。"

《中华人民共和国海岛保护法》第四十五条规定:"违反本法规定,改变自然保护区内海岛的海岸线,填海、围海改变海岛海岸线,或者进行填海连岛的,依照《中华人民共和国海域使用管理法》的规定处罚。"

《中华人民共和国海域使用管理法》第四十二条规定:"未经批准或者骗取批准,非法占用海域的,责令退还非法占用的海域,恢复海域原状,没收违法所得,并处非法占用海域期间内该海域面积应缴纳的海域使用金五倍以上十五倍以下的罚款;对未经批准或者骗取批准,进行围海、填海活动的,并处非法占用海域期间内该海域面积应缴纳的海域使用金十倍以上二十倍以下的罚款。"

三、未经批准实施填海连岛

(一) 法条释义

填海连岛是指通过填海造地等方式将海岛与陆地或者海岛与海岛连接起来的行为。围海、填海等改变海岛海岸线的行为,特别是填海连岛工程建设,会永久性毁坏沙滩、岩岸,减少海港面积,破坏海洋生物的栖息地以及鱼、虾、蟹、贝等的自然产卵场、繁殖场、索饵场及重要的洄游通道,给海岛的生态环境造成不可逆转的损害。我们须严格限制填海连岛工程建设;确需填海连岛的,项目申请人应当提交项目论证报告、经批准的环境影响评价报告等申请文件,依照《中华人民共和国海域使用管理法》的规定报经批准。

(二) 违法行为的认定

《中华人民共和国海岛保护法》第二十七条第一款规定:"严格限制填海、围海等改变有居民海岛海岸线的行为,严格限制填海连岛工程建设;确需填海、围海改变海岛海岸线,或者填海连岛的,项目申请人应当提交项目论证报告、经批准的环境影响评价报告等申请文件,依照《中华人民共和国海域使用管理法》的规定报经批准。"若违反该条规定,未经批准实施填海连岛的违法行为,依照《中华人民共和国海岛保护法》第四十五条规定进行处罚。

(三) 违法行为的处罚

改变自然保护区内海岛的海岸线,填海、围海改变海岛海岸线,或者进行填海连岛的,依照《中华人民共和国海域使用管理法》的规定处罚。《中华人民共和国海域使用管理法》第四十二条规定,未经批准或者骗取批准,非法占用海域的,责令退还非法占用额海域,恢复海域原状,没收违法所得,并处非法占用海域期间内该海域面积应缴纳的海域使用金五倍以上十五倍以下的罚款;对未经批准或者骗取批准,进行围海、填海活动的,并处非法占用海域期间内该海域面积应缴纳的海域使用金十倍以上二十倍以下的罚款。[①]

(四) 法条链接

《中华人民共和国海岛保护法》第二十七条第一款规定:"严格限制填海、围海等改变有居民海岛海岸线的行为,严格限制填海连岛工程建设;确需填海、围海改变海岛海岸线,或者填海连岛的,项目申请人应当提交项目论证报告、经批准的环境影响评价报告等申请文件,依照《中华人民共和国海域使用管理法》的规定报经批准。"

《中华人民共和国海岛保护法》第四十五条规定:"违反本法规定,改变自然保护区内海岛的海岸线,填海、围海改变海岛海岸线,或者进行填海连岛的,依照《中华人民共和国海域使用管理法》的规定处罚。"

《中华人民共和国海域使用管理法》第四十二条规定:"未经批准或者骗取批准,非法占用海域的,责令退还非法占用的海域,恢复海域原状,没收违法所得,并处非法占用海域期间内该海域面积应缴纳的海域使用金五倍以上十五倍以下的罚款;对未经批准或者骗取批准,进行围海、填海活动的,并处非法占用海域期间内该海域面积应缴纳的海域使用金十倍以上二十倍以下的罚款。"

四、采挖、破坏珊瑚、珊瑚礁

(一) 法条释义

珊瑚礁生态系统是海洋生态系统中生物多样性最高的地方,被誉为"海洋中的热带雨林"。珊瑚礁生态系统不仅为人类的生产和生活提供各种生物资源,而且具有巨大的生态功能和价值,对保障生物多样性、维护生态平衡具有重要作用。我国南部海域珊瑚及珊瑚礁资源丰富,生态和资源价值都很高,目前破坏情况严重,必须采取坚决措施,禁止采挖、破坏珊瑚和珊瑚礁。

(二) 违法行为的认定

《中华人民共和国海岛保护法》第十六条第二款规定:"禁止改变自然保护区内海岛的海岸线。禁止采挖、破坏珊瑚和珊瑚礁。禁止砍伐海岛周边海域的红树林。"若违反该条规定,采挖、破坏珊瑚和珊瑚礁,依据《中华人民共和国海岛保护法》第四十六条规定处罚。

(三) 违法行为的处罚

采挖、破坏珊瑚、珊瑚礁,或者砍伐海岛周边海域红树林的,依照《中华人民共和国海洋环境保护法》的规定处罚。《中华人民共和国海洋环境保护法》第七十六

[①] 郭飞,俞兴树,段伟.海域使用和海岛保护行政执法实务[M].北京:海洋出版社,2013:231.

条规定,造成珊瑚礁、红树林等海洋生态系统及海洋水产资源、海洋保护区破坏的,依照本法规定行使海洋环境监督管理权的部门有权要求违法行为人承担法律责任,包括责令其在一定期限内改正其违法行为并采取措施予以补救;在责令改正和采取补救措施的同时并处一万元以上十万元以下的罚款;违法行为人采挖、破坏珊瑚、珊瑚礁,或者砍伐海岛周边海域红树林获得的非法所得必须予以全部没收。

(四)法条链接

《中华人民共和国海岛保护法》第十六条第二款规定:"禁止改变自然保护区内海岛的海岸线。禁止采挖、破坏珊瑚和珊瑚礁。禁止砍伐海岛周边海域的红树林。"《中华人民共和国海岛保护法》第四十六条规定:"违反本法规定,采挖、破坏珊瑚、珊瑚礁,或者砍伐海岛周边海域红树林的,依照《中华人民共和国海洋环境保护法》的规定处罚。"

《中华人民共和国海洋环境保护法》第七十六条规定:"违反本法规定,造成珊瑚礁、红树林等海洋生态系统及海洋水产资源、海洋保护区破坏的,由依照本法规定行使海洋环境监督管理权的部门责令限期改正和采取补救措施,并处一万元以上十万元以下的罚款;有违法所得的,没收其违法所得。"

五、砍伐海岛周边海域红树林

(一)法条释义

红树林是一种热带、亚热带特有的海岸带植物群落,因主要由红树科的植物组成而得名,生长于陆地与海洋交界带的浅滩,是陆地向海洋过渡的特殊生态系统。红树林具有极其重要的生态功能,被誉为"海上森林""地球之肾"和"天然养殖场",不仅生态价值、景观价值很高,还具有很强的防灾减灾功能,特别是海岛周边红树林,对保持海岛生态和景观、促淤防浪作用很大。必须禁止砍伐海岛周边海域红树林。

(二)违法行为的认定

《中华人民共和国海岛保护法》第十六条第二款规定:"禁止改变自然保护区内海岛的海岸线。禁止采挖、破坏珊瑚和珊瑚礁。禁止砍伐海岛周边海域的红树林。"若违反该条规定,砍伐海岛周边海域的红树林,依据《中华人民共和国海岛保护法》第四十六条规定处罚。

(三)违法行为的处罚

违反规定,砍伐海岛周边海域红树林的,依照《中华人民共和国海洋环境保护法》的规定处罚。《中华人民共和国海洋环境保护法》第七十六条规定,造成珊瑚礁、红树林等海洋生态系统及海洋水产资源、海洋保护区破坏的,依照本法规定行使海洋环境监督管理权的部门有权要求违法行为人承担法律责任,包括责令其在一定期限内改正其违法行为并采取措施予以补救;在责令改正和采取补救措施的同时并处一万元以上十万元以下的罚款;违法行为人采挖、破坏珊瑚、珊瑚礁,或者砍伐海岛周边海域红树林获得的非法所得必须予以全部没收。

(四)法条链接

《中华人民共和国海岛保护法》第十六条第二款规定:"禁止改变自然保护区内海岛的海岸线。禁止采挖、破坏珊瑚和珊瑚礁。禁止砍伐海岛周边海域的红树林。"

《中华人民共和国海岛保护法》第四十六条规定:"违反本法规定,采挖、破坏珊瑚、珊瑚礁,或者砍伐海岛周边海域红树林的,依照《中华人民共和国海洋环境保护法》的规定处罚。"

《中华人民共和国海洋环境保护法》第七十六条规定:"违反本法规定,造成珊瑚礁、红树林等海洋生态系统及海洋水产资源、海洋保护区破坏的,由依照本法规定行使海洋环境监督管理权的部门责令限期改正和采取补救措施,并处一万元以上十万元以下的罚款;有违法所得的,没收其违法所得。"

六、在海岛及其周边海域违法排放污染物

(一)法条释义

海岛及其周边海域违法排放的污染物主要包括两种污染物,即废水和固体废物。废水、废物的排放对无居民海岛及其周边海域生态系统影响很大,应当加以必要的管理。无居民海岛利用过程中产生的废水应当予以处理,按照规定的要求排放。这里的"按照规定"包括:一是海岛保护规划和有关无居民海岛保护技术规范中关于无居民海岛利用过程中产生的废水处理、排放的规定;二是国家和地方制定的有关废水处理、排放标准的规定。无居民海岛利用过程中产生的固体废物,应当按照规定进行无害化处理、处置,禁止在无居民海岛弃置或者向其周边海域倾倒。这里的"按照规定"包括:一是海岛保护规划和有关无居民海岛保护技术规范中关于无居民海岛利用过程中产生的固体废物的处理、处置规定;二是国家和地方制定的有关固体废物处理、处置及标准的规定。若违反排放标准,在海岛及其周边海域违法排放污染物,须依照有关规定承担法律责任。

(二)违法行为的认定

《中华人民共和国海岛保护法》第三十三条规定:"无居民海岛利用过程中产生的废水,应当按照规定进行处理和排放。无居民海岛利用过程中产生的固体废物,应当按照规定进行无害化处理、处置,禁止在无居民海岛弃置或者向其周边海

域倾倒。"若违反该条规定违法排放污染物,依据《中华人民共和国海岛保护法》第四十九条规定进行处罚。

(三) 违法行为的处罚

在海岛及其周边海域违法排放污染物的,依照有关环境保护法律的规定处罚。《中华人民共和国海洋环境保护法》第七十三条规定,有下列行为之一的,由依照本法规定行使海洋环境监督管理权的部门责令期限改正,并处以罚款:(一)向海域排放本法禁止排放的污染物或者其他物质的;(二)不按照本法规定向海洋排放污染物,或者超标排放污染物的;(三)未取得海洋倾倒许可证,向海洋倾倒废弃物的;(四)因发生事故或者其他突发性事件,造成海洋环境污染事故,不立即采取处理措施的。

(四) 法条链接

《中华人民共和国海岛保护法》第三十三条规定:"无居民海岛利用过程中产生的废水,应当按照规定进行处理和排放。无居民海岛利用过程中产生的固体废物,应当按照规定进行无害化处理、处置,禁止在无居民海岛弃置或者向其周边海域倾倒。"

《中华人民共和国海岛保护法》第四十九条规定:"在海岛及其周边海域违法排放污染物的,依照有关环境保护法律的规定处罚。"

《中华人民共和国海洋环境保护法》第七十三条规定:"违反本法有关规定,有下列行为之一的,由依照本法规定行使海洋环境监督管理权的部门责令停止违法行为、限期改正或者责令采取限制生产、停产整治等措施,并处以罚款;拒不改正的,依法作出处罚决定的部门可以自责令改正之日的次日起,按照原罚款数额按日连续处罚;情节严重的,报经有批准权的人民政府批准,责令停业、关闭:(一)向海域排放本法禁止排放的污染物或者其他物质的;(二)不按照本法规定向海洋排放污染物,或者超过标准、总量控制指标排放污染物的;(三)未取得海洋倾倒许可证,向海洋倾倒废弃物的;(四)因发生事故或者其他突发性事件,造成海洋环境污染事故,不立即采取处理措施的。有前款第(一)、(三)项行为之一的,处三万元以上二十万元以下的罚款;有前款第(二)、(四)项行为之一的,处二万元以上十万元以下的罚款。"

七、破坏、危害设置在海岛的军事设施

(一) 法条释义

海岛作为海防前哨,对保卫国家领土主权、防备外敌武装侵略具有重要的战略地位。岛上设有的各种用于国防目的的建筑物、场所、设备等设施属于军事设施,应当依据军事设施保护法的规定,实行严格的保护,禁止任何破坏、危害军事

设施的行为。

（二）违法行为的认定

《中华人民共和国海岛保护法》第二十二条第一款规定："国家保护设置在海岛的军事设施,禁止破坏、危害军事设施的行为。"违反该条规定,破坏、危害设置在海岛的军事设施,依据《中华人民共和国海岛保护法》第五十二条规定进行处罚。

（三）违法行为的处罚

破坏、危害设置在海岛的军事设施的,依照有关法律、行政法规的规定处罚。《中华人民共和国治安管理处罚法》第三十三规定,有下列行为之一的,处十日以上十五日以下拘留:（一）盗窃、损毁油气管道设施、电力电信设施、广播电视设施、水利防汛工程设施或者水文监测、测量、气象测报、环境监测、地质监测、地震监测等公共设施的;（二）移动、损毁国家边境的界碑、界桩以及其他边境标志、边境设施或者领土、领海标志设施的;（三）非法进行影响国（边）界线走向的活动或者修建有碍国（边）境管理的设施的。

（四）法条链接

《中华人民共和国海岛保护法》第二十二条第一款规定："国家保护设置在海岛的军事设施,禁止破坏、危害军事设施的行为。"

《中华人民共和国海岛保护法》第五十二条规定："破坏、危害设置在海岛的军事设施,或者损毁、擅自移动设置在海岛的助航导航、测量、气象观测、海洋监测和地震监测等公益设施的,依照有关法律、行政法规的规定处罚。"

《中华人民共和国治安管理处罚法》第三十三规定："有下列行为之一的,处十日以上十五日以下拘留:（一）盗窃、损毁油气管道设施、电力电信设施、广播电视设施、水利防汛工程设施或者水文监测、测量、气象测报、环境监测、地质监测、地震监测等公共设施的;（二）移动、损毁国家边境的界碑、界桩以及其他边境标志、边境设施或者领土、领海标志设施的;（三）非法进行影响国（边）界线走向的活动或者修建有碍国（边）境管理的设施的。"

八、损毁、擅自移动设置在海岛的助航导航、测量、气象观测、海洋监测和地震监测等公益设施

（一）法条释义

海岛地理位置独特,有许多公益设施设置在海岛上。如设在海岛上的灯标和灯塔等导航助航设备,为过往船舶的通航安全提供保障,是海上交通运输业安全稳定发展的基础;海岛上设置的各种等级的重力点、天文点、水准点、全球卫星定

位控制点等测量标志和观测台站,对于维护国家海洋权益和开展科学研究至关重要;同时,海岛是国家开展海洋监测、气象观测、海啸预警和地震监测等公益设施建设的重要平台,对维护沿海地区人民生命财产安全具有重要的作用。因此,国家严格保护依法设置在海岛的导航和助航、测量、气象观测和地震监测等公益性设施,任何单位和个人都不得损毁或者擅自移动,妨碍公益设施的正常使用。

(二) 违法行为的认定

《中华人民共和国海岛保护法》第二十二条第二款规定:"国家保护依法设置在海岛的助航导航、测量、气象观测、海洋监测和地震监测等公益设施,禁止损毁或者擅自移动,妨碍其正常使用。"违反该款规定,损毁、擅自移动设置在海岛的助航导航、测量、气象观测、海洋监测和地震监测等公益设施,依据《中华人民共和国海岛保护法》第五十二条规定进行处罚。

(三) 违法行为的处罚

损毁、擅自移动设置在海岛的助航导航、测量、气象观测、海洋监测和地震监测等公益设施的,依照有关法律、行政法规的规定处罚。《中华人民共和国治安管理处罚法》第三十三规定,有下列行为之一的,处十日以上十五日以下拘留:(一) 盗窃、损毁油气管道设施、电力电信设施、广播电视设施、水利防汛工程设施或者水文监测、测量、气象测报、环境监测、地质监测、地震监测等公共设施的;(二) 移动、损毁国家边境的界碑、界桩以及其他边境标志、边境设施或者领土、领海标志设施的;(三) 非法进行影响国(边)界线走向的活动或者修建有碍国(边)境管理的设施的。

(四) 法条链接

《中华人民共和国海岛保护法》第二十二条第二款规定:"国家保护依法设置在海岛的助航导航、测量、气象观测、海洋监测和地震监测等公益设施,禁止损毁或者擅自移动,妨碍其正常使用。"

《中华人民共和国海岛保护法》第五十二条规定:"破坏、危害设置在海岛的军事设施,或者损毁、擅自移动设置在海岛的助航导航、测量、气象观测、海洋监测和地震监测等公益设施的,依照有关法律、行政法规的规定处罚。"

《中华人民共和国治安管理处罚法》第三十三规定:"有下列行为之一的,处十日以上十五日以下拘留:(一) 盗窃、损毁油气管道设施、电力电信设施、广播电视设施、水利防汛工程设施或者水文监测、测量、气象测报、环境监测、地质监测、地震监测等公共设施的;(二) 移动、损毁国家边境的界碑、界桩以及其他边境标志、边境设施或者领土、领海标志设施的;(三) 非法进行影响国(边)界线走向的活动或者修建有碍国(边)境管理的设施的。"

九、拒绝海洋主管部门监督检查，接受监督检查时弄虚作假、不提供有关文件和资料

（一）法条释义

海洋主管部门依法履行监督检查职责，纠正和查处违反海岛管理法律、法规的行为时，需要法律赋予海洋主管部门必要的监督检查手段。海洋主管部门依照法定程序要求被检查的单位或者个人就海岛利用的有关问题作出说明；要求被检查的单位或者个人提供海岛利用的有关文件和资料；进入被检查单位和个人所利用的海岛实施现场检查，被检查的单位或者个人应当配合并提供必要条件，不得拒绝或者阻挠。海洋主管部门依法行使监督检查权，查处违法行为，维护的是国家海岛保护利用的管理秩序，有关单位和个人对监督检查应当支持与配合，不得拒绝或者阻碍检查工作，否则将承担相应的法律责任。

（二）违法行为的认定

《中华人民共和国海岛保护法》第四十二条规定："海洋主管部门依法履行监督检查职责，有权要求被检查单位和个人就海岛利用的有关问题作出说明，提供海岛利用的有关文件和资料；有权进入被检查单位和个人所利用的海岛实施现场检查。检查人员在履行检查职责时，应当出示有效的执法证件。有关单位和个人对检查工作应当予以配合，如实反映情况，提供有关文件和资料等；不得拒绝或者阻碍检查工作。"违反该条规定，依据《中华人民共和国海岛保护法》第五十四条规定进行处罚。

（三）违法行为的处罚

海洋主管部门应当依法对无居民海岛保护和合理利用情况进行监督检查；海洋主管部门及其海监机构依法对海岛周边海域生态系统保护情况进行监督检查。海洋主管部门依法履行监督检查职责时，有权要求被检查单位和个人就海岛利用的有关问题作出说明，提供海岛利用的有关文件和资料；有权进入被检查单位和个人所利用的海岛实施现场检查。如果被检查单位和个人拒绝海洋主管部门监督检查，或者在接受监督检查时弄虚作假，或者不提供有关文件和资料的，将依照本条规定追究有关当事人的法律责任。县级以上人民政府海洋主管部门发现违法行为后，应当责令违法行为人改正；并根据违法行为的轻重和造成后果的大小等实际情况，决定是否给予罚款处罚。如给予罚款处罚，罚款幅度为二万元以下。

（四）法条链接

《中华人民共和国海岛保护法》第四十二条规定："海洋主管部门依法履行监督检查职责，有权要求被检查单位和个人就海岛利用的有关问题作出说明，提供海岛利用的有关文件和资料；有权进入被检查单位和个人所利用的海岛实施现场

检查。检查人员在履行检查职责时,应当出示有效的执法证件。有关单位和个人对检查工作应当予以配合,如实反映情况,提供有关文件和资料等;不得拒绝或者阻碍检查工作。"

《中华人民共和国海岛保护法》第五十四条规定:"违反本法规定,拒绝海洋主管部门监督检查,在接受监督检查时弄虚作假,或者不提供有关文件和资料的,由县级以上人民政府海洋主管部门责令改正,可以处二万元以下的罚款。"

十、未经批准,在无居民海岛采石、挖海砂、采伐林木或者采集生物、非生物样本

(一)法条释义

生物样本是指无居民海岛生态系统中所有生物群落的任意个体或部分,包括动物、植物、微生物、活珊瑚、卵等。非生物样本是指无居民海岛生态系统中所有的非生物环境中的任意一部分,包括岩石、土壤、水体、沉积物、化石等。无居民海岛由于地域有限,相对封闭,较少受到人类活动干扰,其生态环境维持较为原始的自然发展状态,保存有较好的生物资源和非生物资源,并保存了大量自然和人类历史发展的痕迹,如地球演化过程中形成的典型的地质地貌景观、地层剖面及地质构造形迹,生物演化不同阶段的痕迹或化石等,这些都极为珍贵,具有非常重要的科研价值和经济价值,应予严格保护。

无居民海岛上的生物和非生物资源具有较高的教学、科研价值。因此,为了教学或者科学研究目的确实需要的,可以适当采集生物和非生物样本,但应当报经海岛所在县级以上地方人民政府海洋主管部门批准。

无居民海岛面积小,生态系统结构简单、脆弱。目前绝大多数无居民海岛不具备开发利用的条件。对于未经批准利用的海岛应当以保护为主,不得改变海岛自然原始状态,减少人类活动的干扰和影响。从无居民海岛保护与管理实际情况来看,随意上岛采石、挖海砂、采伐林木,以及未经批准进行生产、建设、旅游等活动的行为时有发生,对海岛资源和生态的破坏性大。为此,禁止在未经批准开发利用的无居民海岛上采石、挖海砂、采伐林木以及进行生产、建设、旅游等活动。

(二)违法行为的认定

《中华人民共和国海岛保护法》第二十八条规定:"未经批准利用的无居民海岛,应当维持现状;禁止采石、挖海砂、采伐林木以及进行生产、建设、旅游等活动。"第二十九条规定:"严格限制在无居民海岛采集生物和非生物样本;因教学、科学研究确需采集的,应当报经海岛所在县级以上地方人民政府海洋主管部门批准。"违反以上规定,未经批准,在无居民海岛采石、挖海砂、采伐林木或者采集生物、非生物样本,依据《中华人民共和国海岛保护法》第四十七条第一款规定进行

处罚。

（三）违法行为的处罚

对于该违法行为的法律责任为责令停止违法行为，没收违法所得，并处罚款。海洋主管部门在进行海岛监督管理工作中，发现并经确认违法行为人违法在无居民海岛采石、挖海砂、采伐林木或者采集生物、非生物样本的，应当以行政命令的方式责令违法行为人停止违法活动，同时对违法行为人在违法活动中所获得的收入全部予以没收，同时可以对违法行为人并处二万元以下的罚款。

（四）法条链接

《中华人民共和国海岛保护法》第二十八条规定："未经批准利用的无居民海岛，应当维持现状；禁止采石、挖海砂、采伐林木以及进行生产、建设、旅游等活动。"

《中华人民共和国海岛保护法》第二十九条规定："严格限制在无居民海岛采集生物和非生物样本；因教学、科学研究确需采集的，应当报经海岛所在县级以上地方人民政府海洋主管部门批准。"

《中华人民共和国海岛保护法》第四十七条第一款规定："违反本法规定，在无居民海岛采石、挖海砂、采伐林木或者采集生物、非生物样本的，由县级以上人民政府海洋主管部门责令停止违法行为，没收违法所得，可以并处二万元以下的罚款。"

十一、未经批准，在无居民海岛进行生产、建设、组织开展旅游活动

（一）法条释义

无居民海岛面积小，生态系统结构简单、脆弱。目前绝大多数无居民海岛不具备开发利用的条件。对于未经批准利用的海岛应当以保护为主，不得改变海岛自然原始状态，减少人类活动的干扰和影响。从无居民海岛保护与管理实际情况来看，随意上岛采石、挖海砂、采伐林木，以及未经批准进行生产、建设、旅游等活动的行为时有发生，对海岛资源和生态的破坏性大。为此，应明确规定，禁止在未经批准开发利用的无居民海岛上采石、挖海砂、采伐林木以及进行生产、建设、旅游等活动。

（二）违法行为的认定

《中华人民共和国海岛保护法》第二十八条规定："未经批准利用的无居民海岛，应当维持现状；禁止采石、挖海砂、采伐林木以及进行生产、建设、旅游等活动。"若违反该条规定，未经批准，在无居民海岛进行生产、建设、旅游等活动，依据《中华人民共和国海岛保护法》第四十七条第二款规定进行处罚。

(三) 违法行为的处罚

对于该违法行为的法律责任为责令停止违法行为,没收违法所得,并处罚款。海洋主管部门在进行海岛监督管理工作中,发现并经确认违法行为人违法在无居民海岛上进行生产、建设活动或者组织开展旅游活动的,应当以行政命令的方式责令违法行为人停止违法活动,同时对违法行为人在违法活动中所获得的收入全部予以没收,同时对违法行为人并处二万元以上二十万元以下的罚款。

(四) 法条链接

《中华人民共和国海岛保护法》第二十八条规定:"未经批准利用的无居民海岛,应当维持现状;禁止采石、挖海砂、采伐林木以及进行生产、建设、旅游等活动。"

《中华人民共和国海岛保护法》第四十七条第二款规定:"违反本法规定,在无居民海岛进行生产、建设活动或者组织开展旅游活动的,由县级以上人民政府海洋主管部门责令停止违法行为,没收违法所得,并处二万元以上二十万元以下的罚款。"

十二、未经批准,进行严重改变无居民海岛自然地形、地貌的活动

(一) 法条释义

该违法行为是指未经批准,进行严重改变无居民海岛自然地形、地貌的活动。无居民海岛面积小,生态系统结构简单、脆弱。目前绝大多数无居民海岛不具备开发利用的条件。对于未经批准利用的海岛应当以保护为主,不得改变海岛自然原始状态,减少人类活动的干扰和影响。

(二) 违法行为的认定

《中华人民共和国海岛保护法》第三十条第三款规定:无居民海岛的开发利用涉及利用特殊用途海岛,或者确需填海连岛以及其他严重改变海岛自然地形、地貌的,由国务院审批。若违反该条规定,进行严重改变无居民海岛自然地形、地貌活动的,依据《中华人民共和国海岛保护法》第四十八条规定进行处罚。

(三) 违法行为的处罚

对于该违法行为,违法行为人应该承担如下法律责任:

(1) 责令停止违法行为。县级以上人民政府海洋主管部门在对海岛生态保护的监督管理活动中,发现并确认有关单位和个人有上述违法行为的,以行政命令的方式责令违法行为人立即停止其违法行为。

(2) 罚款。本条规定的罚款幅度为五万元以上五十万元以下。罚款的具体数额由县级以上人民政府海洋主管部门根据当事人违法行为的具体情况决定。

（四）法条链接

《中华人民共和国海岛保护法》第三十条第三款规定：无居民海岛的开发利用涉及利用特殊用途海岛，或者确需填海连岛以及其他严重改变海岛自然地形、地貌的，由国务院审批。

《中华人民共和国海岛保护法》第四十八条规定：违反本法规定，进行严重改变无居民海岛自然地形、地貌的活动的，由县级以上人民政府海洋主管部门责令停止违法行为，处以五万元以上五十万元以下的罚款。

十三、在临时性利用的无居民海岛建造永久性建筑物或者设施

（一）法条释义

临时性利用无居民海岛是指因公务、教学、科学调查、救灾、避险等需要而短期登临、停靠无居民海岛的行为。临时利用无居民海岛的，应当承担保护海岛的义务，不得在所利用的海岛建造永久性建筑物和设施。"永久性建筑物和设施"是指采用钢、水泥、砖、木、石及其他耐久性建筑材料进行构筑、使用期限超过临时性利用需要的建筑物和设施。临时性利用无居民海岛没有建造永久性建筑物和设施的必要；同时，随意建造永久性建筑物和设施会破坏海岛植被，改变海岛地形、地貌，不利于海岛生态和景观的保护。确需在无居民海岛上搭建一些临时性建筑物和设施的，应当在严格保护无居民海岛及周边海域生态系统的前提下进行，并在临时性利用活动结束时及时清除。

（二）违法行为的认定

《中华人民共和国海岛保护法》第三十四条规定："临时性利用无居民海岛的，不得在所利用的海岛建造永久性建筑物或者设施。"若违反该条规定，在临时性利用的无居民海岛上建造永久性建筑物或者设施的，依据《中华人民共和国海岛保护法》第五十条规定进行处罚。

（三）违法行为的处罚

对于该违法行为，违法行为人承担如下法律责任：

（1）责令停止违法行为。县级以上人民政府海洋主管部门在对海岛生态保护的监督管理活动中，发现并确认有关单位和个人有上述违法行为的，以行政命令的方式责令违法行为人立即停止其违法行为。

（2）罚款。本条规定的罚款幅度为二万元以上二十万元以下。罚款的具体数额由县级以上人民政府海洋主管部门根据当事人违法行为的具体情况决定。

（四）法条链接

《中华人民共和国海岛保护法》第三十四条规定："临时性利用无居民海岛的，

不得在所利用的海岛建造永久性建筑物或者设施。"

《中华人民共和国海岛保护法》第五十条规定："违反本法规定,在领海基点保护范围内进行工程建设或者其他可能改变该区域地形、地貌活动,在临时性利用的无居民海岛建造永久性建筑物或者设施,或者在依法确定为开展旅游活动的可利用无居民海岛建造居民定居场所的,由县级以上人民政府海洋主管部门责令停止违法行为,处以二万元以上二十万元以下的罚款。"

十四、在依法确定为开展旅游活动的可利用无居民海岛建造居民定居场所

(一) 法条释义

无居民海岛及其周边海域生态脆弱,易受人类活动影响。在海岛建造居民定居场所,会对海岛及其周边海域景观和海水质量、生物质量造成较大影响。因此,若依法确定为开展旅游活动的可利用无居民海岛及其周边海域,不得建造居民定居场所。

(二) 违法行为的认定

《中华人民共和国海岛保护法》第三十五条规定,在依法确定为开展旅游活动的可利用无居民海岛及其周边海域,不得建造居民定居场所,不得从事生产性养殖活动。若违反该条规定,在依法确定为开展旅游活动的可利用无居民海岛及其周边海域,建造居民定居场所,依据《中华人民共和国海岛保护法》第五十条规定进行处罚。

(三) 违法行为的处罚

对于该违法行为,违法行为人应当承担如下法律责任:

(1) 责令停止违法行为。县级以上人民政府海洋主管部门在对海岛生态保护的监督管理活动中,发现并确认有关单位和个人有上述违法行为的,以行政命令的方式责令违法行为人立即停止其违法行为。

(2) 罚款。本条规定的罚款幅度为二万元以上二十万元以下。罚款的具体数额由县级以上人民政府海洋主管部门根据当事人违法行为的具体情况决定。

(四) 法条链接

《中华人民共和国海岛保护法》第三十五条规定："在依法确定为开展旅游活动的可利用无居民海岛及其周边海域,不得建造居民定居场所,不得从事生产性养殖活动;已经存在生产性养殖活动的,应当在编制可利用无居民海岛保护和利用规划中确定相应的污染防治措施。"

《中华人民共和国海岛保护法》第五十条规定："违反本法规定,在领海基点保

护范围内进行工程建设或者其他可能改变该区域地形、地貌活动，在临时性利用的无居民海岛建造永久性建筑物或者设施，或者在依法确定为开展旅游活动的可利用无居民海岛建造居民定居场所的，由县级以上人民政府海洋主管部门责令停止违法行为，处以二万元以上二十万元以下的罚款。"

十五、无权批准、超越批准权限、违反海岛保护规划批准开发利用无居民海岛

（一）法条释义

无居民海岛生态脆弱，盲目、无序、无度开发将导致海岛生态遭到严重破坏，我国大多数无居民海岛不适宜进行规模开发利用。因此，对无居民海岛开发利用提出明确要求：一是未经批准利用的无居民海岛，应当维持现状，不能开发利用；二是开发利用的无居民海岛应当是经全国海岛保护规划确定的可利用无居民海岛，开发利用应当符合海岛保护规划；三是无居民海岛开发利用应当遵守可利用无居民海岛保护和利用规划；四是开发利用无居民海岛，应当履行无居民海岛保护义务，采取严格的生态保护措施，避免造成海岛及其周边海域生态系统破坏。这些基本要求是国家实行海岛科学规划、保护优先、合理开发、永续利用的原则的具体体现。国家对开发利用无居民海岛实行统一管理。开发利用可利用无居民海岛须进行申请，填写申请书一并提交项目论证报告、开发利用具体方案等申请文件，省、自治区、直辖市人民政府海洋主管部门收到申请文件后，应当组织有关部门和专家进行审查，提出审查意见，报本级人民政府或者国务院审批。

（二）违法行为的认定

《中华人民共和国海岛保护法》第三十条规定："从事全国海岛保护规划确定的可利用无居民海岛的开发利用活动，应当遵守可利用无居民海岛保护和利用规划，采取严格的生态保护措施，避免造成海岛及其周边海域生态系统破坏。开发利用前款规定的可利用无居民海岛，应当向省、自治区、直辖市人民政府海洋主管部门提出申请，并提交项目论证报告、开发利用具体方案等申请文件，由海洋主管部门组织有关部门和专家审查，提出审查意见，报省、自治区、直辖市人民政府审批。无居民海岛的开发利用涉及利用特殊用途海岛，或者确需填海连岛以及其他严重改变海岛自然地形、地貌的，由国务院审批。无居民海岛开发利用审查批准的具体办法，由国务院规定。"若违反该条规定，无权批准、超越权限、违反海岛保护规划批准开发利用无居民海岛的，依据《中华人民共和国海岛保护法》第五十三条规定进行处罚。

（三）违法行为的处罚

无权批准开发利用无居民海岛而批准，超越批准权限批准开发利用无居民海岛,或者违反海岛保护规划批准开发利用无居民海岛的,其批准文件无效,有关当事人必须立即停止正在实施的无居民海岛的开发利用活动。根据行政许可法的有关规定,对超越法定职权作出准予行政许可决定等行为的,作出行政许可决定的行政机关或者其上级行政机关,根据利害关系人的请求或者依据职权,可以撤销行政许可;撤销行政许可,被许可人的合法权益受到损害的,行政机关应当依法给予赔偿。行政机关违法实施行政许可,给当事人的合法权益造成损害的,应当依照国家赔偿法的规定给予赔偿。

(四)法条链接

《中华人民共和国海岛保护法》第三十条规定:"从事全国海岛保护规划确定的可利用无居民海岛的开发利用活动,应当遵守可利用无居民海岛保护和利用规划,采取严格的生态保护措施,避免造成海岛及其周边海域生态系统破坏。开发利用前款规定的可利用无居民海岛,应当向省、自治区、直辖市人民政府海洋主管部门提出申请,并提交项目论证报告、开发利用具体方案等申请文件,由海洋主管部门组织有关部门和专家审查,提出审查意见,报省、自治区、直辖市人民政府审批。无居民海岛的开发利用涉及利用特殊用途海岛,或者确需填海连岛以及其他严重改变海岛自然地形、地貌的,由国务院审批。无居民海岛开发利用审查批准的具体办法,由国务院规定。"

《中华人民共和国海岛保护法》第五十三条规定:"无权批准开发利用无居民海岛而批准,超越批准权限批准开发利用无居民海岛,或者违反海岛保护规划批准开发利用无居民海岛的,批准文件无效;对直接负责的主管人员和其他直接责任人员依法给予处分。"

十六、未经批准,在领海基点保护范围内进行工程建设或其他可能改变该区域地形、地貌活动

(一)法条释义

领海基地保护范围是指为了保障领海基点的安全和使用效能,防止人为破坏和减少自然侵蚀,依法在领海基点所在海岛周围划定的,禁止某种活动的区域。保护范围由海岛所在省、自治区、直辖市人民政府划定,并报国务院海洋主管部门备案。禁止在领海基点保护范围内进行工程建设以及其他可能改变该区域地形、地貌的活动。确需进行以保护领海基点为目的的工程建设的,应当经过科学论证,报国务院海洋主管部门同意后依法办理审批手续。

(二)违法行为的认定

《中华人民共和国海岛保护法》第三十七条第二款规定:"禁止在领海基点保护范围内进行工程建设以及其他可能改变该区域地形、地貌的活动。确需进行以

保护领海基点为目的的工程建设的,应当经过科学论证,报国务院海洋主管部门同意后依法办理审批手续。"若违反该款规定,未经批准,在领海基点保护范围内进行工程建设以及其他可能改变该区域地形、地貌的活动的,依据《中华人民共和国海岛保护法》第五十条规定进行处罚。

(三) 违法行为的处罚

对于该违法行为,违法行为人应当承担如下法律责任:

(1) 责令停止违法行为。县级以上人民政府海洋主管部门在对海岛生态保护的监督管理活动中,发现并确认有关单位和个人有上述违法行为的,以行政命令的方式责令违法行为人立即停止其违法行为。

(2) 罚款。本条规定的罚款幅度为2万元以上20万元以下。罚款的具体数额由县级以上人民政府海洋主管部门根据当事人违法行为的具体情况决定。

(四) 法条链接

《中华人民共和国海岛保护法》第三十七条第二款规定:"禁止在领海基点保护范围内进行工程建设以及其他可能改变该区域地形、地貌的活动。确需进行以保护领海基点为目的的工程建设的,应当经过科学论证,报国务院海洋主管部门同意后依法办理审批手续。"

《中华人民共和国海岛保护法》第五十条规定:"违反本法规定,在领海基点保护范围内进行工程建设或者其他可能改变该区域地形、地貌活动,在临时性利用的无居民海岛建造永久性建筑物或者设施,或者在依法确定为开展旅游活动的可利用无居民海岛建造居民定居场所的,由县级以上人民政府海洋主管部门责令停止违法行为,处以二万元以上二十万元以下的罚款。"

十七、毁损或者擅自移动领海基点标志

(一) 法条释义

我国一些领海基点所在海岛遭到破坏的情况严重。有些是由于群众不知道这些海岛是维护我国国家权益的基点岛,有的为取石而炸岛,有的将标石挖出。因此,加强对群众进行宣传教育的同时,还应当在领海基点及其保护范围周边设立明显的标志,起到识别和警示作用。

我国领海基点标志分为"中国领海基点""中国领海基点基准点""中国领海基点方位点"三种。根据国家有关规定,领海基点位于岸滩平缓地时,只埋设一块"中国领海基点";基点位于无滩陡地时,可在其背海方向适当处,埋设"中国领海基点"标石,但据真正基点不得超过30米;基点位于有滩陡岸低潮线或干出滩上时,则在适当处埋设"中国领海基点基准点"标石,作为一过渡点以示基点的方位与距离;当基点附近有可作为过渡点的海控点时,只需在其旁边埋设"中国领海基

点方位点"标石,但标石上应有指向海控点的箭头。基点位于礁石上时,应先清除干净其上的风化层,挖坑充填后,再用混凝土加标石。目前我国多数领海基点海岛还没有设立基点标志,当务之急是在领海基点海岛设立基点标志,对部分领海基点海岛加固加高,并委托当地政府指定专人保护领海基点标志。

(二) 违法行为的认定

《中华人民共和国海岛保护法》第三十七条规定:"领海基点所在的海岛,应当由海岛所在省、自治区、直辖市人民政府划定保护范围,报国务院海洋主管部门备案。领海基点及其保护范围周边应当设置明显标志。禁止在领海基点保护范围内进行工程建设以及其他可能改变该区域地形、地貌的活动。确需进行以保护领海基点为目的的工程建设的,应当经过科学论证,报国务院海洋主管部门同意后依法办理审批手续。禁止损毁或者擅自移动领海基点标志。县级以上人民政府海洋主管部门应当按照国家规定,对领海基点所在海岛及其周边海域生态系统实施监视、监测。任何单位和个人都有保护海岛领海基点的义务。发现领海基点以及领海基点保护范围内的地形、地貌受到破坏的,应当及时向当地人民政府或者海洋主管部门报告。"违反该条规定,即行为人明知是国家设立在边境上的领海基点标志,而故意予以移动、损毁的,依据《中华人民共和国海岛保护法》第五十一条规定进行处罚。

(三) 违法行为的处罚

损毁或者擅自移动领海基点标志的,依法给予治安管理处罚。《中华人民共和国治安管理处罚法》第三十三条规定:"有下列行为之一的,处十日以上十五日以下拘留:(一) 盗窃、损毁油气管道设施、电力电信设施、广播电视设施、水利防汛工程设施或者水文监测、测量、气象测报、环境监测、地质监测、地震监测等公共设施的;(二) 移动、损毁国家边境的界碑、界桩以及其他边境标志、边境设施或者领土、领海标志设施的;(三) 非法进行影响国(边)界线走向的活动或者修建有碍国(边)境管理的设施的。"

(四) 法条链接

《中华人民共和国海岛保护法》第三十七条规定:"领海基点所在的海岛,应当由海岛所在省、自治区、直辖市人民政府划定保护范围,报国务院海洋主管部门备案。领海基点及其保护范围周边应当设置明显标志。禁止在领海基点保护范围内进行工程建设以及其他可能改变该区域地形、地貌的活动。确需进行以保护领海基点为目的的工程建设的,应当经过科学论证,报国务院海洋主管部门同意后依法办理审批手续。禁止损毁或者擅自移动领海基点标志。县级以上人民政府海洋主管部门应当按照国家规定,对领海基点所在海岛及其周边海域生态系统实施监视、监测。任何单位和个人都有保护海岛领海基点的义务。发现领海基点以及领海基点保护范围内的地形、地貌受到破坏的,应当及时向当地人民政府或者海洋主管部门报告。"

《中华人民共和国海岛保护法》第五十一条规定:"损毁或者擅自移动领海基点标志的,依法给予治安管理处罚。"

《中华人民共和国治安管理处罚法》第三十三条规定,"有下列行为之一的,处十日以上十五日以下拘留:(一)盗窃、损毁油气管道设施、电力电信设施、广播电视设施、水利防汛工程设施或者水文监测、测量、气象测报、环境监测、地质监测、地震监测等公共设施的;(二)移动、损毁国家边境的界碑、界桩以及其他边境标志、边境设施或者领土、领海标志设施的;(三)非法进行影响国(边)界线走向的活动或者修建有碍国(边)境管理的设施的。"

十八、海岛保护违法相关案例

(一)金奥度假村有限公司违法填海、填岛行政处罚案[①]

【基本案情】

被处罚人:金奥度假村有限公司

处罚机关:海丰县海洋与渔业局

2017年8月17日,汕尾市海洋与渔业局向海丰县海洋与渔业局发出《关于要求恢复梅陇东澳角岛原貌的通知》,说明在现场勘查中发现海丰县梅陇南山澳海域涉嫌违法填海和违法填岛,涉嫌违法填岛的为东澳角岛(地理坐标为北纬22°49′14.9″,东经115°10′36.3″,面积为89平方米,岛岸线长39米,高程1.6米),但无法确定违法填岛的行为人,为了确保海岛资源不受破坏,要求被告恢复海岛原貌。

海丰县海洋与渔业局于2017年8月25日对金澳公司在海丰县梅陇镇南山村委尖石仔山地段动工建设农庄饭店建设工程项目中有涉嫌改变东澳角岛自然地形、地貌的行为进行立案。

【处理结果】

海丰县海洋与渔业局认为海丰县金澳度假村有限公司在梅陇镇南山村委尖石仔建设工程进行平整时改变东澳角岛自然地形、地貌的行为,违反了《中华人民共和国海岛保护法》第三十条第三款的规定,依据该法第四十八条及参照《广东省海洋与渔业规范行政处罚自由裁量权标准》(海洋类)第70项的规定,2017年11月27日对海丰县金澳度假村有限公司作出"责令停止违法行为,处罚款人民币陆万元整(¥60 000元)"的行政处罚。

---

① 案例来源:中国裁判文书网 http://wenshu.court.gov.cn. 有删减。

海丰县海洋与渔业局具有对本行政区域内无居民海岛保护和开发利用管理有关工作的行政职权。依据是《中华人民共和国海岛保护法》第五条规定"国务院海洋主管部门和国务院其他有关部门依照法律和国务院规定的职责分工,负责全国有居民海岛及其周边海域生态保护工作。沿海县级以上地方人民政府海洋主管部门和其他有关部门按照各自的职责,负责本行政区域内有居民海岛及其周边海域生态保护工作。国务院海洋主管部门负责全国无居民海岛保护和开发利用的管理工作。沿海县级以上地方人民政府海洋主管部门负责本行政区域内无居民海岛保护和开发利用管理的有关工作。"

(二)某风电公司未经批准在无居民海岛建设活动的行政处罚案[①]

【基本案情】

2011年5月29日,中国海监江苏省总队直属支队执法人员在江苏东沙低潮高地例行巡查时,发现某风电公司在该低潮高地的沙脊上建设了4座海上测风塔。经调查,4座测风塔建设于2010年6月与2011年4月,均以高压水枪冲压海床的方式进行塔基固定。该公司在东沙低潮高地建设测风塔的行为未取得有关部门的同意与批准,建设过程中未编制海洋环境影响报告书,未取得《海域使用权证书》。

东沙距离江苏大丰陆地海岸最近距离12公里,属于低潮高地,4座测风塔主体和地锚的基础均采用高压水枪冲击海床的方式,严重改变了东沙海床原始地形与生态环境,使海床地貌一直处于不稳定状态,测风塔附近的生物量大幅下降。所以,该非法建设行为严重破坏了东沙低潮高地的海洋环境。同时,该风电公司在建设过程中未取得任何手续,也属于一种非法占用海域的行为。

【处理结果】

某风电公司未经同意在低潮高地建设测风塔的行为,违反了《中华人民共和国海岛保护法》第二十八条"未经批准利用的无居民海岛,应当维持现状;禁止采石、挖海砂、采伐林木以及进行生产、建设、旅游等活动"的规定。依据该法第四十七条第二款、第五十六条的规定,对当事人作出责令停止违法行为、并处罚款16万元的行政处罚。当事人在接到处罚决定书后,未提起行政复议与行政诉讼,并在规定的期限内缴纳了全部罚款。

并非所有低潮高地违法案件都应适用《中华人民共和国海岛保护法》。《中华人民共和国海岛保护法》第五十六条规定:"低潮高地的保护及相关管理活动,比照本法有关规定执行。"《中华人民共和国海岛保护法》意义上的低潮高地是指在低潮时四面环海水并高于水面、在高潮时没入水中的自然形成的陆地区域。

---

① 案例来源:中国自然资源报网 http://www.iziran.net. 有删减。

江苏海域拥有近 700 万亩的滩涂,大部分都属于《中华人民共和国海岛保护法》意义上的低潮高地,但并不是所有开发低潮高地的行为都应纳入《中华人民共和国海岛保护法》管辖。根据《联合国海洋法公约》第十三条的规定,如果低潮高地全部或一部分与大陆或岛屿的距离不超过领海的宽度,该高地的低潮线可以作为测算领海宽度的基线。所以,《中华人民共和国海岛保护法》层面保护的低潮高地应是如《联合国海洋法公约》所述的能够具有测算领海宽度基线意义的,即离海岸不超过 12 海里的那部分,其余仍应按照《中华人民共和国海域使用管理法》等其他法律进行管理。

(三)某渔港开发公司未经批准改变无居民海岛自然地形、地貌行政处罚案①

【基本案情】

被处罚人:某渔港开发公司

处罚机关:福建海警局

福建海警局 2019 年 12 月 20 日成功查处一起破坏无居民海岛案。该案系近年来全国海警查处的首起破坏无居民海岛案。福州市连江县某渔港开发公司在连江县观音礁屿上擅自施工搭建了小桥、观音亭、假山等景观。后经核查发现,该公司的搭建行为未经国家相关部门批准,属于破坏无居民海岛违法行为。若不及时制止,将严重破坏无居民海岛的地形地貌,影响海洋生态环境。

福建海警局及时通知观音礁屿违建行为业主单位,并告知相关规定及法律条文;同时积极走访相关涉海部门搜集相关证据,依法对相关人员进行了询问。在事实证据面前,该公司承认其在观音礁屿上违法搭建行为。

【处理结果】

福建海警局认为,某渔港开发公司在连江县观音礁屿上擅自施工搭建了小桥、观音亭、假山等景观,违反了《中华人民共和国海岛保护法》的相关规定,故依据《中华人民共和国海岛保护法》第四十八条,对该公司作出责令停止违法行为,拆除违建景观,尽快恢复海岛原貌,并处 25 万元人民币罚款的决定。

---

① 案例来源:央视新闻网 http://news.cctv.com. 有删减。

第四章
海洋渔业行政处罚

第一节　违反渔业资源增殖保护行为行政处罚

依据《中华人民共和国渔业法》《渔业捕捞许可管理规定》《中华人民共和国渔业船舶检验条例》《中华人民共和国渔业船舶登记办法》《中华人民共和国管辖海域外国人、外国船舶渔业活动管理暂行规定》等法律法规，为保护和增殖渔业资源，维持生物多样性，净化饮用水质，改善水域生态环境，对于渔船违反渔业资源增殖保护法规，使用破坏海域生态系统的方法进行捕捞的行为予以处罚。

违反渔业资源增殖保护行为的特征：
(1) 该行为违反了保护水产资源法律、法规和规章；
(2) 客观方面表现为使用违反渔业资源增殖保护的方法进行捕捞；
(3) 主观方面为故意；
(4) 该违法行为的实施主体是一般主体，自然人和单位都能构成该行为。

一、使用炸鱼、毒鱼、电鱼等破坏渔业资源方法进行捕捞

（一）法条释义

使用炸鱼、毒鱼、电鱼方法进行捕捞违法行为是指渔船上存有并使炸药、毒药、电脉冲等违禁物（药）品及其附属装备，如使用电脉冲作业渔船还包括电缆、电压控制器等附属用品。执法部门通过观察作业海域有无因使用炸、毒、电等方法捕捞出现的死鱼漂浮、水域变色等情况来确定违法行为。

（二）违法行为的认定

根据《中华人民共和国渔业法》第三十条、第三十八条规定，使用炸鱼、毒鱼、电鱼等破坏渔业资源方法进行捕捞，污染水域、破坏水域生态系统即构成违法行为。

（三）违法行为的处罚

没收渔获物和违法所得，处五万元以下罚款；情节严重的，没收渔具，吊销捕捞许可证；情节特别严重的，可以没收渔船。

(四) 法条链接

《中华人民共和国渔业法》第三十条第一款规定:"禁止使用炸鱼、毒鱼、电鱼等破坏渔业资源的方法进行捕捞。禁止制造、销售、使用禁用的渔具。禁止在禁渔区、禁渔期进行捕捞。禁止使用小于最小网目尺寸的网具进行捕捞。捕捞的渔获物中幼鱼不得超过规定的比例。在禁渔区或者禁渔期内禁止销售非法捕捞的渔获物。"

《中华人民共和国渔业法》第三十八条第一款规定:"使用炸鱼、毒鱼、电鱼等破坏渔业资源方法进行捕捞的,违反关于禁渔区、禁渔期的规定进行捕捞的,或者使用禁用的渔具、捕捞方法和小于最小网目尺寸的网具进行捕捞或者渔获物中幼鱼超过规定比例的,没收渔获物和违法所得,处五万元以下的罚款;情节严重的,没收渔具,吊销捕捞许可证;情节特别严重的,可以没收渔船;构成犯罪的,依法追究刑事责任。"

二、违反禁渔区和禁渔期规定进行捕捞

(一) 法条释义

按照涉案渔船船载卫星终端显示判断船位是否处于禁渔区内,显示的时间是否在禁渔期内,并与实际位置和时间比对。依据《渔业捕捞许可证》所核准的作业类型、作业区域与作业时限,调查当事人能否出示《专项(特许)渔业捕捞许可证》,如能出示,对其特许的作业时限、作业场所等内容与实际情况进一步核对。

(二) 违法行为的认定

根据《中华人民共和国渔业法》规定,违反保护水产资源法规,违反禁渔区和禁渔期规定,在禁渔期、禁渔区进行捕捞即构成违法行为。

(三) 违法行为的处罚

没收渔获物和违法所得,处五万元以下罚款;情节严重的,没收渔具,吊销捕捞许可证;情节特别严重的,可以没收渔船。

(四) 法条链接

《中华人民共和国渔业法》第三十条第一款规定:"禁止使用炸鱼、毒鱼、电鱼等破坏渔业资源的方法进行捕捞。禁止制造、销售、使用禁用的渔具。禁止在禁渔区、禁渔期进行捕捞。禁止使用小于最小网目尺寸的网具进行捕捞。捕捞的渔获物中幼鱼不得超过规定的比例。在禁渔区或者禁渔期内禁止销售非法捕捞的渔获物。"

《中华人民共和国渔业法》第三十八条第一款规定:"使用炸鱼、毒鱼、电鱼等

破坏渔业资源方法进行捕捞的,违反关于禁渔区、禁渔期的规定进行捕捞的,或者使用禁用的渔具、捕捞方法和小于最小网目尺寸的网具进行捕捞或者渔获物中幼鱼超过规定比例的,没收渔获物和违法所得,处五万元以下的罚款;情节严重的,没收渔具,吊销捕捞许可证;情节特别严重的,可以没收渔船;构成犯罪的,依法追究刑事责任。"

三、使用其他禁用渔具、捕捞方法进行捕捞

（一）法条释义

对涉案渔船正在采取的作业方式与作业方法,确认其中是否存在禁用的渔具或捕捞方法。具体参照《农业部关于禁止使用双船单片多囊拖网等十三种渔具的通告》（农业部通告〔2013〕2号）、《渔业捕捞许可证》中所核准的作业类型与作业方式,通过调查渔船渔获物的种类、数量及存放位置,使用的渔具的类型、数量、尺寸及使用状态,来判断违法行为。

（二）违法行为的认定

违反《农业部关于禁止使用双船单片多囊拖网等十三种渔具的通告》（农业部通告〔2013〕2号）、《渔业捕捞许可证》中所核准的作业类型与作业方式规定,使用其他禁用渔具、捕捞方法进行捕捞的行为即构成违法行为。

（三）违法行为的处罚

没收渔获物和违法所得,处五万元以下罚款;情节严重的,没收渔具,吊销捕捞许可证;情节特别严重的,可以没收渔船。

（四）法条链接

《中华人民共和国渔业法》第三十条第一款规定:"禁止使用炸鱼、毒鱼、电鱼等破坏渔业资源的方法进行捕捞。禁止制造、销售、使用禁用的渔具。禁止在禁渔区、禁渔期进行捕捞。禁止使用小于最小网目尺寸的网具进行捕捞。捕捞的渔获物中幼鱼不得超过规定的比例。在禁渔区或者禁渔期内禁止销售非法捕捞的渔获物。"

《中华人民共和国渔业法》第三十八条第一款规定:"使用炸鱼、毒鱼、电鱼等破坏渔业资源方法进行捕捞的,违反关于禁渔区、禁渔期的规定进行捕捞的,或者使用禁用的渔具、捕捞方法和小于最小网目尺寸的网具进行捕捞或者渔获物中幼鱼超过规定比例的,没收渔获物和违法所得,处五万元以下的罚款;情节严重的,没收渔具,吊销捕捞许可证;情节特别严重的,可以没收渔船;构成犯罪的,依法追究刑事责任。"

四、使用小于最小网目尺寸的网具进行捕捞

（一）法条释义

涉案渔船正在使用的网具类型与数量需与《渔业捕捞许可证》中核准的类型与数量相符。在现场使用的网具中随机选取网具主体部分（一般为网囊部位）进行网目尺寸测量，并与相关标准进行比对，具体测量方法参照《全国海洋捕捞准用渔具和过渡渔具最小网目尺寸制度》，网目长度测量时，网目应沿有结网的纵向或无结网的长轴方向充分拉直，每次逐目测量相邻5目的网目内径，取其最小值为该网片的网目内径。

（二）违法行为的认定

涉案渔船正在使用的网具类型与数量违反《全国海洋捕捞准用渔具和过渡渔具最小网目尺寸制度》的标准即构成违法行为。

（三）违法行为的处罚

没收渔获物和违法所得，处五万元以下罚款；情节严重的，没收渔具，吊销捕捞许可证；情节特别严重的，可以没收渔船。

（四）法条链接

《中华人民共和国渔业法》第三十条第一款规定："禁止使用炸鱼、毒鱼、电鱼等破坏渔业资源的方法进行捕捞。禁止制造、销售、使用禁用的渔具。禁止在禁渔区、禁渔期进行捕捞。禁止使用小于最小网目尺寸的网具进行捕捞。捕捞的渔获物中幼鱼不得超过规定的比例。在禁渔区或者禁渔期内禁止销售非法捕捞的渔获物。"

《中华人民共和国渔业法》第三十八条第一款规定："使用炸鱼、毒鱼、电鱼等破坏渔业资源方法进行捕捞的，违反关于禁渔区、禁渔期的规定进行捕捞的，或者使用禁用的渔具、捕捞方法和小于最小网目尺寸的网具进行捕捞或者渔获物中幼鱼超过规定比例的，没收渔获物和违法所得，处五万元以下的罚款；情节严重的，没收渔具，吊销捕捞许可证；情节特别严重的，可以没收渔船；构成犯罪的，依法追究刑事责任。"

五、捕获的渔获物中幼鱼超过规定比例

（一）法条释义

通过对涉案渔船渔获物情况，包括种类、数量及存放位置，使用渔具的类型、数量、尺寸及使用状态以及渔获物中相关幼鱼的比例，进行比例计算并比照各鱼种的相关规定。

（二）违法行为的认定

根据《中华人民共和国渔业法》规定，涉案渔船捕获的渔获物中幼鱼超过规定比例的即构成违法行为。

（三）违法行为的处罚

没收渔获物和违法所得，处一千元至五万元罚款；情节严重的，没收渔具，吊销捕捞许可证；情节特别严重的，可以没收渔船。

（四）法条链接

《中华人民共和国渔业法》第三十条第一款规定："禁止使用炸鱼、毒鱼、电鱼等破坏渔业资源的方法进行捕捞。禁止制造、销售、使用禁用的渔具。禁止在禁渔区、禁渔期进行捕捞。禁止使用小于最小网目尺寸的网具进行捕捞。捕捞的渔获物中幼鱼不得超过规定的比例。在禁渔区或者禁渔期内禁止销售非法捕捞的渔获物。"

《中华人民共和国渔业法》第三十八条第一款规定："使用炸鱼、毒鱼、电鱼等破坏渔业资源方法进行捕捞的，违反关于禁渔区、禁渔期的规定进行捕捞的，或者使用禁用的渔具、捕捞方法和小于最小网目尺寸的网具进行捕捞或者渔获物中幼鱼超过规定比例的，没收渔获物和违法所得，处五万元以下的罚款；情节严重的，没收渔具，吊销捕捞许可证；情节特别严重的，可以没收渔船；构成犯罪的，依法追究刑事责任。"

六、未经批准在水产种质资源保护区、特定渔业资源渔场等从事捕捞活动

（一）法条释义

涉案渔船需能够出示水产种质资源保护区和特定渔业资源渔场内从事捕捞活动的相关证件，具有作业资质。对渔船船载卫星终端所显示的作业场所和作业时间与水产种质资源保护区、特定渔业资源渔场所规定的作业场所和作业时限进行对照；检查渔船渔获物情况，确定其种类、数量及存放位置以及使用渔具的种类及数量等情况。

（二）违法行为的认定

根据《中华人民共和国渔业法》第二十九条规定，未经国务院渔业行政主管部门批准，单位或者个人在水产种质资源保护区内从事捕捞活动即构成本条的违法行为。

（三）违法行为的处罚

根据《中华人民共和国渔业法》第四十五条规定，责令立即停止捕捞，没收渔

获物和渔具,可以并处一万元以下的罚款。

(四)法条链接

《中华人民共和国渔业法》第二十九条规定:国家保护水产种质资源及其生存环境,并在具有较高经济价值和遗传育种价值的水产种质资源的主要生长繁育区域建立水产种质资源保护区。未经国务院渔业行政主管部门批准,任何单位或者个人不得在水产种质资源保护区内从事捕捞活动。

《中华人民共和国渔业法》第四十五条规定:未经批准在水产种质资源保护区内从事捕捞活动的,责令立即停止捕捞,没收渔获物和渔具,可以并处一万元以下的罚款。

第二节 违反捕捞许可管理规定行为行政处罚

违反捕捞许可管理规定的行为是指中华人民共和国的公民、法人和其他组织从事渔业捕捞活动,以及外国人在中华人民共和国管辖水域从事渔业捕捞活动,未遵守渔业捕捞许可管理规定,对国家、社会的公共利益和管理秩序产生了危害的行为。

违反捕捞许可管理规定行为的特征:

(1)该行为已经违反了我国的渔业捕捞许可管理规定。

(2)该行为已经发生。

(3)该行为对国家、社会的公共利益和管理秩序产生了危害。

(4)行为人具有主观过错。

一、无证捕捞

(一)法条释义

无证捕捞是指未获取渔业捕捞许可证、使用无效的渔业捕捞许可证从事渔业捕捞活动的行为,未携带渔业捕捞许可证(或其原件)从事渔业捕捞活动的视为无证捕捞。具体包括:

涉案渔船现场能否出示《渔业捕捞许可证》,出示的《渔业捕捞许可证》是否有效。下列渔业捕捞许可证为无效渔业捕捞许可证:

(1)逾期未年审的或年审不合格的。

(2)证书载明的渔船主机功率与实际主机功率不符的。

(3)应贴附而未贴附功率凭证或功率凭证贴附不足或贴附无效功率凭证的。无效渔船主机功率凭证包括涂改、伪造、变造、买卖、出租或以其他形式转让的渔船主机功率凭证。

(4) 以欺骗或其他方法非法取得的。

(5) 涂改、伪造、变造、买卖、出租或以其他形式转让的渔业捕捞许可证等。

渔船渔获物情况,确定其种类、数量及存放位置,使用的渔具情况,确定其类型、数量、尺寸及使用状态。

(二) 违法行为的认定

根据《中华人民共和国渔业法》第二十三条第一款的规定,渔船未遵守国家实行的捕捞许可证制度,未获取渔业捕捞许可证,使用无效的渔业捕捞许可证,或未携带渔业捕捞许可证(或其原件)从事渔业捕捞活动的,均构成违法。

(三) 违法行为的处罚

根据《中华人民共和国渔业法》第四十一条规定,无证捕捞的,没收渔获物和违法所得,并处十万元以下的罚款;情节严重的,并可以没收渔具和渔船。

(四) 法条链接

《中华人民共和国渔业法》第二十三条第一款和第二款规定:国家对捕捞业实行捕捞许可证制度。到中华人民共和国与有关国家缔结的协定确定的共同管理的渔区或者公海从事捕捞作业的捕捞许可证,由国务院渔业行政主管部门批准发放。海洋大型拖网、围网作业的捕捞许可证,由省、自治区、直辖市人民政府渔业行政主管部门批准发放。其他作业的捕捞许可证,由县级以上地方人民政府渔业行政主管部门批准发放。

《中华人民共和国渔业法》第四十一条规定:未依法取得捕捞许可证擅自进行捕捞的,没收渔获物和违法所得,并处十万元以下的罚款;情节严重的,并可以没收渔具和渔船。

二、违反捕捞许可关于作业类型、场所、时限和渔具数量的规定进行捕捞

(一) 法条释义

涉案渔船需能出示《渔业捕捞许可证》等相关证件,若无法出示或出示的《渔业捕捞许可证》为无效证件则按"无证捕捞"处理。涉案渔船的实际作业情况需与《渔业捕捞许可证》所核准作业类型、场所、时限的具体规定相同。渔船船载卫星终端所显示的作业场所与作业时限需与《渔业捕捞许可证》所核准的内容相符。对渔船渔获物情况,需确定其种类、数量及存放位置以及携带的渔具数量不能超出相关规定。

(二) 违法行为的认定

根据《中华人民共和国渔业法》第二十五条规定,从事捕捞作业的单位和个

人,未按照捕捞许可证关于作业类型、场所、时限、渔具数量和捕捞限额的规定进行作业,或未遵守国家有关保护渔业资源的规定,大中型渔船未填写渔捞日志的,构成本条的违法行为。

(三) 违法行为的处罚

根据《中华人民共和国渔业法》第四十二条规定,没收渔获物和违法所得,可以并处五万元以下的罚款;情节严重的,并可以没收渔具,吊销捕捞许可证。

(四) 法条链接

《中华人民共和国渔业法》第二十五条规定:从事捕捞作业的单位和个人,必须按照捕捞许可证关于作业类型、场所、时限、渔具数量和捕捞限额的规定进行作业,并遵守国家有关保护渔业资源的规定,大中型渔船应当填写渔捞日志。

《中华人民共和国渔业法》第四十二条规定:违反捕捞许可证关于作业类型、场所、时限和渔具数量的规定进行捕捞的,没收渔获物和违法所得,可以并处五万元以下的罚款;情节严重的,并可以没收渔具,吊销捕捞许可证。

三、涂改、买卖、出租或者以其他形式转让捕捞许可证

(一) 法条释义

涉案渔船现场出示的《渔业捕捞许可证》不可有涂改迹象。《渔业捕捞许可证》中所规定的船舶基本数据需与《渔业船舶检验证书》《渔业船舶国籍(登记)证书》等中所规定的相符。

(二) 违法行为的认定

根据《中华人民共和国渔业法》第二十三条第三款的规定,买卖、出租和以其他形式转让捕捞许可证,涂改、伪造、变造捕捞许可证的,即构成本条的违法行为。

(三) 违法行为的处罚

根据《中华人民共和国渔业法》第四十三条规定,没收违法所得,吊销捕捞许可证,可以并处一万元以下的罚款;伪造、变造、买卖捕捞许可证,构成犯罪的,依法追究刑事责任。

(四) 法条链接

《中华人民共和国渔业法》第二十三条第三款规定:捕捞许可证不得买卖、出租和以其他形式转让,不得涂改、伪造、变造。

《中华人民共和国渔业法》第四十三条规定:涂改、买卖、出租或者以其他形式转让捕捞许可证的,没收违法所得,吊销捕捞许可证,可以并处一万元以下的罚款;伪造、变造、买卖捕捞许可证,构成犯罪的,依法追究刑事责任。

四、相关案例

某市关于杨某未依法取得捕捞许可证擅自进行捕捞案①

【基本案情】

2018年7月23日23时20分,某市渔政渔港监督管理处接到群众举报,有人在某市某江段从事捕捞作业,执法人员与市公安局水上派出所工作人员立即赶往现场。执法人员向当事人出示执法证件后登船检查。经检查,当事人杨某驾驶机动船在某市某江段使用铁船(9.2米×2.35米×0.5米)、水蛭串(840米)从事水蛭捕捞作业,被某市渔政渔港监督管理处执法人员当场查获,对机动船及水蛭串等证据进行登记保存。经调查,当事人杨某没有捕捞许可证,也没有船员证,从朋友处借来铁船一艘,非法从事捕捞作业。

【处理结果】

杨某未依法取得捕捞许可证擅自在某市某江段进行捕捞。某市渔政渔港监督管理处作出渔业行政处罚决定书,作出如下决定:(1)罚款人民币2 000元整;(2)没收水蛭串840米。

【法律依据】

本案中杨某违反了《中华人民共和国渔业法》第二十三条第一款"国家对捕捞业实行捕捞许可制度"及《吉林省渔业管理条例》第十七条"在自然水域和人工繁殖水域内从事捕捞作业的,应当向所在地县级以上人民政府渔业行政主管部门申领捕捞许可证"之规定。依据《吉林省渔业管理条例》第四十七条"违反本例第十七条之规定,未依法取得捕捞许可证擅自进行捕捞的,没收渔获物和违法所得,并处一千元以上三千元以下罚款;情节严重的,并可以没收渔具和渔船"之规定处罚。

【实务要点】

在自然水域和人工繁殖水域内从事捕捞作业的,应当向所在地县级以上人民政府渔业行政主管部门申领捕捞许可证。杨某未取得捕捞许可证的情况下擅自捕捞,构成违法。

未依法取得捕捞许可证擅自进行捕捞的,没收渔获物和违法所得,并处一千元以上三千元以下罚款;情节严重的,并可以没收渔具和渔船。本案中杨某未依法取得捕捞许可证进行非法捕捞,被渔业行政执法机关处以2 000元罚款。

---

① 案件来源:吉林省渔业行政处罚案件卷宗。

第三节　外国人、外国船舶渔业违法行为行政处罚

外国人、外国船舶渔业违法行为是指外国人、外国船舶在我国管辖的海域从事渔业活动未遵守所属国与我国签订的有关渔业协定，未按照双方商定的作业程序和规则作业，并且违反我国有关法律、法规和规章的违法行为。

外国人、外国船舶渔业违法行为的特征：

（1）该行为的违法主体仅包括外国人、外国船舶。

（2）该行为未遵守所属国与我国签订的有关渔业协定，未按照双方商定的作业程序和规则作业，违反我国有关法律、法规和规章。

（3）该行为在我国管辖的海域从事渔业违法活动。其中我国管辖的海域包括我国的内水、领海、专属经济区、大陆架。

一、非法在我国内水、领海从事渔业生产活动

（一）法条释义

该违法行为是指外国人、外国船舶未经我国国务院有关主管部门批准，未遵守我国有关渔业方面法律、法规的规定，在我国内水、领海从事渔业生产活动的行为。其中，内水是指一国领陆范围以内的河流、湖泊和领海基线向陆一面的内海、海湾、海港和海峡内的水域，完全处于一国主权管辖之下，外国船舶非经许可不得入内。领海是指沿海国主权管辖下与其海岸或内水相邻的一定宽度的海域，是国家领土的主要组成部分，包括领海的上空、海床和底土，均享有完全主权，外国船舶仅享有无害通过权。

（二）违法行为的认定

外国人、外国船舶未经我国国务院有关部门的批准，不遵守我国相关法律，擅自进入我国内水、领海非法从事渔业生产活动即构成违法行为。

（三）违法行为的处罚

外国人、外国船舶未经国务院有关主管部门批准、不遵守我国法律，擅自在我国内水、领海非法从事渔业生产活动，根据情节轻重，可分为三个层次处罚：情节较轻的，可责令离开或将其驱逐，没收渔获物、渔具，并处五十万元以下罚款；情节较重的，可没收渔船；构成犯罪的，依法追究刑事责任。

（四）法条链接

《中华人民共和国渔业法》第八条第一款规定："外国人、外国渔业船舶进入中华人民共和国管辖水域，从事渔业生产或者渔业资源调查活动，必须经国务院有

关主管部门批准,并遵守本法和中华人民共和国其他有关法律、法规的规定;同中华人民共和国订有条约、协定的,按照条约、协定办理。"

《中华人民共和国管辖海域外国人、外国船舶渔业活动管理暂行规定》第四条规定:"中华人民共和国内水、领海内禁止外国人、外国船舶从事渔业生产活动;经批准从事生物资源调查活动必须采用与中方合作的方式进行。"

《中华人民共和国渔业法》第四十六条规定:"外国人、外国渔船违反本法规定,擅自进入中华人民共和国管辖水域从事渔业生产和渔业资源调查活动的,责令其离开或者将其驱逐,可以没收渔获物、渔具,并处五十万元以下的罚款;情节严重的,可以没收渔船;构成犯罪的,依法追究刑事责任。"

《中华人民共和国外国人、外国船舶渔业活动管理暂行规定》第十二条规定:"外国人、外国船舶在中华人民共和国内水、领海内有下列行为之一的,可处以没收渔获物、没收渔具、没收调查资料,并按下列数额罚款:(1)从事渔业生产活动的,可处50万元以下罚款;(2)未经批准从事生物资源调查活动的,可处40万元以下罚款;(3)未经批准从事补给或转载鱼货的,可处30万元以下罚款。"

二、未经批准在我国内水、领海从事生物资源调查活动

(一)法条释义

该违法行为是指外国人、外国船舶未经我国国务院有关主管部门批准,未遵守我国有关渔业方面法律、法规的规定,擅自进入我国内水、领海,在我国内水、领海非法从事渔业生物资源调查活动的行为。其中,内水是指一国领陆范围以内的河流、湖泊和领海基线向陆一面的内海、海湾、海港和海峡内的水域,完全处于一国主管管辖之下,外国船舶非经许可不得入内。领海是指沿海国主权管辖下与其海岸或内水相邻的一定宽度的海域,是国家领土的主要组成部分,包括领海的上空、海床和底土,均享有完全主权,外国船舶仅享有无害通过权。

(二)违法行为的认定

外国人、外国船舶,未经我国渔政渔港监督管理局批准,不遵守我国相关法律、法规的规定,擅自进入我国管辖的内水、领海,非法从事渔业生物资源调查活动的构成违法行为。

(三)违法行为的处罚

外国人、外国渔业船舶,未经我国渔政渔港监督管理局批准,不遵守我国相关法律、法规的规定,擅自进入我国管辖的内水、领海,非法从事渔业生物资源调查活动,根据情节轻重,可分为三个层次对其进行处罚:情节较轻的,可责令离开或将其驱逐,没收渔获物、渔具,并处四十万元以下罚款;情节较重的,可没收渔船;构成犯罪的,依法追究刑事责任。

(四)法条链接

《中华人民共和国渔业法》第八条第一款规定:"外国人、外国渔业船舶进入中华人民共和国管辖水域,从事渔业生产或者渔业资源调查活动,必须经国务院有关主管部门批准,并遵守本法和中华人民共和国其他有关法律、法规的规定;同中华人民共和国订有条约、协定的,按照条约、协定办理。"

《中华人民共和国外国人、外国船舶渔业活动管理暂行规定》第三条规定:"任何外国人、外国船舶在中华人民共和国管辖海域内从事渔业生产、生物资源调查等活动的,必须经中华人民共和国渔政渔港监督管理局批准,并遵守中华人民共和国的法律、法规以及中华人民共和国缔结或参加的国际条约与协定。"

《中华人民共和国渔业法》第四十六条规定:"外国人、外国渔船违反本法规定,擅自进入中华人民共和国管辖水域从事渔业生产和渔业资源调查活动的,责令其离开或者将其驱逐,可以没收渔获物、渔具,并处五十万元以下的罚款;情节严重的,可以没收渔船;构成犯罪的,依法追究刑事责任。"

《中华人民共和国外国人、外国船舶渔业活动管理暂行规定》第十二条规定:"外国人、外国船舶在中华人民共和国内水、领海内有下列行为之一的,可处以没收渔获物、没收渔具、没收调查资料,并按下列数额罚款:(1)从事渔业生产活动的,可处 50 万元以下罚款;(2)未经批准从事生物资源调查活动的,可处 40 万元以下罚款;(3)未经批准从事补给或转载鱼货的,可处 30 万元以下罚款。"

三、未经批准在我国内水、领海从事渔业补给、转载渔获物

(一)法条释义

该违法行为是指外国人、外国船舶未经我国国务院有关主管部门批准,不遵守我国有关渔业方面法律、法规的规定,擅自进入我国内水、领海,在我国内水、领海非法从事渔业补给、转载渔获物的行为。其中,内水是指一国领陆范围以内的河流、湖泊和领海基线向陆一面的内海、海湾、海港和海峡内的水域,完全处于一国主管管辖之下,外国船舶非经许可不得入内。领海是指沿海国主权管辖下与其海岸或内水相邻的一定宽度的海域,是国家领土的主要组成部分,包括领海的上空、海床和底土,均享有完全主权,外国船舶仅享有无害通过权。

(二)违法行为的认定

外国人、外国船舶未经我国渔业有关主管部门批准,未按照我国相关规定进行申报,擅自进入我国内水、领海非法从事渔业补给、转载渔获物的,构成违法行为。

(三)违法行为的处罚

外国人、外国船舶未经我国有关渔业主管部门批准,未按照我国相关规定进

行申报,擅自进入我国内水、领海非法从事渔业补给、转载渔获物的,可处以没收渔获物、没收渔具,并处三十万元以下罚款。

(四) 法条链接

《中华人民共和国渔业法》第八条第一款规定:"外国人、外国渔业船舶进入中华人民共和国管辖水域,从事渔业生产或者渔业资源调查活动,必须经国务院有关主管部门批准,并遵守本法和中华人民共和国其他有关法律、法规的规定;同中华人民共和国订有条约、协定的,按照条约、协定办理。"

《中华人民共和国外国人、外国船舶渔业活动管理暂行规定》第九条规定:"在中华人民共和国管辖海域内的外国人、外国船舶,未经中华人民共和国渔政渔港监督管理局批准,不得在船舶间转载渔获物及其制品或补给物品。"

《中华人民共和国外国人、外国船舶渔业活动管理暂行规定》第十二条规定:"外国人、外国船舶在中华人民共和国内水、领海内有下列行为之一的,可处以没收渔获物、没收渔具、没收调查资料,并按下列数额罚款:(1)从事渔业生产活动的,可处50万元以下罚款;(2)未经批准从事生物资源调查活动的,可处40万元以下罚款;(3)未经批准从事补给或转载鱼货的,可处30万元以下罚款。"

四、未经批准在我国专属经济区和大陆架从事渔业生产活动

(一) 法条释义

该违法行为是指外国人、外国船舶未经我国有关渔业主管部门批准,不遵守我国有关渔业方面法律、法规的规定,擅自进入我国专属经济区和大陆架,非法从事渔业生产活动的行为。其中,专属经济区是指领海以外并邻接领海的一个区域,专属经济区从测算领海宽度的基线量起,不应超过200海里。沿海国在专属经济区内享有自然资源的专属勘探开发权以及与此相关的管辖权。大陆架是大陆向海洋的自然延伸,通常被认为是陆地的一部分,从领海基线起算,外部界限为200~350海里,沿海国享有大陆架上的自然资源的专属开发和管辖权。

(二) 违法行为的认定

外国人、外国船舶未经我国有关渔业主管部门批准,不遵守我国相关法律、法规的规定,擅自进入我国专属经济区和大陆架,非法从事渔业生产活动,构成违法行为。

(三) 违法行为的处罚

外国人、外国船舶未经我国有关渔业主管部门的批准,不遵守我国相关法律、法规的规定,擅自进入我国专属经济区和大陆架内,非法从事渔业生产活动的,责令其离开或驱逐,可处没收渔获物、没收渔具,并处四十万元以下罚款。

(四) 法条链接

《中华人民共和国渔业法》第八条第一款规定:"外国人、外国渔业船舶进入中华人民共和国管辖水域,从事渔业生产或者渔业资源调查活动,必须经国务院有关主管部门批准,并遵守本法和中华人民共和国其他有关法律、法规的规定;同中华人民共和国订有条约、协定的,按照条约、协定办理。"

《中华人民共和国外国人、外国船舶渔业活动管理暂行规定》第三条规定:"任何外国人、外国船舶在中华人民共和国管辖海域内从事渔业生产、生物资源调查等活动的,必须经中华人民共和国渔政渔港监督管理局批准,并遵守中华人民共和国的法律、法规以及中华人民共和国缔结或参加的国际条约与协定。"

《中华人民共和国渔业法》第四十六条规定:"外国人、外国渔船违反本法规定,擅自进入中华人民共和国管辖水域从事渔业生产和渔业资源调查活动的,责令其离开或者将其驱逐,可以没收渔获物、渔具,并处五十万元以下的罚款;情节严重的,可以没收渔船;构成犯罪的,依法追究刑事责任。"

《中华人民共和国外国人、外国船舶渔业活动管理暂行规定》第十三条规定:"外国人、外国船舶在中华人民共和国专属经济区和大陆架有下列行为之一的,可处以没收渔获物、没收渔具,并按下列数额罚款:(1)未经批准从事渔业生产活动的,可处 40 万元以下罚款;(2)未经批准从事生物资源调查活动的,可处 30 万元以下罚款;(3)未经批准从事补给或转载鱼货的,可处 20 万元以下罚款。"

五、未经批准在我国专属经济区和大陆架从事生物资源调查活动

(一) 法条释义

该违法行为是指外国人、外国船舶未经我国有关渔业主管部门批准,不遵守我国有关渔业方面法律、法规的规定,擅自进入我国专属经济区和大陆架,非法从事渔业生物资源调查活动的行为。其中,专属经济区是指领海以外并邻接领海的一个区域,专属经济区从测算领海宽度的基线量起,不应超过 200 海里。沿海国在专属经济区内享有自然资源的专属勘探开发权以及与此相关的管辖权。大陆架是大陆向海洋的自然延伸,通常被认为是陆地的一部分,从领海基线起算,外部界限为 200~350 海里,沿海国享有大陆架上的自然资源的专属开发和管辖权。

(二) 违法行为的认定

外国人、外国船舶未经我国有关渔业主管部门批准,不遵守我国相关法律、法规的规定,擅自进入我国专属经济区和大陆架,非法从事渔业生物资源调查活动,构成违法行为。

(三) 违法行为的处罚

外国人、外国船舶未经我国有关渔业主管部门的批准,不遵守我国相关法律、

法规的规定,擅自进入我国专属经济区和大陆架内,非法从事渔业生物资源调查活动的,责令其离开或驱逐,可处没收渔获物、没收渔具,并处三十万元以下罚款。

(四) 法条链接

《中华人民共和国渔业法》第八条第一款规定:"外国人、外国渔业船舶进入中华人民共和国管辖水域,从事渔业生产或者渔业资源调查活动,必须经国务院有关主管部门批准,并遵守本法和中华人民共和国其他有关法律、法规的规定;同中华人民共和国订有条约、协定的,按照条约、协定办理。"

《中华人民共和国外国人、外国船舶渔业活动管理暂行规定》第三条规定:"任何外国人、外国船舶在中华人民共和国管辖海域内从事渔业生产、生物资源调查等活动的,必须经中华人民共和国渔政渔港监督管理局批准,并遵守中华人民共和国的法律、法规以及中华人民共和国缔结或参加的国际条约与协定。"

《中华人民共和国渔业法》第四十六条规定:"外国人、外国渔船违反本法规定,擅自进入中华人民共和国管辖水域从事渔业生产和渔业资源调查活动的,责令其离开或者将其驱逐,可以没收渔获物、渔具,并处五十万元以下的罚款;情节严重的,可以没收渔船;构成犯罪的,依法追究刑事责任。"

《中华人民共和国外国人、外国船舶渔业活动管理暂行规定》第十三条规定:"外国人、外国船舶在中华人民共和国专属经济区和大陆架有下列行为之一的,可处以没收渔获物、没收渔具,并按下列数额罚款:(1)未经批准从事渔业生产活动的,可处40万元以下罚款;(2)未经批准从事生物资源调查活动的,可处30万元以下罚款;(3)未经批准从事补给或转载鱼货的,可处20万元以下罚款。"

六、未经批准在我国专属经济区和大陆架从事渔业补给或转载渔获物

(一) 法条释义

该行为是指外国船舶在未持有有效的批准书或许可证的情况下在我国专属经济区和大陆架从事渔业补给或转载渔获物的活动。

(二) 违法行为的认定

外国人、外国船舶未经我国有关渔业主管部门批准,不遵守我国相关法律、法规的规定,擅自在我国专属经济区和大陆架从事渔业补给或转载渔获物活动的,构成违法行为。

(三) 违法行为的处罚

外国人、外国船舶在我国专属经济区和大陆架从事渔业补给或转载渔获物活动的,应取得我国相关部门的批准,违反此规定的,可处没收渔获物、没收渔具,处

二十万元以下罚款。

（四）法条链接

《中华人民共和国外国人、外国船舶渔业活动管理暂行规定》第九条规定：在中华人民共和国管辖海域内的外国人、外国船舶，未经中华人民共和国渔政渔港监督管理局批准，不得在船舶间转载渔获物及其制品或补给物品。

《中华人民共和国外国人、外国船舶渔业活动管理暂行规定》第十三条规定：外国人、外国船舶在中华人民共和国专属经济区和大陆架有下列行为之一的，可处以没收渔获物、没收渔具，并按下列数额罚款：(1) 未经批准从事渔业生产活动的，可处 40 万元以下罚款；(2) 未经批准从事生物资源调查活动的，可处 30 万元以下罚款；(3) 未经批准从事补给或转载鱼货的，可处 20 万元以下罚款。

七、未按许可的作业区域、时间、类型、船舶功率或吨位作业

（一）法条释义

该行为是指取得入渔许可，在我国专属经济区或大陆架内从事渔业生产、生物资源调查活动的外国船舶作业时的作业区域、时间、类型以及船舶功率或吨位不符合相关规定。

（二）违法行为认定

外国人、外国船舶未取得入渔许可，未按许可证确定的作业船舶、作业区域、作业时间、作业类型、渔获数量等有关事项作业，构成违法行为。

（三）违法行为的处罚

经批准作业的外国人、外国船舶领取许可证后，按许可证确定的作业船舶、作业区域、作业时间、作业类型、渔获数量等有关事项作业，对于违反此规定的外国船舶可以没收渔获物，没收渔具，处以三十万元以下罚款。

（四）法条链接

《中华人民共和国渔业法》第八条第一款规定：外国人、外国渔业船舶进入中华人民共和国管辖水域，从事渔业生产或者渔业资源调查活动，必须经国务院有关主管部门批准，并遵守本法和中华人民共和国其他有关法律、法规的规定；同中华人民共和国订有条约、协定的，按照条约、协定办理。

《中华人民共和国外国人、外国船舶渔业活动管理暂行规定》第八条规定：经批准作业的外国人、外国船舶领取许可证后，按许可证确定的作业船舶、作业区域、作业时间、作业类型、渔获数量等有关事项作业，并按照中华人民共和国渔政渔港监督管理局的有关规定填写捕捞日志、悬挂标志和执行报告制度。第十四条规定，外国人、外国船舶经批准在中华人民共和国专属经济区和大陆架从事渔业

生产、生物资源调查活动,有下列行为之一的,可处以没收渔获物、没收渔具和 30 万元以下罚款的处罚:(1) 未按许可的作业区域、时间、类型、船舶功率或吨位作业的;(2) 超过核定捕捞配额的。

八、超过核定捕捞配额

(一) 法条释义

该行为是指取得入渔许可,在我国专属经济区或大陆架内从事渔业生产、生物资源调查活动的外国船舶在从事上述活动时超过了核定的捕捞配额。

(二) 违法行为的认定

外国人、外国船舶经批准在中华人民共和国专属经济区和大陆架从事渔业生产、生物资源调查活动时超过核定的捕捞配额,构成违法行为。

(三) 违法行为的处罚

外国人、外国船舶经批准在中华人民共和国专属经济区和大陆架从事渔业生产、生物资源调查活动时不可超过核定的捕捞配额。违反该规定的,可以没收渔获物,没收渔具和处 30 万元以下罚款。

(四) 法条链接

《中华人民共和国渔业法》第八条第一款规定:外国人、外国渔业船舶进入中华人民共和国管辖水域,从事渔业生产或者渔业资源调查活动,必须经国务院有关主管部门批准,并遵守本法和中华人民共和国其他有关法律、法规的规定;同中华人民共和国订有条约、协定的,按照条约、协定办理。

《中华人民共和国外国人、外国船舶渔业活动管理暂行规定》第八条规定:经批准作业的外国人、外国船舶领取许可证后,按许可证确定的作业船舶、作业区域、作业时间、作业类型、渔获数量等有关事项作业,并按照中华人民共和国渔政渔港监督管理局的有关规定填写捕捞日志、悬挂标志和执行报告制度。第十四条规定:外国人、外国船舶经批准在中华人民共和国专属经济区和大陆架从事渔业生产、生物资源调查活动,有下列行为之一的,可处以没收渔获物、没收渔具和 30 万元以下罚款的处罚:(1) 未按许可的作业区域、时间、类型、船舶功率或吨位作业的;(2) 超过核定捕捞配额的。

九、未按规定填写渔捞日志

(一) 法条释义

该行为是指取得入渔许可,在我国专属经济区或大陆架内从事渔业生产、生物资源调查活动的外国船舶在进行相关作业时没有按照规定填写渔捞日志。

（二）违法行为的认定

经批准作业的外国人、外国船舶领取许可证后，未按照中华人民共和国渔政渔港监督管理局的有关规定填写捕捞日志、悬挂标志和执行报告制度，构成违法行为。

（三）违法行为的处罚

对于外国人、外国船舶经批准在中华人民共和国专属经济区和大陆架从事渔业生产、生物资源调查活动时未按规定填写渔捞日志的，可以没收渔获物，没收渔具和处5万元以下罚款。

（四）法条链接

《中华人民共和国渔业法》第八条第一款规定：外国人、外国渔业船舶进入中华人民共和国管辖水域，从事渔业生产或者渔业资源调查活动，必须经国务院有关主管部门批准，并遵守本法和中华人民共和国其他有关法律、法规的规定；同中华人民共和国订有条约、协定的，按照条约、协定办理。

《中华人民共和国外国人、外国船舶渔业活动管理暂行规定》第八条规定：经批准作业的外国人、外国船舶领取许可证后，按许可证确定的作业船舶、作业区域、作业时间、作业类型、渔获数量等有关事项作业，并按照中华人民共和国渔政渔港监督管理局的有关规定填写捕捞日志、悬挂标志和执行报告制度。

《中华人民共和国外国人、外国船舶渔业活动管理暂行规定》第十五条规定：外国人、外国船舶经批准在中华人民共和国专属经济区和大陆架从事渔业生产、生物资源调查活动，有下列行为之一的，可处以没收渔获物、没收渔具和5万元以下罚款的处罚：(1)未按规定填写渔捞日志的；(2)未按规定向指定的监督机构报告船位、渔捞情况等信息的；(3)未按规定标识作业船舶的；(4)未按规定的网具规格和网目尺寸作业的。

十、未按规定向指定的监督机构报告船位、渔捞情况、其他信息

（一）法条释义

该行为是指取得相关有效的批准书或许可证在我国专属经济区或大陆架内从事渔业生产、生物资源调查活动的外国船舶没有按照规定向指定的监督机构报告船位、渔捞情况等信息。

（二）违法行为的认定

外国人、外国船舶经批准在中华人民共和国专属经济区和大陆架从事渔业生产、生物资源调查活动，未按规定向我国有关机构报告船位、渔捞情况等其他信息，构成违法行为。

(三) 违法行为的处罚

外国人、外国船舶经批准在中华人民共和国专属经济区和大陆架从事渔业生产、生物资源调查活动,应按规定向我国有关机构报告船位、渔捞情况等其他信息。违反该规定的可以没收渔获物,没收渔具和处 5 万元以下罚款。

(四) 法条链接

《中华人民共和国渔业法》第八条第一款规定:外国人、外国渔业船舶进入中华人民共和国管辖水域,从事渔业生产或者渔业资源调查活动,必须经国务院有关主管部门批准,并遵守本法和中华人民共和国其他有关法律、法规的规定;同中华人民共和国订有条约、协定的,按照条约、协定办理。

《中华人民共和国外国人、外国船舶渔业活动管理暂行规定》第八条规定:经批准作业的外国人、外国船舶领取许可证后,按许可证确定的作业船舶、作业区域、作业时间、作业类型、渔获数量等有关事项作业,并按照中华人民共和国渔政渔港监督管理局的有关规定填写捕捞日志、悬挂标志和执行报告制度。

《中华人民共和国外国人、外国船舶渔业活动管理暂行规定》第十五条规定:外国人、外国船舶经批准在中华人民共和国专属经济区和大陆架从事渔业生产、生物资源调查活动,有下列行为之一的,可处以没收渔获物、没收渔具和 5 万元以下罚款的处罚:(1) 未按规定填写渔捞日志的;(2) 未按规定向指定的监督机构报告船位、渔捞情况等信息的;(3) 未按规定标识作业船舶的;(4) 未按规定的网具规格和网目尺寸作业的。

十一、未按规定标识作业船舶

(一) 法条释义

该行为是指取得相关有效的批准书或许可证在我国专属经济区或大陆架内从事渔业生产、生物资源调查活动的外国船舶的船舶标识不符合相关规定。经批准作业的外国人、外国船舶领取许可证后,按照中华人民共和国渔政渔港监督管理局的有关规定填写捕捞日志、悬挂标志。

(二) 违法行为的认定

外国人、外国渔业船舶取得相关有效的批准书或许可证在我国专属经济区或大陆架内从事渔业生产、生物资源调查活动而未按规定标识作业船舶,构成违法行为。

(三) 违法行为的处罚

外国人、外国渔业船舶进入中华人民共和国管辖水域,从事渔业生产或者渔业资源调查活动,必须经国务院有关主管部门批准,并遵守本法和中华人民共和国其他有关法律、法规的规定。违反该规定的可以没收渔获物,没收渔具和处 5 万元以下罚款。

(四) 法条链接

《中华人民共和国渔业法》第八条第一款规定:外国人、外国渔业船舶进入中华人民共和国管辖水域,从事渔业生产或者渔业资源调查活动,必须经国务院有关主管部门批准,并遵守本法和中华人民共和国其他有关法律、法规的规定;同中华人民共和国订有条约、协定的,按照条约、协定办理。

《中华人民共和国外国人、外国船舶渔业活动管理暂行规定》第八条规定:经批准作业的外国人、外国船舶领取许可证后,按许可证确定的作业船舶、作业区域、作业时间、作业类型、渔获数量等有关事项作业,并按照中华人民共和国渔政渔港监督管理局的有关规定填写捕捞日志、悬挂标志和执行报告制度。

《外国人、外国船舶渔业活动管理暂行规定》第十五条规定:外国人、外国船舶经批准在中华人民共和国专属经济区和大陆架从事渔业生产、生物资源调查活动,有下列行为之一的,可处以没收渔获物、没收渔具和 5 万元以下罚款的处罚:(1) 未按规定填写渔捞日志的;(2) 未按规定向指定的监督机构报告船位、渔捞情况等信息的;(3) 未按规定标识作业船舶的;(4) 未按规定的网具规格和网目尺寸作业的。

十二、未按规定的网具规格和网目尺寸作业

(一) 法条释义

该违法行为是指取得入渔许可的外国船舶在我国专属经济区或大陆架内从事渔业生产、生物资源调查活动中使用的网具规格和网目尺寸不符合规定。

(二) 违法行为的认定

外国人、外国船舶经批准在中华人民共和国专属经济区和大陆架从事渔业生产、生物资源调查活动的,未按规定的网具规格和网目尺寸作业,构成违法行为。

(三) 违法行为的处罚

外国人、外国船舶经批准在中华人民共和国专属经济区和大陆架从事渔业生产、生物资源调查活动的,应使用规定的网具规格和网目尺寸进行作业。对于未按规定的网具规格和网目尺寸作业的,可以没收渔获物,没收渔具和处 5 万元以下罚款。

(四) 法条链接

《中华人民共和国渔业法》第八条第一款规定:外国人、外国渔业船舶进入中

华人民共和国管辖水域,从事渔业生产或者渔业资源调查活动,必须经国务院有关主管部门批准,并遵守本法和中华人民共和国其他有关法律、法规的规定;同中华人民共和国订有条约、协定的,按照条约、协定办理。

《中华人民共和国外国人、外国船舶渔业活动管理暂行规定》第八条规定:经批准作业的外国人、外国船舶领取许可证后,按许可证确定的作业船舶、作业区域、作业时间、作业类型、渔获数量等有关事项作业,并按照中华人民共和国渔政渔港监督管理局的有关规定填写捕捞日志、悬挂标志和执行报告制度。

《中华人民共和国外国人、外国船舶渔业活动管理暂行规定》第十五条规定:外国人、外国船舶经批准在中华人民共和国专属经济区和大陆架从事渔业生产、生物资源调查活动,有下列行为之一的,可处以没收渔获物、没收渔具和5万元以下罚款的处罚:(1)未按规定填写渔捞日志的;(2)未按规定向指定的监督机构报告船位、渔捞情况等信息的;(3)未按规定标识作业船舶的;(4)未按规定的网具规格和网目尺寸作业的。

十三、外国船舶未取得入渔许可或取得入渔许可但航行于许可区域以外,未将渔具收入舱内或未按规定捆扎、覆盖

(一)法条释义

该行为是指外国船舶未取得我国政府部门颁发的从事渔业活动的批准证书或许可证在我国内水、领海、专属经济区或大陆架内从事渔业活动,或者持有入渔许可但航行于许可作业区域外的行为,以及渔具的持有和存放状态不符合规定的行为,如未将渔具收入舱内;未对渔具进行捆扎、覆盖;渔具的捆扎、覆盖不符合规定。

(二)违法行为的认定

外国船舶未取得我国政府部门颁发的从事渔业活动的批准证书或许可证在我国内水、领海、专属经济区或大陆架内从事渔业活动,或者持有入渔许可但航行于许可作业区域外,未将渔具收入舱内或未按规定捆扎、覆盖,构成违法行为。

(三)违法行为的处罚

未取得入渔许可进入中华人民共和国管辖水域,或取得入渔许可但航行于许可作业区域以外的外国船舶,未将渔具收入舱内或未按规定捆扎、覆盖的,可给予没收渔具和3万元以下罚款的处罚。

(四)法条链接

《中华人民共和国渔业法》第八条第一款规定:外国人、外国渔业船舶进入中华人民共和国管辖水域,从事渔业生产或者渔业资源调查活动,必须经国务院有

关主管部门批准,并遵守本法和中华人民共和国其他有关法律、法规的规定;同中华人民共和国订有条约、协定的,按照条约、协定办理。

《中华人民共和国外国人、外国船舶渔业活动管理暂行规定》第十六条规定:未取得入渔许可进入中华人民共和国管辖水域,或取得入渔许可但航行于许可作业区域以外的外国船舶,未将渔具收入舱内或未按规定捆扎、覆盖的,中华人民共和国渔政渔港监督管理机构可处以没收渔具和 3 万元以下罚款的处罚。

十四、相关案例

案例一[①]

2006 年 3 月,中国渔政 33201 船在执行专属经济区渔政巡航任务时查获一艘韩国违规渔船。这是《中韩渔业协定》生效以来,我国渔政部门第二次在东海海域查获韩国籍违规渔船。目前该案已经办结,韩国渔船在接受处罚后回国。

2006 年 3 月 25 日,当年首次承担专属经济区渔政巡航任务的中国渔政 33201 船,在东经 123 度 28 分、北纬 27 度 26 分海域对一艘入渔我国管辖水域作业的韩国渔船进行了例行检查。该船船名号为 100MYEONG GYEONG,我国颁发的入渔许可证号为 KE-1020,系韩国南济洲郡钓业渔船,船上共有 8 名船员。我渔政执法人员在登临检查中发现,该船未按规定填写捕捞日志及标识入渔标志,涉嫌违反了我国有关的法律规定,经请示有关部门同意后,对其作出了扣押回港作进一步调查的决定。

2006 年 3 月 26 日,100MYEONG GYEONG 船被我渔政船押送至浙江省象山县石浦港,到达港口后我渔政执法人员立即就案件展开了调查取证。其间,韩国驻上海领事馆领事也专程赶到石浦看望韩国船员,了解有关情况。经调查取证后确认,该船违法事实清楚,证据充分,经报国家渔政渔港监督管理局审核后,浙江省宁波市海洋与渔业执法支队依据《中华人民共和国渔业法》《中华人民共和国管辖海域外国人、外国船舶渔业活动管理暂行规定》对韩国违规渔船作出了没收渔获物、罚款人民币 4 万元的处罚决定。

100MYEONG GYEONG 船船长赵芳显(音译)接受了我国渔政部门作出的处罚,并对我渔政人员对他们的关心和照料表示感谢。据悉,100MYEONG GYEONG 船现已交纳了罚款,并于 2006 年 3 月 29 日在中国渔政 33201 船的引领下离开石浦港。

---

① 中国渔政查获韩国违规渔船.[EB/OL].(2006-04-10)[2020-06-09].www.yyj.moa.gov.cn/yzgl/201904/t20190428_6262676.htm

案例二[①]

2012年3月4日,中国渔政306船在中国西沙内水海域查获两艘侵权侵渔的越南渔船(船名号分别为QNG66101TS和QNG66074TS)及21名越南籍渔民。

查获时,这两艘越南渔船正在从事炸鱼活动,船上共有25公斤炸药、85个雷管、2捆导火线等作案工具及渔获物数百公斤。鉴于这两艘渔船违法情节严重,中国渔政部门作出如下处罚决定:没收QNG66101TS渔船及全部渔获物和作业工具;没收QNG66074TS渔船全部渔获物和作业工具。

2012年4月20日下午,在海况条件允许下,越南渔民签署保证书后,中国农业部南海区渔政局指派中国渔政306船将越南QNG66074TS渔船和21名渔民押送出西沙12海里外后放行。

近年来,大批外籍渔船非法进入西沙海域从事侵权侵渔活动,严重侵犯中国西沙主权和海洋权益。中国农业部南海区渔政局2004年以来组织开展西沙日常监管和护渔专项行动168次;查处外籍侵渔渔船69艘次,没收侵渔渔船8艘;驱赶1293艘次,没收炸药900多公斤,坚决依法查处外籍渔船侵权侵渔案件,有力地维护了西沙群岛主权和渔业权益。

案例三[②]

2016年5月11日,南极海洋生物资源养护委员会向我国农业部通报,一艘涉嫌违规转载南极犬牙鱼的柬埔寨籍冷藏运输船进入中国港口,希望对其进行港口检查。

经检查,该船船东和货主是红星有限公司,注册地是伯利兹,船舶注册国籍是柬埔寨,货物运输目的地是越南。该船已经离开烟台港,卸载的货物包括5个集装箱约110吨渔获物。

经科学检测,证实货物为南极犬牙鱼,国内市场称为银鳕鱼。根据南极海洋生物资源养护委员会有关养护措施规定,转载南极犬牙鱼需提供合法捕捞证明。检查时,该批货物代理公司不能提供相关合法捕捞证明。因此,将该批货物暂扣在烟台港,并将有关港口检查情况通报委员会。

经南极海洋生物资源养护委员会研究,确认将该外籍运输船列入IUU(非法、不报告和不受管制)渔船名单,并请中国政府对该批IUU渔获物予以处置。农业部会同外交部、山东省海洋与渔业厅、烟台市海洋与渔业局等有关方面,组织实施本次拍卖活动。

这是我国首次成功处置外籍IUU渔船非法转载渔获物案件。此次货物拍卖所得在扣除必要支出后,中国政府将全部捐献给南极海洋生物资源养护委员会,以支持打击南极IUU渔业活动,养护南极海洋生物资源。

---

① 中国山东网. http://news.sdchina.com/show/2289223.html.
② 新华网. http://k.sina.com.cn/article_2810373291_a782e4ab0200096is.html.

第五章
海洋渔业港航安全行政处罚

第一节　违反渔港管理行为行政处罚

一、未按规定办理进出渔港签证

（一）法条释义

该行为是指船舶进出港口未按照规定到渔政渔港监督管理机关办理进出渔港签证。船舶应持有《渔业船舶航行签证簿》，《渔业船舶航行签证簿》中船舶概况栏填写的内容应与国际证书和船舶检验证书一致，所在船员信息应该与实际相符。

（二）违法行为的认定

该行为表现为船舶在进出港口中未按规定办理进出渔港签证，只要证明了该船舶未办理机关签证，即可认定构成违法行为，不论其是否造成事故或经济损失均可依法对其进行处罚。根据违法情节，可对其进行从轻处罚或从重处罚。

（三）违法行为的处罚

根据《中华人民共和国渔业港航监督行政处罚规定》第九条及《中华人民共和国渔港水域交通安全管理条例》第二十条规定，对船长予以警告，并可处50元以上500元以下罚款；情节严重的，扣留其职务船员证书3至6个月；情节特别严重的，吊销船长证书。

（四）法条链接

《中华人民共和国渔港水域交通安全管理条例》第二十条规定：船舶进出渔港依照规定应当到渔政渔港监督管理机关办理签证而未办理签证的，或者在渔港内不服从渔政渔港监督管理机关对水域交通安全秩序管理的，由渔政渔港监督管理机关责令改正，可以并处警告、罚款；情节严重的，扣留或者吊销船长职务证书（扣留职务证书时间最长不超过六个月）。

《中华人民共和国渔业港航监督行政处罚规定》第九条规定：有下列行为之一

的,对船长予以警告,并可处 50 元以上 500 元以下罚款;情节严重的,扣留其职务船员证书 3 至 6 个月;情节特别严重的,吊销船长证书:(一)船舶进出渔港应当按照有关规定到渔政渔港监督管理机关办理签证而未办理签证的;(二)在渔港内不服从渔政渔港监督管理机关对渔港水域交通安全秩序管理的;(三)在渔港内停泊期间,未留足值班人员的。

二、违反水域交通安全秩序管理

(一)法条释义

渔港内的船舶必须服从渔政渔港监督管理机关对水域交通安全秩序的管理,这是渔业企业和渔民的义务。违反水域交通安全管理秩序主要是指船舶在渔港内不服从渔政渔港监督管理机关对渔港水域交通安全秩序的管理,不配合渔政渔港监督管理机构对渔业和渔船实施安全管理。

(二)违法行为的认定

该违法行为的主体为船舶实际拥有者,即渔业企业或渔民,主要表现为船舶在港内不服从或不配合监管机构对其进行的交通安全秩序管理和安全管理。在执法过程中,执法人员需要证明船舶在港内滞留期间不按规定航行或不配合监管机构对其管理并留存相关证据,不论是否造成港内交通或安全事故,执法机关均可依照相关法律法规对其进行处罚。船舶拥有者在港内滞留期间配合监管部门的实际情况等,应当作为从轻或者从重处罚的情节予以考虑。

(三)违法行为的处罚

根据《中华人民共和国渔业港航监督行政处罚规定》第九条及《中华人民共和国渔港水域交通安全管理条例》第二十条规定,对船长予以警告,并可处 50 元以上 500 元以下罚款;情节严重的,扣留其职务船员证书 3 至 6 个月;情节特别严重的,吊销船长证书。

(四)法条链接

《中华人民共和国渔港水域交通安全管理条例》第二十条规定:船舶渔港内不服从渔政渔港监督管理机关对水域交通安全秩序管理的,由渔政渔港监督管理机关责令改正,可以并处警告、罚款;情节严重的,扣留或者吊销船长职务证书(扣留职务证书时间最长不超过六个月)。

《中华人民共和国渔业港航监督行政处罚规定》第九条规定:有下列行为之一的,对船长予以警告,并可处 50 元以上 500 元以下罚款;情节严重的,扣留其职务船员证书 3 至 6 个月;情节特别严重的,吊销船长证书:(一)船舶进出渔港应当按照有关规定到渔政渔港监督管理机关办理签证而未办理签证的;(二)在渔港内不服从渔政渔港监督管理机关对渔港水域交通安全秩序管理的;(三)在渔港内停泊期间,未留足值班人员的。

三、未按规定在渔港内进行装卸货物、施工、养殖等活动

(一)法条释义

渔业企业和渔民虽然有权根据国家规定在渔港内新建、改建、扩建各种设施,或者进行其他水上、水下施工作业,但必须在相关的规定之内。该违法行为总体包括三个方面:第一,未经渔政渔港监督管理机关批准或未按批准文件的规定,在渔港内装卸易燃、易爆、有毒等危险货物;第二,未经渔政渔港监督管理机关批准,在渔港内新建、改建、扩建各种设施,或者进行其他水上、水下施工作业;第三,在渔港内的航道、港池、锚地和停泊区从事有碍海上交通安全的捕捞、养殖等生产活动。

(二)违法行为的认定

该违法行为的主要表现为,责任人在未经监管机构批准或未按批准在渔港内进行货物装卸、施工、养殖等活动,只要证明其行为未获批准或超越批准,不论其行为是否造成事故或损失均可依法对其进行处罚。该违法行为对渔港可能造成的损失和安全隐患等,应当作为从轻或者从重处罚的情节予以考虑。

(三)违法行为的处罚

根据《中华人民共和国渔业港航监督行政处罚规定》第十条及《中华人民共和国渔港水域交通安全管理条例》第二十一条规定,对于上述违法行为,渔政渔港监督管理机关应责令相关单位停止作业,并对其船长或直接责任人员予以警告,并可处 500 元以上 1 000 元以下罚款。

(四)法条链接

《中华人民共和国渔港水域交通安全管理条例》第二十一条规定:违反本条例规定,有下列行为之一的,由渔政渔港监督管理机关责令停止违法行为,可以并处警告、罚款;造成损失的,应当承担赔偿责任;对直接责任人员由其所在单位或者上级主管机关给予行政处分:(一)未经渔政渔港监督管理机关批准或者未按照批准文件的规定,在渔港内装卸易燃、易爆、有毒等危险货物的;(二)未经渔政渔港监督管理机关批准,在渔港内新建、改建、扩建各种设施或者进行其他水上、水下施工作业的;(三)在渔港内的航道、港池、锚地和停泊区从事有碍海上交通安全的捕捞、养殖等生产活动的。

《中华人民共和国渔业港航监督行政处罚规定》第十条规定:有下列违反渔港管理规定行为之一的,渔政渔港监督管理机关应责令其停止作业,并对船长或直

接责任人予以警告,并可处 500 元以上 1 000 元以下罚款:(一)未经渔政渔港监督管理机关批准或未按批准文件的规定,在渔港内装卸易燃、易爆、有毒等危险货物的;(二)未经渔政渔港监督管理机关批准,在渔港内新建、改建、扩建各种设施,或者进行其他水上、水下施工作业的;(三)在渔港内的航道、港池、锚地和停泊区从事有碍海上交通安全的捕捞、养殖等生产活动的。

四、未按规定持有防污证书与文书,或不如实记录涉及污染物排放及操作信息

(一)法条释义

该违法行为可以包括三个方面:第一,船舶未持有防止海洋环境污染的证书与文书。第二,未按规定要求记载涉污作业,有错记、漏记或涂改,记录者未按规定签名。第三,记录未能反映污染物排放及操作情况(配合检查轮机日志)。

(二)违法行为的认定

该违法行为的主要表现为未持有相关证书与文书和未按规定记录涉污作业,只需证明船舶责任人未持有防污证书与文书或未按规定进行涉污作业记录及操作即可根据相关法律法规对相关责任人进行处罚。涉污行为的严重程度、涉污作业记录情况及例行检查轮机日志的配合程度等,应当作为从轻或者从重处罚的情节予以考虑。

(三)违法行为的处罚

根据《中华人民共和国渔业港航监督行政处罚规定》第十二条及《中华人民共和国海洋环境保护法》第六十二条规定,可对该船船长予以警告,情节严重的并处 100 元以上 1 000 元以下罚款。

(四)法条链接

《中华人民共和国渔业港航监督行政处罚规定》第十二条规定:有下列行为之一的,对船长予以警告,情节严重的,并处 100 元以上 1 000 元以下罚款:(一)未经批准,擅自使用化学消油剂;(二)未按规定持有防止海洋环境污染的证书与文书,或不如实记录涉及污染物排放及操作。

《中华人民共和国海洋环境保护法》第六十二条规定:在中华人民共和国管辖海域,任何船舶及相关作业不得违反本法规定向海洋排放污染物、废弃物和压载水、船舶垃圾及其他有害物质。从事船舶污染物、废弃物、船舶垃圾接收、船舶清舱、洗舱作业活动的,必须具备相应的接收处理能力。

五、造成航标与设施损坏或者失效、失位、流失而不向主管机关报告

（一）法条释义

该违法行为主要包括两个方面：第一，船舶在进入渔港期间对所设置的航标及设施造成了损坏或者位移，导致航标失效，设施损坏，进而影响渔港航行安全。第二，在航行过程中，由于未控制船舶航线，导致航标遗失而引发的标志不清存在安全隐患。出现上述安全隐患之后，不向主管部门积极报告并进行赔偿，会导致累积更大的安全隐患。

（二）违法行为的认定

该违法行为表现为船舶在渔港航行期间未按规定航行对航标设施的位置及功能造成的损坏进而造成渔港安全隐患，且损坏后不向主管部门报告并赔偿。在执法过程中，只需认定责任人对航标设施造成损坏、失效及遗失从而影响渔港的航行安全，就可以根据相关法律法规进行处罚和责任追究。航标设施损坏的数量、程度及损坏后的补救行为等，应当作为从轻或者从重处罚的情节予以考虑。

（三）违法行为的处罚

根据《中华人民共和国渔业港航监督行政处罚规定》第三十条及《中华人民共和国海上交通安全法》第二十三条规定，应责令其照价赔偿，并对责任船舶或责任人员处500元以上1000元以下罚款。

（四）法条链接

《中华人民共和国渔业港航监督行政处罚规定》第三十条规定：对损坏航标或其他助航、导航标志和设施，或造成上述标志、设施失效、移位、流失的船舶或人员，应责令其照价赔偿，并对责任船舶或责任人员处500元以上1000元以下罚款。故意造成第一款所述结果或虽不是故意但事情发生后隐瞒不向渔政渔港监督管理机关报告的，应当从重处罚。

《中华人民共和国海上交通安全法》第二十三条规定：禁止损坏助航标志和导航设施。损坏助航标志或导航设施的，应当立即向主管机关报告，并承担赔偿责任。

六、造成渔业船舶水上安全事故

（一）法条释义

该违法行为主要指的是渔业船舶在水上航行期间与港口设施及其他船舶发生碰撞、沉没等事故，或者是船舶在自主航行期间由于违规操作而导致的沉船倾覆事故。

（二）违法行为的认定

该违法行为主要表现为船舶在港区航行期间发生事故，只要证明事故发生，不论是否造成经济损失或人员伤亡，均可对相关责任人进行处罚。事故的严重程度、造成的损失、人员伤亡情况及事故后施救行为等，应当作为从轻或者从重处罚的情节予以考虑。

（三）违法行为的处罚

根据《中华人民共和国渔业港航监督行政处罚规定》第三十一条及《中华人民共和国渔港水域交通安全管理条例》第十九条规定，渔业船舶在水上航行期间造成特大事故的，处以 3 000 元以上 5 000 元以下罚款，吊销职务船员证书；造成重大事故的，予以警告，处以 1 000 元以上 3 000 元以下罚款，扣留其职务船员证书 3 至 6 个月；造成一般事故的，予以警告，处以 100 元以上 1 000 元以下罚款，扣留职务船员证书 1 至 3 个月。

（四）法条链接

《中华人民共和国渔港水域交通安全管理条例》第十九条规定：渔港内的船舶、设施发生事故，对海上交通安全造成或者可能造成危害，渔政渔港监督管理机关有权对其采取强制性处置措施。

《中华人民共和国渔业港航监督行政处罚规定》第三十一条规定：违反港航法律、法规造成水上交通事故的，对船长或直接责任人按以下规定处罚：（一）造成特大事故的，处以 3 000 元以上 5 000 元以下罚款，吊销职务船员证书；（二）造成重大事故的，予以警告，处以 1 000 元以上 3 000 元以下罚款，扣留其职务船员证书 3 至 6 个月；（三）造成一般事故的，予以警告，处以 100 元以上 1 000 元以下罚款，扣留职务船员证书 1 至 3 个月。事故发生后，不向渔政渔港监督管理机关报告、拒绝接受渔政渔港监督管理机关调查或在接受调查时故意隐瞒事实、提供虚假证词或证明的，从重处罚。

七、不提供救助或不服从有关单位救助指挥

（一）法条释义

该违法行为可分为两个方面。一方面是当船舶出现在他船（人）的遇险水域，船长（船舶所有人）或当班驾驶员发现有人遇险、遇难或者收到求救信号后应当提供救助而未提供救助。另一方面是船舶发生碰撞事故，接到渔政渔港监督管理机关守候现场或到指定地点接受调查的指令后，应在现场或者指定地点等候。若擅自离开现场或者拒不到指定地点，将构成该违法行为。

(二)违法行为的认定

该违法行为主要表现为责任人在他船(人)遇险水域不施救或出现事故并接到监管部门指令后不按规定停泊以接受检查和调查,只要证明责任人存在上述情况即可按照相关法律法规进行处罚。船舶的救助能力和行为及不服从指挥造成的事故后果等,应当作为从轻或者从重处罚的情节予以考虑。

(三)违法行为的处罚

根据《中华人民共和国渔业港航监督行政处罚规定》第三十二条、第三十三条及《中华人民共和国海上交通安全法》第三十六条、第三十七条规定,可对船长处500元以上1 000元以下罚款,扣留职务船员证书3至6个月;造成严重后果的,吊销职务船员证书。

(四)法条链接

《中华人民共和国渔业港航监督行政处罚规定》第三十二条规定:有下列行为之一的,对船长处500元以上1 000元以下罚款,扣留职务船员证书3至6个月;造成严重后果的,吊销职务船员证书:(一)发现有人遇险、遇难或收到求救信号,在不危及自身安全的情况下,不提供救助或不服从渔政渔港监督管理机关救助指挥;(二)发生碰撞事故,接到渔政渔港监督管理机关守候现场或到指定地点接受调查的指令后,擅离现场或拒不到指定地点。

《中华人民共和国渔业港航监督行政处罚规定》第三十三条规定:发生水上交通事故的船舶,有下列行为之一的,对船长处50元以上500元以下罚款:(一)未按规定时间向渔政渔港监督管理机关提交《海事报告书》的;(二)《海事报告书》内容不真实,影响海损事故的调查处理工作的。发生涉外海事,有上述情况的,从重处罚。

《中华人民共和国海上交通安全法》第三十六条规定:事故现场附近的船舶、设施,收到求救信号或发现有人遭遇生命危险时,在不严重危及自身安全的情况下,应当尽力救助遇难人员,并迅速向主管机关报告现场情况和本船舶、设施的名称、呼号和位置。第三十七条规定:发生碰撞事故的船舶、设施,应当互通名称、国籍和登记港,并尽一切可能救助遇难人员。在不严重危及自身安全的情况下,当事船舶不得擅自离开事故现场。

八、案例解析

（一）××渔1××××未办理进出渔港签证①

【简要案情】

2017年4月14日,××渔1××××船从临海出发,并于当日到达某水域,2017年4月17日15时在某渔港内锚泊时被某县海洋与渔业局渔政执法人员查获。经检查发现,该船为钢制渔船,船上有船员9名,现场发现航行签证簿未签证报关,其他证书齐全,船舱面有数顶流刺网网具。2017年4月17日15时30分,执法人员对该船制作了《现场检查(勘验)笔录》,同时执法人员电话报请领导批准,对该船立案调查。2017年4月17日16时49分,执法人员对当事人张××进行了询问,并制作了《询问笔录》。2017年5月11日,当事人收到《行政处罚事先告知书》后对告知书中的事实、理由、依据无异议。现查明当事人到达某渔港后未办理进出渔港签证,故该船的上述行为属于未按规定办理进出渔港签证,事实清楚、证据确凿、充分。

【处理结果】

当事人的上述行为违反了《中华人民共和国渔港水域交通安全管理条例》第二十条之规定,已构成违法。

依据《中华人民共和国渔业港航监督行政处罚规定》第九条第一项及《浙江省海洋与渔业行政处罚裁量基准》等有关规定,某市海洋与渔业局拟对当事人作出罚款人民币伍佰元整(¥500元)的行政处罚。

【法律依据】

1.《中华人民共和国渔港水域交通安全管理条例》第二十条

船舶进出渔港依照规定应当到渔政渔港监督管理机关办理签证而未办理签证的,或者在渔港内不服从渔政渔港监督管理机关对水域交通安全秩序管理的,由渔政渔港监督管理机关责令改正,可以并处警告、罚款;情节严重的,扣留或者吊销船长职务证书(扣留职务证书时间最长不超过6个月)。

2.《中华人民共和国渔业港航监督行政处罚规定》第九条

有下列行为之一的,对船长予以警告,并可处50元以上500元以下罚款;情节严重的,扣留其职务船员证书3至6个月;情节特别严重的,吊销船长证书:(一)船舶进出渔港应当按照有关规定到渔政渔港监督管理机关办理签证而未办理签证的;(二)在渔港内不服从渔政渔港监督管理机关对渔港水域交通安全秩序管理的;(三)在渔港内停泊期间,未留足值班人员的。

---

① 案例来源:北大法宝 原标题:《浙临渔12883违反未办理进出渔港签证一案》。

3.《浙江省海洋与渔业行政处罚裁量基准》关于裁量阶次划分及认定的规定

无故半年内无签证记录的,为较轻阶次;无故一年内无签证记录的,为一般阶次;无故不签证超过一年,或者无故不签证超过半年且同时违反签证相关其他规范要求的,为严重阶次。

【实务要点】

1. ××渔1××××船未办理进出渔港签证的问题。该船应当根据《中华人民共和国船舶进出渔港签证办法》第六条"船舶应在进港后24小时内(在港时间不足24小时的,应于离港前)向渔港监督机关办理进出港签证手续,并接受安全检查。签证工作一般实行进出港一次签证。渔业船舶若临时改变作业性质,出港时仍需办理出港签证"的规定办理进出渔港签证。案发时,××渔1××××船的航行签证簿上没有签证报关记录,某县海洋与渔业局渔政执法人员据此判断该船涉嫌未按规定办理进出渔港签证。

2. 行政处罚立案程序。某县海洋与渔业局渔政执法人员发现××渔1××××船涉嫌违反未办理进出渔港签证时,执法人员当场对该船制作了《现场检查(勘验)笔录》,取得了违法事实证据,然后现场执法人员立刻电话报请大队领导批准,对该船进行立案。立案的主体应当是具有独立执法责任主体的行政执法机关,因此,现场执法工作人员在得到领导批准后才正式立案。

3. 处罚力度。根据《浙江省海洋与渔业行政处罚裁量基准》本案中的××渔1××××船的违法程度属于较轻阶次,处罚裁量时综合考虑船舶长度、主机功率、作业类型、场所和时间、渔具数量、渔获物数量价值以及资源破坏程度、社会秩序危害程度、配合或抗拒检查等因素。

(二)王某斌诉撤销某管理局渔业行政处罚决定书案[①]

【简要案情】

原告王某斌从某造船厂订制一铁木结构船舶,于2015年9月固定停泊在某水域内,作为水产品销售场所。2016年4月20日,某市管理局渔政管理总站、某市地方海事局、某市公安局水上分局、某市某区农林水务局发布《关于清理、取缔"三无"船艇的公告》,要求"凡拥有三无船艇的单位及个人,必须在2016年4月29日前,到当地街道登记,由街道按照包政〔2015〕32号文件予以处置"。

【处理结果】

2016年6月6日,某市管理局渔政管理总站、某市地方海事局、某市公安局水上分局、某市某区农林水务局共同开展清理整治行动,将王某斌的涉案船只从某水域内拖离,停泊于某处水域。

---

① 裁判法院:巢湖市人民法院;裁判案号:(2018)皖0181行初41号,王章斌诉撤销巢湖管理局渔业行政处罚决定书案。

【诉讼过程】

王某斌不服,于 2016 年 10 月 12 日,向某市某区人民法院提起诉讼,2017 年 7 月 10 日,某市某区人民法院作出(201×)×××××行初 1××号行政判决书,确认某管理局渔政管理总站、某市地方海事局、某市公安局水上分局、某市某区农林水务局对王某斌的"三无船舶"实施的行政强制行为违法,并责令其采取补救措施。该判决书已发生法律效力。2017 年 12 月 5 日,某管理局渔政管理总站作出×渔罚(201×)ZZ-×××号渔业行政处罚决定书,认定王某斌所有的船舶未经检验、无有效船舶登记证书、检验证书,在某区某水域从事网箱养殖、水产品销售。依据《中华人民共和国渔业船舶检验条例》第三十二条的规定,决定没收王某斌的渔业船舶。王某斌不服,向某院提起诉讼,要求撤销某管理局渔政管理总站作出的某渔罚(201×)ZZ-×××号渔业行政处罚决定书。

根据《中华人民共和国渔港水域交通安全管理条例》第四条第三款规定,渔业船舶是指从事渔业生产的船舶以及属于水产系统为渔业生产服务的船舶,包括捕捞船、养殖船、水产运销船、冷藏加工船、油船、供应船、渔业指导船、科研调查船、教学实习船、渔港工程船、拖轮、交通船、驳船、渔政船和渔监船。《中华人民共和国渔业船舶检验条例》规定,渔业船舶的所有者或者经营者应当申报初次检验,取得渔业船舶检验机构签发的渔业船舶检验证书,方能投入营运。该条例第三十二条规定,违反本条例规定,渔业船舶未经检验、未取得渔业船舶检验证书擅自下水作业的,没收该渔业船舶。原告王某斌的涉案船舶从事水产品销售活动,属于渔业船舶,依法应当申报初次检验,取得渔业船舶检验证书,其未申报初次检验,取得渔业船舶检验证书,擅自下水作业,违反了《中华人民共和国渔业船舶检验条例》的规定,被告依据该《条例》第三十二条的规定,决定没收王某斌的涉案渔业船舶,有事实和法律依据。被告在作出行政行为前,履行了审批和告知等法定程序,其程序符合法律规定。综上,被告作出的×渔罚(201×)ZZ-×××号渔业行政处罚决定书,事实清楚,证据确凿,适用法律正确,符合法定程序。王某斌的诉讼理由不能成立,本院不予支持。依照《中华人民共和国行政诉讼法》第六十九条的规定,判决如下:驳回原告王某斌的诉讼请求。案件受理费 50 元,由原告王某斌负担。

【法律依据】

1.《中华人民共和国渔港水域交通安全管理条例》第四条

本条例下列用语的含义是:

渔港是指主要为渔业生产服务和供渔业船舶停泊、避风、装卸渔获物和补充渔需物资的人工港口或者自然港湾。

渔港水域是指渔港的港池、锚地、避风湾和航道。

渔业船舶是指从事渔业生产的船舶以及属于水产系统为渔业生产服务的船

舶,包括捕捞船、养殖船、水产运销船、冷藏加工船、油船、供应船、渔业指导船、科研调查船、教学实习船、渔港工程船、拖轮、交通船、驳船、渔政船和渔监船。

2.《中华人民共和国渔业船舶检验条例》第三十二条

第三十二条　违反本条例规定,渔业船舶未经检验、未取得渔业船舶检验证书擅自下水作业的,没收该渔业船舶。

3.《中华人民共和国行政诉讼法》第六十九条

第六十九条　行政行为证据确凿,适用法律、法规正确,符合法定程序的,或者原告申请被告履行法定职责或者给付义务理由不成立的,人民法院判决驳回原告的诉讼请求。

【实务要点】

1. 渔业船舶的认定:渔业船舶是指从事渔业生产的船舶以及属于水产系统为渔业生产服务的船舶,包括捕捞船、养殖船、水产运销船、冷藏加工船、油船、供应船、渔业指导船、科研调查船、教学实习船、渔港工程船、拖轮、交通船、驳船、渔政船和渔监船。在实务中认定涉案物是否是渔业船舶应当根据涉案物的外形、功能、实际用途等多方面综合进行认定,虽然本案上诉人王某斌认为自己的涉案物品只是形似船舶的无动力平台,但是他在该涉案物上从事的是网箱养殖和水产销售的活动,所以可以据此认定该涉案物为渔业船舶。

2. 行政强制措施是行政机关依其职权采取强制手段限制特定的相对人行使某项权利或强制履行某项义务的处置行为。一般是对尚未查清行为人的违法事实之前而采取的一种程序上的处置。行政强制措施的特点是暂时性和强制性,一审法院认为某管理局渔政管理总站、某地方海事局、某市公安局某水上分局、某市某区农林水务局行政强制措施违法的事项主要是强制措施无扣押决定书和清单,无当场告知与现场笔录,扣押的期限超过三十日,未作出任何处理决定,因此判决认定该行政强制措施违法。

3. 被上诉人依据《中华人民共和国渔业船舶检验条例》第三十二条的规定,决定没收王某斌的涉案渔业船舶,有事实和法律依据。某管理局渔政管理总站、某市地方海事局、某市公安局某水上分局、某市某区农林水务局在作出行政行为前,履行了审批和告知等法定程序,其程序符合法律规定。程序合法是作出行政处罚的前提,程序合法在一定程度上限制了行政主体和司法机关的权力,对维护行政相对人的合法利益有一定效果。在行政行为中,公民的权利需要合法的程序来保障。

第二节　违反渔业船舶管理行为行政处罚

一、未按规定持有船舶国籍证书、检验证书或航行签证簿

（一）法条释义

未按规定持有船舶国籍证书、检验证书或航行签证簿是指已经办理渔业船舶登记手续的当事船舶，未按规定持有船舶国籍证书、检验证书或航行签证簿。

（二）违法行为的认定

该违法行为主要表现为当事船舶办理船舶登记手续后未按规定持有相关证书，只要证明其未持有上述证书或签证簿即可判定其违法，可根据相关法律法规对其进行处罚。

（三）违法行为的处罚

根据《中华人民共和国渔业港航监督行政处罚规定》第十五条及《中华人民共和国海上交通安全法》第十条规定，对于该违法行为，应该予以警告，责令其改正，并可处 200 元以上 1 000 元以下罚款。

（四）法条链接

《中华人民共和国海上交通安全法》第十条规定：船舶、设施航行、停泊和作业，必须遵守中华人民共和国的有关法律、行政法规和规章。

《中华人民共和国渔业港航监督行政处罚规定》第十五条规定：已办理渔业船舶登记手续，但未按规定持有船舶国籍证书、船舶登记证书、船舶检验证书、船舶航行签证簿的，予以警告，责令其改正，并可处 200 元以上 1 000 元以下罚款。

二、持无效证书或擅自刷写船名、船号、船籍港

（一）法条释义

该违法行为是指船舶持有的证书存在无效的情形（无效证书主要包括船舶浮动设施未持有合格检验证书、登记证书或者船舶未持有必要的航行资料，擅自航行和作业，以及检验证书过期失效）或者擅自刷写的船名、船号、船籍港与国籍证书不一致。

（二）违法行为的认定

该违法行为的主要表现为持有失效证书或持有证书与船舶相关信息不一致，只需认定该行为存在即可对责任主体根据相关法律法规进行处罚。可根据违法

程度和违法主体的主观意愿来判断情节严重程度,进而实施从重或从轻处罚。

(三) 违法行为的处罚

根据《中华人民共和国渔业港航监督行政处罚规定》第十五条规定,对于无有效的渔业船舶船名、船号、船舶登记证书(或船舶国籍证书)、检验证书的船舶,禁止其离港,并对船舶所有者或者经营者处船价2倍以下的罚款,对无有效的渔业船舶登记证书(或渔业船舶国籍证书)和检验证书,擅自刷写船名、船号、船籍港的,从重处罚。

(四) 法条链接

《中华人民共和国渔业港航监督行政处罚规定》第十六条规定:无有效的渔业船舶船名、船号、船舶登记证书(或船舶国籍证书)、检验证书的船舶,禁止其离港,并对船舶所有者或者经营者处船价2倍以下的罚款。有下列行为之一的,从重处罚:(一)无有效的渔业船舶登记证书(或渔业船舶国籍证书)和检验证书,擅自刷写船名、船号、船籍港的;(二)伪造渔业船舶登记证书(或国籍证书)、船舶所有权证书或船舶检验证书的;(三)伪造事实骗取渔业船舶登记证书或渔业船舶国籍证书的;(四)冒用他船船名、船号或船舶证书的。

三、伪造渔业船舶国籍证书、所有权证书或检验证书

(一) 法条释义

该违法行为主要是指船舶所有者通过不法手段伪造渔业船舶国籍证书、所有权证书和检验证书来逃避相关执法部门的检查。

(二) 违法行为的认定

该违法行为主要表现为所持有的船舶国籍证书、所有权证书及检验证书的真实性存在问题,只需证明上述证书的非法性和不实性,即可根据相关法律法规进行处罚。该行为具有较强的主动性,可根据其违法行为的主观程度实行从重从严处罚。

(三) 违法行为的处罚

对伪造渔业船舶国籍证书、所有权证书或检验证书的,根据《中华人民共和国渔业港航监督行政处罚规定》第十六条从重处罚。

(四) 法条链接

《中华人民共和国渔业港航监督行政处罚规定》第十六条规定:无有效的渔业船舶船名、船号、船舶登记证书(或船舶国籍证书)、检验证书的船舶,禁止其离港,并对船舶所有者或者经营者处船价2倍以下的罚款。有下列行为之一的,从重处

罚：(一)无有效的渔业船舶登记证书(或渔业船舶国籍证书)和检验证书，擅自刷写船名、船号、船籍港的；(二)伪造渔业船舶登记证书(或国籍证书)、船舶所有权证书或船舶检验证书的；(三)伪造事实骗取渔业船舶登记证书或渔业船舶国籍证书的；(四)冒用他船船名、船号或船舶证书的。

《中华人民共和国渔业港航监督行政处罚规定》第三十七条规定：伪造、变造渔业船舶检验证书、检验记录和检验报告，或者私刻渔业船舶检验业务印章的，应当予以没收；构成犯罪的，依法追究刑事责任。

《中华人民共和国渔业船舶检验条例》第三十七条规定：伪造、变造渔业船舶检验证书、检验记录和检验报告，或者私刻渔业船舶检验业务印章的，应当予以没收；构成犯罪的，依法追究刑事责任。

四、冒用他船船名或船舶检验证书

(一)法条释义

该违法行为主要指船舶所有者在未经许可的情况下，冒用其他船舶的船名和船舶检验证书来逃避相关执法部门的检查。

(二)违法行为的认定

该违法行为表现为责任人在未取得许可下，冒用他船的船名和证书以达到逃避检查的目的，只需认定其冒用行为即可根据相关法律法规进行处罚。

(三)违法行为的处罚

对冒用他船船名或船舶检验证书的，依据《中华人民共和国渔业港航监督行政处罚规定》第十六条从重处罚。

(四)法条链接

《中华人民共和国渔业港航监督行政处罚规定》第十六条规定：无有效的渔业船舶船名、船号、船舶登记证书(或船舶国籍证书)、检验证书的船舶，禁止其离港，并对船舶所有者或者经营者处船价2倍以下的罚款。有下列行为之一的，从重处罚：(一)无有效的渔业船舶登记证书(或渔业船舶国籍证书)和检验证书，擅自刷写船名、船号、船籍港的；(二)伪造渔业船舶登记证书(或国籍证书)、船舶所有权证书或船舶检验证书的；(三)伪造事实骗取渔业船舶登记证书或渔业船舶国籍证书的；(四)冒用他船船名、船号或船舶证书的。

五、渔业船舶改建后未按规定办理变更登记

(一)法条释义

根据船舶管理相关规定，渔业船舶改建后(如船体改建、更换主机)，要去相关

部门办理变更登记,未办理变更登记的构成违法行为,收到相应的处罚。

(二) 违法行为的认定

该违法行为表现为船舶改建后未进行变更登记,只需认定其改建行为与变更手续的合法性即可判别其违法行为并根据相关法律法规进行处罚。船舶所有者违法程度及影响等,应当作为从轻或者从重处罚的情节予以考虑。

(三) 违法行为的处罚

根据《中华人民共和国渔业港航监督行政处罚规定》第十七条及《中华人民共和国渔业船舶检验条例》第三十一条规定,对渔业船舶改建后未按规定办理变更登记的,禁止其离港,责令限期改正,并可对船舶所有者处 5 000 元以上 20 000 元以下罚款。变更主机功率未按规定办理变更登记的,从重处罚。

(四) 法条链接

《中华人民共和国渔业港航监督行政处罚规定》第十七条规定:渔业船舶改建后,未按规定办理变更登记,应禁止其离港,责令其限期改正,并可对船舶所有者处5 000 元以上 20 000 元以下罚款。变更主机功率未按规定办理变更登记的,从重处罚。

《中华人民共和国渔业船舶检验条例》第三十一条规定:有下列情形之一的渔业船舶,其所有者或者经营者应当在渔业船舶报废、改籍、改造之日前 7 个工作日内或者自渔业船舶灭失之日起 20 个工作日内,向渔业船舶检验机构申请注销其渔业船舶检验证书;逾期不申请的,渔业船舶检验证书自渔业船舶改籍、改造完毕之日起或者渔业船舶报废、灭失之日起失效,并由渔业船舶检验机构注销渔业船舶检验证书:(一)按照国家有关规定报废的;(二)中国籍改为外国籍的;(三)渔业船舶改为非渔业船舶的;(四)因沉没等原因灭失的。

六、使用过期渔业船舶国籍证书

(一) 法条释义

该行为是指渔业船舶的国籍证书已经超过有效期限,但并未到登记机关办理,继续持有并使用过期的渔业船舶国籍证书。

(二) 违法行为的认定

该违法行为的主要表现为持过期证书且不及时补办,只需查验其证书有效性即可判定是否违法,如有违反行为发生可根据相关法律法规进行处罚。船舶所有人或经营者的改正态度应当作为从轻或从重处罚的依据。

（三）违法行为的处罚

根据《中华人民共和国渔业港航监督行政处罚规定》第十九条及《中华人民共和国渔业船舶登记办法》第四十五条规定，对于使用过期渔业船舶国籍证书的船舶，应通知船舶所有者限期改正，过期不改的，责令其停航，并对船舶所有者或经营者处 1 000 元以上 10 000 元以下罚款。

（四）法条链接

《中华人民共和国渔业港航监督行政处罚规定》第十九条规定：使用过期渔业船舶登记证书或渔业船舶国籍证书的，登记机关应通知船舶所有者限期改正，过期不改的，责令其停航，并对船舶所有者或经营者处 1 000 元以上 10 000 元以下罚款。

《中华人民共和国渔业船舶登记办法》第四十五条规定：渔业船舶所有人应当在渔业船舶国籍证书有效期届满三个月前，持渔业船舶国籍证书和渔业船舶检验证书到登记机关申请换发国籍证书。

七、未按规定标写船名、船籍港或没有悬挂船名牌

（一）法条释义

该行为是指船舶未按照法律规定标写船名和船籍港以及没有悬挂船名牌。

（二）违法行为的认定

该违反行为的主要表现为船名、船籍港及船名牌未按规定标写或悬挂，只需认定上述存在违规行为即可根据相关法律法规进行处罚。

（三）违法行为的处罚

根据《中华人民共和国渔业港航监督行政处罚规定》第二十条规定，未按规定标写船名、船籍港或没有悬挂船名牌的，责令限期改正，对船舶所有者或经营者处 200 元以上 1 000 元以下罚款。

（四）法条链接

《中华人民共和国渔业港航监督行政处罚规定》第二十条规定：有下列行为之一的，责令其限期改正，对船舶所有者或经营者处 200 元以上 1 000 元以下罚款：（一）未按规定标写船名、船号、船籍港，没有悬挂船名牌的；（二）在非紧急情况下，未经渔政渔港监督管理机关批准，滥用烟火信号、信号枪、无线电设备、号笛及其他遇险求救信号的；（三）没有配备、不正确填写或污损、丢弃航海日志、轮机日志的。

八、擅自使用遇险求救信号

（一）法条释义

该行为是指船舶在非紧急情况下，未经渔政渔港监督管理机关批准，滥用遇险求救信号，主要包括，烟火信号、信号枪、无线电设备等。

（二）违法行为的认定

船舶在非紧急情况，在未经渔政渔港监督管理机关批准的情况下，滥用遇险求救信号，如烟火信号、无线电设备等。只需认定船舶处于非紧急情况，并在该情况下使用了求救信号，即可根据相关法律法规进行处罚。

（三）违法行为的处罚

根据《中华人民共和国渔业港航监督行政处罚规定》第二十条规定，擅自使用遇险求救信号的，责令限期改正，对船舶所有者或经营者处 200 元以上 1 000 元以下罚款。

（四）法条链接

《中华人民共和国渔业港航监督行政处罚规定》第二十条规定：有下列行为之一的，责令其限期改正，对船舶所有者或经营者处 200 元以上 1 000 元以下罚款：（一）未按规定标写船名、船号、船籍港，没有悬挂船名牌的；（二）在非紧急情况下，未经渔政渔港监督管理机关批准，滥用烟火信号、信号枪、无线电设备、号笛及其他遇险求救信号的；（三）没有配备、不正确填写或污损、丢弃航海日志、轮机日志的。

九、不正确填写或污损航海日志、轮机日志

（一）法条释义

该行为是指未及时、如实、规范地填写船舶航海日志、轮机日志，或者航海日志、轮机日志的记录页面有污损、缺页情况。

（二）违法行为的认定

该违法行为表现为船舶航海日志、轮机日志的书写及保存的完整性、及时性、规范性的不符合规范要求，只需查验相关日志发现存在不符合规范要求之处，即可认定该违法行为并根据相关法律法规进行处罚。

（三）违法行为的处罚

根据《中华人民共和国渔业港航监督行政处罚规定》第二十条规定，对不正确填写或污损航海日志、轮机日志的，可责令限期改正，对船舶所有者或经营者处

200 元以上 1 000 元以下罚款。

（四）法条链接

《中华人民共和国渔业港航监督行政处罚规定》第二十条规定：有下列行为之一的，责令其限期改正，对船舶所有者或经营者处 200 元以上 1 000 元以下罚款：（一）未按规定标写船名、船号、船籍港，没有悬挂船名牌的；（二）在非紧急情况下，未经渔政渔港监督管理机关批准，滥用烟火信号、信号枪、无线电设备、号笛及其他遇险求救信号的；（三）没有配备、不正确填写或污损、丢弃航海日志、轮机日志的。

十、未按规定配备救生、消防设备

（一）法条释义

此行为主要是指船舶配备的救生、消防设备的型号、数量、设备的存放位置、完好状态以及有效期不符合相关规定。

（二）违法行为的认定

该违法行为表现为船舶配备的救生、消防设备的相关行为不符合相关规定，只需依照规定对上述设备的型号、数量、存放位置、完好状态及有效期进行检查即可，如有违反相关规定的行为存在即可按照相关法律法规进行处罚。

（三）违法行为的处罚

根据《中华人民共和国渔业港航监督行政处罚规定》第二十一条规定，对未按规定配备救生、消防设备的船舶，责令其在离港前改正，逾期不改的，处 200 元以上 1 000 元以下罚款。

（四）法条链接

《中华人民共和国渔业港航监督行政处罚规定》第二十一条规定：未按规定配备救生、消防设备，责令其在离港前改正，逾期不改的，处 200 元以上 1 000 元以下罚款。

十一、未按规定配齐渔业职务船员

（一）法条释义

未按规定配齐渔业职务船员是指船舶所配备职务船员的等级、航区是与所在船舶与作业水域不相符以及船员不具备相应资质的情况。

（二）违法行为的认定

该违法行为主要表现为船舶所配备的船员的相关资质与其作业水域不符或

船员不具备相关资质,只需对其船员配备情况及船员证书进行查验即可判定是否存在该违法行为,如存在即可按照相关法律法规进行处罚。

(三)违法行为的处罚

根据《中华人民共和国渔业港航监督行政处罚规定》第二十二条、《中华人民共和国海上交通安全法》第六条及《中华人民共和国渔港水域交通安全管理条例》第二十二条规定,未按规定配齐职务船员,责令其限期改正,对船舶所有者或经营者并处 200 元以上 1 000 元以下罚款。

(四)法条链接

《中华人民共和国渔业港航监督行政处罚规定》第二十二条规定:未按规定配齐职务船员,责令其限期改正,对船舶所有者或经营者并处 200 元以上 1 000 元以下罚款。普通船员未取得专业训练合格证或基础训练合格证的,责令其限期改正,对船舶所有者或经营者并处 1 000 元以下罚款。

《中华人民共和国海上交通安全法》第六条规定:船舶应当按照标准定额配备足以保证船舶安全的合格船员。第七条规定船长、轮机长、驾驶员、轮机员、无线电报务员话务员以及水上飞机、潜水器的相应人员,必须持有合格的职务证书。其他船员必须经过相应的专业技术训练。

《中华人民共和国渔港水域交通安全管理条例》第二十二条规定:违反本条例规定,未持有船舶证书或者未配齐船员的,由渔政渔港监督管理机关责令改正,可以并处罚款。

十二、相关案例

(一)宋某官未随船携带捕捞许可证、渔业船舶检验证书、渔业船舶国籍证书案[①]

【简要案情】

×渔运1××××,船舶所有人宋某官,2016 年 3 月 23 至 24 日停靠在某码头期间,未随船携带捕捞船辅助许可证、渔业船舶检验证书、渔业船舶国籍证书。船上有船员 8 人,2 名普通船员无从业资格证书,未按规定标写船名号。上述违法事实清楚,有现场检查(勘验)笔录、询问笔录佐证。

【处理结果】

当事人未随船携带捕捞许可证、渔业船舶检验证书、渔业船舶国籍证书的行为,违反了《浙江省渔业管理条例》第十九条第二款"捕捞许可证、渔业船舶检验证书、渔业船舶国籍证书应当随船携带"、《中华人民共和国渔港水域交通安全管理

---

① 案例来源:北大法宝　原标题:宋策官未随船携带捕捞许可证、渔业船舶检验证书、渔业船舶国籍证书案。

条例》第十四条"渔业船舶的船长、轮机长、驾驶员、轮机员、电机员、无线电报务员、话务员,必须经渔政渔港监督管理机关考核合格,取得职务证书,其他船员应当经过相应的专业训练"、《中华人民共和国海上交通安全法》第十条"船舶设施航行、停泊和作业,必须遵守中华人民共和国的有关法律、行政法规和规章"之规定,依据《浙江省渔业管理条例》第五十一条第二款"违反本条第十九条第二款规定,未随船携带捕捞许可证,渔业船舶检验证书、渔业船舶国籍证书或者遗失后未及时补办的,处一千元以上一万元以下罚款"、《中华人民共和国渔业港航监督行政处罚规定》第二十二条第二款"普通船员未取得专业训练合格证或基础训练合格证的,责令其限期改正,对船舶所有者或经营者并处1000元以下罚款"、第二十条"有下列行为之一的,责令其限期改正,对船舶所有者或经营者处200元以上1000元以下罚款:(一)未按规定标写船名、船号、船籍港,没有悬挂船名牌的"之规定,参照《浙江省海洋与渔业行政处罚裁量基准》,同时违反两个以上法律、法规的规定,裁量阶次为严重,作出如下处罚决定:罚款人民币壹万元整。

当事人必须在收到本处罚决定书之日起15日内持浙江省罚没财物专用票据和浙江省政府非税收入一般缴款书到指定银行缴纳罚(没)款。逾期不按规定缴纳罚款的,每日按罚款数额的3‰加处罚款。

当事人对本处罚决定不服的,可以在收到本处罚决定书之日起60日内向某市某区人民政府或某市海洋与渔业局申请行政复议;或者6个月内向某市某区人民法院提起行政诉讼。行政复议和行政诉讼期间,本处罚决定不停止执行。

当事人逾期不申请行政复议或提起行政诉讼,也不履行本行政处罚决定的,本机关将依法申请人民法院强制执行。

【法律依据】

1.《浙江省渔业管理条例》第十九条、第五十一条

第十九条:捕捞作业单位和个人应当按照捕捞许可证载明的作业内容进行作业,并按规定期限和标准缴纳渔业资源增殖保护费。

捕捞许可证、渔业船舶检验证书、渔业船舶国籍证书应当随船携带,徒手作业的应当随身携带捕捞许可证。

捕捞许可证不得买卖、租赁或者以其他形式转让,不得涂改、伪造、变造。

第五十一条:违反本条例第十九条第一款规定,未按捕捞许可证载明的作业内容进行捕捞的,没收渔获物和违法所得,可以并处五万元以下罚款;情节严重的,并可以没收渔具,吊销捕捞许可证。

违反本条例第十九条第二款规定,未随船携带捕捞许可证、渔业船舶检验证书、渔业船舶国籍证书或者遗失后未及时补办的,处一千元以上一万元以下罚款;徒手作业者未随身携带捕捞许可证的,给予警告,可以并处一千元以下罚款。

2.《中华人民共和国渔港水域交通安全管理条例》第十四条

渔业船舶的船长、轮机长、驾驶员、轮机员、电机员、无线电报务员、话务员,必须经渔政渔港监督管理机关考核合格,取得职务证书,其他人员应当经过相应的专业训练。

3.《中华人民共和国海上交通安全法》第十条

船舶、设施航行、停泊和作业,必须遵守中华人民共和国的有关法律、行政法规和规章。

4.《中华人民共和国渔业港航监督行政处罚规定》第二十条、第二十二条

第二十条:有下列行为之一的,责令其限期改正,对船舶所有者或经营者处200元以上1 000元以下罚款:

(一)未按规定标写船名、船号、船籍港,没有悬挂船名牌的;

(二)在非紧急情况下,未经渔政渔港监督管理机关批准,滥用烟火信号、信号枪、无线电设备、号笛及其他遇险求救信号的;

(三)没有配备、不正确填写或污损、丢弃航海日志、轮机日志的。

第二十二条:未按规定配齐职务船员,责令其限期改正,对船舶所有者或经营者并处20元以上1 000元以下罚款。

普通船员未取得专业训练合格证或基础训练合格证的,责令其限期改正,对船舶所有者或经营者并处1 000元以下罚款。

【实务要点】

未按照捕捞许可证核准的作业类型、场所、时限和渔具数量进行捕捞作业的,渔业主管部门可以没收渔获物和违法所得,可以并处五万元以下的罚款,情节严重的可以吊销捕捞许可证。

(二)丁某军雇用不符合从业条件的非职务船员上船作业案[①]

【简要案情】

××渔运01511,船舶经营者丁某军,船舶证书核准的船舶类型为收鲜船,船上雇佣从业人员8名,其中2名普通船员未取得基础训练合格证上船作业。上述违法事实清楚,有现场检查(勘验)笔录、询问笔录佐证。

【处理结果】

当事人雇用普通船员未取得基础训练合格证上船作业的行为,违反了《中华人民共和国渔港水域交通安全管理条例》第二十二条"违反本条例规定,未持有船舶证书或者未配齐船员的,由渔政渔港监督管理机构责令改正,可以并处罚款"之规定。依据《中华人民共和国渔业港航监督行政处罚规定》第二十二条第二款"普

---

① 案例来源:北大法宝 原标题:丁明军雇用不符合从业条件的非职务船员上船作业案。

通船员未取得专业训练合格证或者基础训练合格证的,责令其限期改正,对船舶所有人或者经营者并处 1 000 元以下罚款"之规定,《某省海洋与渔业行政处罚裁量基准》,认定违法情节为严重,本机关对当事人作出如下处罚决定:一、责令立即清退,二、罚款人民币贰仟元整。

参照当事人必须在收到本处罚决定书之日起 15 日内持某省罚没财物专用票据和某省政府非税收入一般缴款书到指定银行缴纳罚(没)款。逾期不按规定缴纳罚款的,每日按罚款数额的 3％加处罚款。

当事人对本处罚决定不服的,可以在收到本处罚决定书之日起 60 日内向某市某区人民政府或某市海洋与渔业局申请行政复议;或者 6 个月内向某市某区人民法院提起行政诉讼。行政复议和行政诉讼期间,本处罚决定不停止执行。

当事人逾期不申请行政复议或提起行政诉讼,也不履行本行政处罚决定的,本机关将依法申请人民法院强制执行。

【法律依据】

1.《中华人民共和国渔港水域交通安全管理条例》第二十二条

违反本条例规定,未持有船舶证书或者未配齐船员的,由渔政渔港监督管理机构责令改正,可以并处罚款

2.《中华人民共和国渔业港航监督行政处罚规定》第二十二条

未按规定配齐职务船员,责令其限期改正,对船舶所有者或经营者并处 200 元以上 1 000 元以下罚款。

普通船员未取得专业训练合格证或基础训练合格证的,责令其限期改正,对船舶所有者或经营者并处 1 000 元以下罚款。

【实务要点】

1. 渔业船舶的船长、轮机长、驾驶员、轮机员、电机员、无线电报务员、话务员,必须经渔政渔港监督管理机关考核合格,取得职务证书,其他人员应当经过相应的专业训练。

2. 渔业船舶未持有船舶证书或者未配齐船员的,由渔政渔港监督管理机构责令改正,可以并处罚款,普通船员未取得专业训练合格证或基础训练合格证的,责令其限期改正,对船舶所有者或经营者并处 1 000 元以下罚款。

第三节　违反渔业船员管理行为行政处罚

一、冒用、租借他人或涂改船员证书

（一）法条释义

该违法行为是指船舶在使用期间船上的船员冒用借用他人的产业证书或者涂改船员证书，来逃避执法部门的检查。

（二）违法行为的认定

该违法行为主要表现为冒用或修改他人的船员证书来逃避执法检查，只需证明其存在冒用或修改他人的船员证书等行为即可根据相关法律法规进行处罚，可依据违法程度从轻或从重处罚。

（三）违法行为的处罚

根据《中华人民共和国渔业港航监督行政处罚规定》第二十五条规定，对冒用、租借他人或涂改职务船员证书、普通船员证书的，应责令其限期改正，并收缴所用证书，对当事人或直接责任人并处 50 元以上 200 元以下罚款。

（四）法条链接

《中华人民共和国渔业港航监督行政处罚规定》第二十五条　冒用、租借他人或涂改职务船员证书、普通船员证书的，应责令其限期改正，并收缴所用证书，对当事人或直接责任人并处 50 元以上 200 元以下罚款。

二、船员证书持证人与证书所载内容不符

（一）法条释义

该违法行为主要是指证书所载内容与持证人的信息，如姓名、性别、出生年月、证书有效期限、发证机关与印章等不一致。

（二）违法行为的认定

该违法行为表现为证书内容与证书持有人信息不一致，只需证明其不一致性即可根据相关法律法规进行处罚。

（三）违法行为的处罚

根据《中华人民共和国渔业港航监督行政处罚规定》第二十八条规定，对船员证书持证人与证书所载内容不符的，应收缴所持证书，对当事人或直接责任人处 50 元以上 200 元以下罚款。

（四）法条链接

《中华人民共和国渔业港航监督行政处罚规定》第二十八条规定：船员证书持证人与证书所载内容不符的，应收缴所持证书，对当事人或直接责任人处 50 元以上 200 元以下罚款。

三、到期未办理职务船员审证而继续任职

（一）法条释义

该行为是指任职的职务船员在审证期限内未办理审证而继续任职。

（二）违法行为的认定

该违法行为主要表现为证书失效后未进行补办而继续任职，只需查验即可判别其违法性并根据相关法律法规进行处罚。

（三）违法行为的处罚

根据《中华人民共和国渔业港航监督行政处罚规定》第二十九条规定，对职务船员证书到期未办理职务船员审证继续任职的，责令其限期办理，逾期不办理的，对当事人并处 50 元以上 100 元以下罚款。

（四）法条链接

《中华人民共和国渔业港航监督行政处罚规定》第二十九条规定：到期未办理证件审验的职务船员，应责令其限期办理，逾期不办理的，对当事人并处 50 元以上 100 元以下罚款。

四、谎报船员证书补发申请理由

（一）法条释义

该行为是指向船员证补发机关谎报补发理由，如明明是因违规被扣留或吊销的而谎称遗失，骗领补发。

（二）违法行为的认定

该违法行为主要表现为责任人通过谎报骗取补发船员证，只需证明其理由的欺骗性即可认定其违法行为，并根据相关法律法规进行处罚。

（三）违法行为的处罚

根据《中华人民共和国渔业港航监督行政处罚规定》第二十六条规定，对谎报船员证书补发申请理由，骗领补发的，可对当事人或直接责任人处 200 元以上 1 000 元以下罚款。

（四）法条链接

《中华人民共和国渔业港航监督行政处罚规定》第二十六条规定：对因违规被扣留或吊销船员证书而谎报遗失，申请补发的，可对当事人或直接责任人处 200 元以上 1 000 元以下罚款。

五、提供虚假证明材料获取船员证书

（一）法条释义

该行为是指向渔政渔港监督管理机关提供虚假证明材料、伪造资历或以其他舞弊方式获取船员证书。

（二）违法行为的认定

该违法行为主要表现为违法主体通过欺骗行为（变造、伪造相关证明材料和资历及其他舞弊方式）获取船员证书，只需证明其在获取船员证书的过程中存在相关欺骗行为，即可对该违法行为进行认定，并根据相关法律法规进行处罚。

（三）违法行为的处罚

根据《中华人民共和国渔业港航监督行政处罚规定》第二十七条规定，应收缴非法获取的船员证书，对提供虚假材料的单位或责任人处 500 元以上 3 000 元以下罚款。根据《中华人民共和国船员条例》第四十八条规定，由海事管理机构吊销有关证件，并处 2 000 元以上 2 万元以下罚款。

（四）法条链接

根据《中华人民共和国渔业港航监督行政处罚规定》第二十七条规定：向渔政渔港监督管理机关提供虚假证明材料、伪造资历或以其他舞弊方式获取船员证书的，应收缴非法获取的船员证书，对提供虚假材料的单位或责任人处 500 元以上 3 000 元以下罚款。

《中华人民共和国船员条例》第四十八条规定：违反本条例的规定，以欺骗、贿赂等不正当手段取得船员适任证书、船员培训合格证书、中华人民共和国海员证的，由海事管理机构吊销有关证件，并处 2 000 元以上 2 万元以下罚款。

六、相关案例

买卖、使用伪造的船舶职务船员证书被处以行政拘留处罚案①

【基本案情】

2017年2月15日,台州市海洋与渔业执法支队在组织开展海上综合执法检查时,在椒江区上大陈港对浙椒渔××船(船长郑××)实施靠帮,执法人员登临后检查发现该船船长郑××当场出示的渔业职务船员适任证书有异,执法人员对当事人郑××进行了详细询问并制作了询问笔录。当事人郑××陈述称其与江×标、江×辉、江×圣四人的渔业职务船员适任证书系其妻子江××在椒江从做证书的"土狗"(假证制作人)处购得。2017年2月28日,台州市海洋与渔业执法支队将上述四人所持有的职务船员证书交由该证书显示的核发机关象山县渔政渔港监督管理站核实真伪。经该站工作人员核验并出具证明,证实郑××、江×标、江×辉、江×圣四人所持有的职务船员证书确系伪造,当事人郑××及其妻子江××涉嫌买卖、使用伪造的中华人民共和国渔业职务船员适任证书,郑××未取得渔业职务船员适任证书(船长证书)驾驶机动船舶,上述行为涉嫌违反《中华人民共和国治安管理处罚法》第五十二条第(一)、(二)项和第六十四条第(二)项等规定,已超过本机关管辖范围,支队及时将该案移送台州市公安边防支队处理。

当事人郑××被台州市公安边防支队处以行政拘留十日的处罚,其妻子江××买卖伪造的中华人民共和国渔业船舶职务船员适任证书的行为因已超过法律规定的期限,故不予处理。

【案件点评】

本案为浙江省查处的首例买卖使用假职务船员适任证书并无证驾驶涉渔机动船舶的案件。在执法检查过程中,支队执法人员仔细审查辨别渔业船舶职务船员适任证书真伪,全面、客观、公正地认定违法事实,证据收集齐全完整。在办案过程中,重视对证据的收集工作程序把握,严格按照相关规定收集证据,证据之间能相互印证,特别将当事人提供的职务船员证书提交相关证书显示的核发机关进行鉴别,使证据链更加完整,做到事实清楚、证据确凿,更有说服力。在依法查清事实后,支队执法人员根据台州市公安局、台州市海洋与渔业局、浙江海警第一支队联合出台的《关于明确办理渔业违法案件适用行政拘留处罚若干问题的通知》(台海渔〔2018〕57号)规定,及时将案件移送公安机关,依法对其作出行政拘留的行政处罚。本案的成功办理,对使用假渔业船舶职务船员适任证书、无证驾驶机动渔船现象有较大打击力度,极大震慑了违法违规现象,美中不足的是因时间跨度大,对制作假证源头不能有效实施打击。

---

① 以案说法9:买卖、使用伪造的船舶职务船员证书被处以行政拘留处罚案.(2020-05-15)[2019-10-28]. http://www.zjtz.gov.cn/art/2019/10/28/art_31119_1581295.html? xxgkhide=1

第六章
海洋环境保护行政处罚

第一节 违反海洋石油勘探开发行为行政处罚

一、违反环境影响评价管理制度的违法行为

(一) 未经编报或未经核准,擅自实施海洋工程项目建设

1. 法条释义

所谓海洋工程,是指以开发、利用、保护、恢复海洋资源为目的,并且工程主体位于海岸线向海一侧的新建、改建、扩建工程。该条体现了海洋资源开发利用与环境保护相协调发展的原则,是防止海洋工程建设项目对海洋环境造成污染损害和影响海洋功能的合理开发利用,尤其是防止海洋工程建设项目损害、影响主导功能的开发利用的基本保证。海洋工程建设项目对海洋环境的影响应符合功能区不损害主导功能开发利用所需的环境条件。同时,要求工程建设项目还必须符合海洋环境保护规划和国家相关的保护标准。否则,海洋环境将会受污染损害,影响海洋资源的合理开发利用。故,海洋工程建设项目单位在可行性研究阶段必须编制海洋环境影响报告书,这是防止海洋工程建设项目污染损害海洋环境的有效措施,也是我国环境管理的基本制度。

2. 违法行为的认定

根据《中华人民共和环境保护法》第四十七条第一款规定,海洋工程建设项目在可行性研究阶段未编报海洋环境影响报告书或未报由海洋行政主管部门核准,擅自实施海洋工程项目建设的行为即是违法行为。

3. 违法行为的处罚

根据《中华人民共和环境保护法》第八十二条第一款规定,该违法行为由海洋行政主管部门责令其停止施工,根据违法情节和危害后果,处建设项目总投资额百分之一以上百分之五以下的罚款,并可以责令恢复原状。

4. 法条链接

《中华人民共和环境保护法》第四十七条第一款规定:海洋工程建设项目在可行性研究阶段编报海洋环境影响报告书,由海洋行政主管部门核准,并报环境保

护行政主管部门备案,接受环境保护行政主管部门监督。对于未经编报或未经核准,擅自实施海洋工程项目建设的违法行为,海洋行政主管部门可依据《中华人民共和环境保护法》第八十二条依法追究违法行为人的行政责任。

《中华人民共和环境保护法》第八十二条第一款规定:违反本法第四十七条第一款的规定,进行海洋工程建设项目的,由海洋行政主管部门责令其停止施工,根据违法情节和危害后果,处建设项目总投资额百分之一以上百分之五以下的罚款,并可以责令恢复原状。

(二) 未重新报请核准或未按要求进行环境影响评价

1. 法条释义

未重新报请核准的行为是指海洋工程环境影响报告书核准后,工程的性质、规模、地点、生产工艺或者拟采取的环境保护措施发生重大改变,未重新编制环境影响报告书报原核准该工程环境影响报告书的海洋行政主管部门标准。自环境影响报告书核准之日起超过 5 年,海洋工程方开工建设,其环境影响报告书未重新报原核准该工程环境影响报告书的海洋主管部门核准的。

未报请批准或未按要求进行环境影响评价的行为是指海洋工程需要拆除或者改作他用时,未报原核准该工程环境影响报告书的海洋行政主管部门批准或者未按要求进行环境影响评价。

2. 违法行为的认定

根据《防治海洋工程建设项目污染损害海洋环境管理条例》第十三条规定,有下列情形之一的,即构成违法:海洋工程环境影响报告书核准后,工程的性质、规模、地点、生产工艺或者拟采取的环境保护措施发生重大改变,未重新编制环境影响报告书报原核准该工程环境影响报告书的海洋行政主管部门标准;自环境影响报告书核准之日起超过 5 年,海洋工程方开工建设,其环境影响报告书未重新报原核准该工程环境影响报告书的海洋主管部门核准的。

根据《防治海洋工程建设项目污染损害海洋环境管理条例》第二十八条第一款规定,海洋工程需要拆除或者改作他用的,应当在作业前报原核准该工程环境影响报告书的海洋主管部门备案。拆除或者改变用途后可能产生重大环境影响的,应当进行环境影响评价。未按要求申报备案或未进行环境影响评价,即为违法行为。

3. 违法行为的处罚

根据《防治海洋工程建设项目污染损害海洋环境管理条例》第四十六条规定,建设单位违反本条例规定,由原核准该工程环境影响报告书的海洋主管部门责令停止建设、运行,限期补办手续,并处 5 万元以上 20 万元以下的罚款。

4. 法条链接

《防治海洋工程建设项目污染损害海洋环境管理条例》第十三条规定:海洋工

程环境影响报告书核准后,工程的性质、规模、地点、生产工艺或者拟采取的环境保护措施等发生重大改变的,建设单位应当重新编制环境影响报告书,报原核准该工程环境影响报告书的海洋主管部门核准;海洋工程自环境影响报告书核准之日起超过5年方开工建设的,应当在工程开工建设前,将该工程的环境影响报告书报原核准该工程环境影响报告书的海洋主管部门重新核准。

《防治海洋工程建设项目污染损害海洋环境管理条例》第二十八条第一款规定:海洋工程需要拆除或者改作他用的,应当在作业前报原核准该工程环境影响报告书的海洋主管部门备案。拆除或者改变用途后可能产生重大环境影响的,应当进行环境影响评价。

《防治海洋工程建设项目污染损害海洋环境管理条例》第四十六条规定:建设单位违反本条例规定,有下列行为之一的,由原核准该工程环境影响报告书的海洋主管部门责令停止建设、运行,限期补办手续,并处5万元以上20万元以下的罚款:(一)海洋工程的性质、规模、地点、生产工艺或者拟采取的环境保护措施发生重大改变,未重新编制环境影响报告书报原核准该工程环境影响报告书的海洋主管部门核准的;(二)自环境影响报告书核准之日起超过5年,海洋工程方开工建设,其环境影响报告书未重新报原核准该工程环境影响报告书的海洋主管部门核准的;(三)海洋工程需要拆除或者改作他用时,未报原核准该工程环境影响报告书的海洋主管部门备案或者未按要求进行环境影响评价的。

(三)有不符合核准报告书的情形出现,未按规定进行评价或者未按要求采取措施

1. 法条释义

该违法行为是指海洋工程在建设、运行过程中产生不符合经核准的环境影响报告书的情形的,建设单位自该情形出现之日起二十个工作日内未按规定进行环境影响后评价或者未按要求采取整改措施。

2. 违法行为的认定

根据《防治海洋工程建设项目污染损害海洋环境管理条例》第十九条规定,海洋工程在建设、运行过程中产生不符合经核准的环境影响报告书的情形的,建设单位自该情形出现之日起20个工作日内组织环境影响的后评价,未根据后评价结论采取改进措施,未将后评价结论和采取的改进措施报原核准该工程环境影响报告书的海洋主管部门备案;原核准该工程环境影响报告书的海洋主管部门也可以责成建设单位进行环境影响的后评价,采取改进措施。未按规定进行环境影响后评价或者未按要求采取整改措施,即为本条的违法行为。

3. 违法行为的处罚

根据《防治海洋工程建设项目污染损害海洋环境管理条例》第四十七条规定,

建筑单位未在规定时间内进行环境影响后评价或者未按要求采取整改措施的,由原核准该工程环境影响报告书的海洋主管部门责令限期改正;逾期不改正的,责令停止运行,并处1万元以上10万元以下的罚款;

4. 法条链接

《防治海洋工程建设项目污染损害海洋环境管理条例》第十九条规定:海洋工程在建设、运行过程中产生不符合经核准的环境影响报告书的情形的,建设单位应当自该情形出现之日起20个工作日内组织环境影响的后评价,根据后评价结论采取改进措施,并将后评价结论和采取的改进措施报原核准该工程环境影响报告书的海洋主管部门备案;原核准该工程环境影响报告书的海洋主管部门也可以责成建设单位进行环境影响的后评价,采取改进措施。

《防治海洋工程建设项目污染损害海洋环境管理条例》第四十七条规定:建设单位违反本条例规定,有下列行为之一的,由原核准该工程环境影响报告书的海洋主管部门责令限期改正;逾期不改正的,责令停止运行,并处1万元以上10万元以下的罚款:(一)擅自拆除或者闲置环境保护设施的;(二)未在规定时间内进行环境影响后评价或者未按要求采取整改措施的。

二、违反环境保护设施管理制度(三同时、竣工验收)的违法行为

(一)环保设施未建成、未经批准、未经验收或验收不合格,即投入使用

1. 法条释义

环保设施未建成是指海洋工程建设项目未建成环境保护设施即投入生产、使用。

环保设施未经批准是指海洋工程环境保护设施未经海洋行政主管部门检查批准,建设项目擅自试运行。

环保设施未经验收是指环境保护设施未经海洋行政主管部门验收,或者经验收不合格,建设项目擅自投入生产或者使用。

本条是关于环境保护设施执行"三同时"制度和投产前验收的规定。建设工程的环境保护设施与主体工程"同时设计、同时施工、同时投产使用"是一项行之有效的环境保护措施,和环境影响评价制度共同构成建设项目环境管理的两项基本制度。其中,"环境保护设施"是指根据海洋工程建设项目环境影响评价报告书及其审核批准意见中所确定的各项环境保护措施建造的借以防治海洋环境污染和生态损害的工程设施、设备等。环境保护设施一般分为三种类型:一是防治海洋污染的装置、设备、监测手段和工程设施等;二是生产与环境保护两用的设施;三是保护自然资源和生态系统的设施。

2. 违法行为的认定

违反《中华人民共和国海洋环境保护法》第四十八条第一款规定,环境保护设

施未经海洋行政主管部门验收,或者经验收不合格的,就将建设项目投入生产或者使用,即构成本条的违法行为。

3. 违法行为的处罚

根据《中华人民共和国海洋环境保护法》第八十三条第二款规定,违反本法第四十八条的规定,海洋工程建设项目未建成环境保护设施、环境保护设施未达到规定要求即投入生产、使用的,由海洋行政主管部门责令其停止生产、使用,并处五万元以上二十万元以下的罚款。

4. 法条链接

《中华人民共和国海洋环境保护法》第四十八条第一款规定:海洋工程建设项目的环境保护设施,必须与主体工程同时设计、同时施工、同时投产使用。环境保护设施未经海洋行政主管部门验收,或者经验收不合格的,建设项目不得投入生产或者使用。

《中华人民共和国海洋环境保护法》第八十三条第二款规定:违反本法第四十八条的规定,海洋工程建设项目未建成环境保护设施、环境保护设施未达到规定要求即投入生产、使用的,由海洋行政主管部门责令其停止生产、使用,并处五万元以上二十万元以下的罚款。

(二) 海洋工程环保设施的验收、拆除与闲置

1. 法条释义

投入运行的海洋工程未按规定验收是指海洋工程投入运行之日三十个工作日前,未向原核准该工程环境影响报告书的海洋行政主管部门申请环境保护设施的验收或海洋工程投入试运行的,未在该工程投入试运行之日起六十个工作日内,向原核准该工程环境影响报告书的海洋行政主管部门申请环境保护设施的验收。

分期的海洋工程,环保设施未分期验收是指分期建设、分期投入运行的海洋工程,其相应的环境保护设施未进行分期验收。

建设单位擅自拆除或者闲置海洋工程的环境保护设施。

2. 违法行为认定

根据《防治海洋工程建设项目污染损害海洋环境管理条例》第十七条规定,建设单位应当在海洋工程投入运行之日30个工作日前,向原核准该工程环境影响报告书的海洋主管部门申请环境保护设施的验收;海洋工程投入试运行的,应当自该工程投入试运行之日起60个工作日内,向原核准该工程环境影响报告书的海洋主管部门申请环境保护设施的验收。分期建设、分期投入运行的海洋工程,其相应的环境保护设施应当分期验收。建设单位不得擅自拆除或者闲置海洋工程的环境保护设施。擅自拆除或者闲置海洋工程的环境保护设施。未按本条规定申请环境保护设施的验收或未按规定分期验收的,即构成违法。

根据《防治海洋工程建设项目污染损害海洋环境管理条例》第十八条第三款规定,擅自拆除或者闲置环境保护设施的行为即构成违法。

3. 违法行为的处罚

《防治海洋工程建设项目污染损害海洋环境管理条例》第四十五条规定,建设单位违反本条例规定,由负责核准该工程环境影响报告书的海洋主管部门责令停止建设、运行,限期补办手续,并处 5 万元以上 20 万元以下的罚款。

《防治海洋工程建设项目污染损害海洋环境管理条例》第四十七条规定,建设单位违反本条例规定,擅自拆除或者闲置环境保护设施的,由原核准该工程环境影响报告书的海洋主管部门责令限期改正;逾期不改正的,责令停止运行,并处 1 万元以上 10 万元以下的罚款。

4. 法条链接

《防治海洋工程建设项目污染损害海洋环境管理条例》第十七条规定:建设单位应当在海洋工程投入运行之日 30 个工作日前,向原核准该工程环境影响报告书的海洋主管部门申请环境保护设施的验收;海洋工程投入试运行的,应当自该工程投入试运行之日起 60 个工作日内,向原核准该工程环境影响报告书的海洋主管部门申请环境保护设施的验收。分期建设、分期投入运行的海洋工程,其相应的环境保护设施应当分期验收。

《防治海洋工程建设项目污染损害海洋环境管理条例》第十八条第三款规定:建设单位不得擅自拆除或者闲置海洋工程的环境保护设施。

《防治海洋工程建设项目污染损害海洋环境管理条例》第四十五条规定:建设单位违反本条例规定,有下列行为之一的,由负责核准该工程环境影响报告书的海洋主管部门责令停止建设、运行,限期补办手续,并处 5 万元以上 20 万元以下的罚款:(一) 环境影响报告书未经核准,擅自开工建设的;(二) 海洋工程环境保护设施未申请验收或者经验收不合格即投入运行的。

《防治海洋工程建设项目污染损害海洋环境管理条例》第四十七条规定:建设单位违反本条例规定,有下列行为之一的,由原核准该工程环境影响报告书的海洋主管部门责令限期改正;逾期不改正的,责令停止运行,并处 1 万元以上 10 万元以下的罚款:(一) 擅自拆除或者闲置环境保护设施的;(二) 未在规定时间内进行环境影响后评价或者未按要求采取整改措施的。

三、违反防止海洋环境污染和资源保护管理制度的违法行为

(一) 海洋工程建设使用或易溶出有毒有害物质的材料

1. 法条释义

该违法行为是海洋工程建设项目材料含有超标准放射性物质或者易溶出有毒有害物质。对于该违法行为有禁止性规定。随着科学技术的发展,人类在不断

地进行开发海洋的活动,这是社会发展的必然。进行大规模的海洋开发,如开发海底隧道、铺设海底电缆、建设人工岛、进行海洋石油勘探开发等海洋工程的建设,都会不可避免地对海洋环境、海洋生态系统产生污染损害。只有在最大限度地开发海洋的同时,确保对海洋的污染损害降低到最小的程度,才是对海洋的成功开发。放射性和有毒有害物质对海洋环境的污染损害非常大,而建设项目施工过程中所使用的物质或材料有的就往往含有上述物质。

对于该违法行为的约束,体现了"必须采取一切措施保护海洋环境"的原则。根据本条规定,海洋工程建设单位在选用材料时必须实行"预防原则",对可能含有超标放射性和易溶出有害有毒物质的材料进行检验,确保海洋工程建设项目所使用材料的放射性物质或有毒有害物质的含量符合国家相关规定。同时,应把检验结果报海洋行政主管部门备案并随时接受海洋行政主管部门的检查。

2. 违法行为的认定

根据《中华人民共和国海洋环境保护法》第四十九条规定,只要实施了下列行为之一的,就应当承担相应的行政责任:(一)违反本条规定,在海洋工程建设项目的施工中使用含超标准放射性物质的;(二)违反本条规定,在海洋工程建设项目的施工中使用易溶出有毒有害物质材料的。

该条款是针对海洋工程建设项目材料不得含有超标准放射性物质或者易溶出有毒有害物质的禁止性条款。违反规定使用超标准放射性物质或者易溶出有毒有害物质即构成违法。

3. 违法行为的处罚

根据《中华人民共和国海洋环境保护法》第八十三条规定,使用含超标准放射性物质或者易溶出有毒有害物质材料的,由海洋行政主管部门处五万元以下的罚款,并责令其停止该建设项目的运行,直到消除污染危害。按照本条规定,由海洋行政主管部门依法追究违法行为人的行政责任。也就是说,只有海洋行政主管部门才是法律赋予其行使本条规定的行政处罚权的部门,本法规定的其他行使海洋环境监督管理权的部门都无权实施本条规定的行政处罚。海洋行政主管部门对本条所列违法行为应当给予以下行政处罚:(1)处以罚款。即海洋行政主管部门对本条所列的违法行为首先要给予其经济上的制裁。依照本条规定罚款的上限为五万元,即只能处以五万元以下的罚款。具体处以多少罚款应当由海洋行政主管部门根据违法行为情节轻重和造成的后果的大小决定。(2)责令其停止该建设项目的运行,直到消除污染危害。根据本条的规定,这种处罚是一种并罚的行政处罚。也就是说,海洋行政主管部门除了要在经济上对违法行为人给予罚款处罚外,还要责令该建设项目停止运行,直到消除污染危害。也就是说,必须是上述污染危害被消除后,方可继续该建设项目的运行。

4. 法条链接

《中华人民共和国海洋环境保护法》第四十九条规定:海洋工程建设项目,不得使用含超标准放射性物质或者易溶出有毒有害物质的材料。

《中华人民共和国海洋环境保护法》第八十三条规定：违反本法第四十九条的规定，使用含超标准放射性物质或者易溶出有毒有害物质材料的，由海洋行政主管部门处五万元以下的罚款，并责令其停止该建设项目的运行，直到消除污染危害。

（二）进行爆破或海洋石油勘探开发过程中，未按规定采取有效措施造成海洋环境污染

1. 法条释义

进行海上爆破作业时，未采取有效措施，保护海洋资源，会给海洋渔业资源带来严重损害，造成海洋环境污染。"海上爆破"是指海洋工程建设、海洋环境整治和海洋调查活动必须采用爆破手段的作业行为。海上爆破对海洋资源的损害主要来自物理效应，表现为声、冲击波、爆破物沉降和沉积物翻动。"海洋资源"主要指生物资源。海上爆破可能对海洋生物资源，尤其是渔业资源造成不同程度的损害，因此明确规定防止爆炸作业对渔业的损害非常必要。

在海洋石油勘探开发及输油过程中，未采取有效措施，导致发生溢油事故，造成海洋环境污染。为防止海洋环境污染，建设单位必须在技术和管理上采取有效措施，防止溢油事故的发生。技术改进是防止溢油事故的重要预防措施之一，例如采用先进钻井技术，可减少井喷事故的发生。

海洋石油钻井船、钻井平台和采油平台的含油污水和油性混合物，未经处理达标即进行排放，造成海洋环境污染。海洋石油钻井船、钻井平台和采油平台的残油、废油未经回收处理即排放入海，造成海洋环境污染。含油污水及油性混合物未经达标处理，不得直接向海洋排放。海洋石油钻井船、钻井平台和采油平台的含油污水和油性混合物虽经回收处理后排放，但其含油量超过国家规定的标准，造成海洋环境污染。

钻井所使用的油基泥浆和其他有毒复合泥浆直接排放入海，造成海洋环境污染。钻井所使用的水基泥浆和无毒复合泥浆及钻屑的排放不符合国家有关规定，造成海洋环境污染。海洋石油勘探开发过程中使用的泥浆包括水基泥浆、油基泥浆和混合泥浆等，其海上处置方式分为两类。含油量超过10％（重量）的水基泥浆，禁止向海中排放。含油量低于10％（重量）的水基泥浆，回收确有困难、经海区主管部门批准，可以向海中排放，但要征收排污费。油基泥浆使用后禁止排放，要求回收处理。钻屑中的油含量超过15％（重量）时，禁止排放入海。含油量低于15％（重量）时，回收确有困难、经海区主管部门批准，可以向海中排放，但要征收排污费。

海洋石油钻井船、钻井平台和采油平台及其有关海上设施，向海域处置含油

的工业垃圾或处置其他工业垃圾,造成海洋环境污染。含油工业垃圾是指海洋石油钻井船、钻井平台和采油平台及其海上设施在作业期间产生的含有油分的废弃物。

海上试油时,油气未经充分燃烧,将油和油性混合物排放入海,造成海洋环境污染。海上试油是测试油气产量的作业内容之一。海上试油前,作业者应通知海洋行政主管部门并接受海洋行政主管部门的现场监督。作业者应将试油时落入海中的原油量以及采取的相应措施等情况记录在"防污记录簿"中。

2. 违法行为的认定

根据《中华人民共和国海洋环境保护法》第五十条、第五十一条的规定,只要实施了下列行为之一的,就构成本条的违法行为,应当承担本条规定的行政责任:(1)在进行爆破作业时,未采取有效防护措施,给海洋渔业资源及其他资源带来严重损害,造成海洋环境污染的;(2)海洋石油勘探开发及输油过程中,未采取有效措施,使溢油事故发生,造成海洋环境污染的;(3)海洋石油钻井船、钻井平台和采油平台的含油污水和油性混合物,未经过处理达标即进行排放,造成海洋环境污染的;(4)海洋石油钻井船、钻井平台和采油平台的残油、废油未予以回收处理,就排放入海,造成海洋环境污染的;(5)海洋石油钻井船、钻井平台和采油平台的残油、废油虽经回收处理后排放,但其含油量仍超过国家规定的标准,造成海洋环境污染的;(6)钻井所使用的油基泥浆和其他有毒复合泥浆直接排放入海,造成海洋环境污染的;(7)钻井所使用的水基泥浆和无毒复合泥浆及钻屑的排放不符合国家有关规定,造成海洋环境污染的;(8)海洋石油钻井船、钻井平台和采油平台及其有关海上设施,向海域处置含油的工业垃圾或者其他工业垃圾,造成海洋环境污染的;(9)海上试油时,未确保油气充分燃烧,将油和油性混合物排放入海,造成海洋环境污染的。

根据《中华人民共和国海洋环境保护法》第五十条第一款规定,爆破作业者应掌握作业区海洋生物资源状况,确定主要保护目标。在选择爆破地点、方式、时间时,要避开生物聚集与洄游的季节与路线,同时采取必要的措施,如设置明显的作业标志和信号,将爆破对海洋资源的危害降至最低程度。在制定爆破方案时,对其他资源的保护也应给予综合考虑。作业者必须将爆破方案报海洋行政主管部门备案。

根据《中华人民共和国海洋环境保护法》第五十条第二款规定,在防止溢油事故的管理中,除了严格操作程序,明确岗位责任,强化防范意识外,海上石油开发单位必须编制溢油污染应急计划,配备与开发规模相适应的设备和器材。

根据《中华人民共和国海洋环境保护法》第五十一条第一款规定,含油污水及油性混合物未经达标处理,不得直接向海洋排放。机舱、机房和甲板含油污水的排放,应符合国家《船舶污染物排放标准》。采油工业含油污水排放,应符合国家

《海洋石油开发工业含油污水排放标准》。含油污水在排放前不得稀释或加入消油剂进行预处理。采油工业含油污水的排放,必须符合国标《海洋石油开发工业含油污水分析方法》的要求。海洋石油勘探开发过程中排放的含油污水要征收排污费,具体征收标准和办法由国务院规定。

根据《中华人民共和国海洋环境保护法》第五十一条第二款规定,油基泥浆和其他有毒复合泥浆不得排放入海。水基泥浆和无毒复合泥浆及钻屑的排放,必须符合国家有关规定。作业者应提交钻井泥浆和钻屑等样品到主管部门认可的实验室进行毒性检验。检验合格并符合国家有关规定,经批准后方可排放。主管部门必须提供海洋石油钻井泥浆毒性检验标准与分析方法。

根据《中华人民共和国海洋环境保护法》第五十二条规定,如果弃置到海洋中以后,可能对海洋环境造成污染的工业垃圾,未按要求送陆地处理,直接向海洋中处置或按有关法规可以向海洋处置的,固体废弃物向海洋处置时未严格按照海洋倾废的有关规定执行,就构成违法。

根据《中华人民共和国海洋环境保护法》第五十三条规定,作业者在试油过程中,必须采取有效措施确保油气充分燃烧。试油过程中产生的油和油性混合物排放入海,或未采取有效措施回收的行为即是违法行为。

3. 违法行为的处罚

根据《中华人民共和国海洋环境保护法》第八十四条规定,由海洋行政主管部门依法追究违法行为人的行政责任。也就是说,只有海洋行政主管部门才是法律赋予其行使本条规定的行政处罚权的部门,其他行使海洋环境监督管理权的部门都无权实施本条规定的行政处罚。海洋行政主管部门对违反本法规定进行海洋石油勘探开发活动,造成海洋环境污染的行为应当给予以下行政处罚:(1)予以警告。即海洋行政主管部门在进行监督管理过程中,发现并经确认有违反本法规定进行海洋石油勘探开发活动,造成海洋环境污染的行为后,向违法行为人发出警告。(2)处以罚款。根据本条的规定,这种罚款是一种必须实施的经济处罚,且这一处罚在本条中不能单独使用。也就是说,海洋行政主管部门除了要对违法行为人给予警告的处罚外,还要对其处以罚款。因为海洋石油勘探开发活动可能造成的海洋环境污染一般都较严重,所以对上述违法行为,既要给予其警告的处罚,又要对其处以罚款。而且罚款的数额也比《中华人民共和国海洋石油勘探开发环境保护管理条例》规定的罚款数额(最高为十万元)高。海洋行政主管部门可以根据违法行为情节的轻重和造成的后果的大小对其处以二万元以上二十万元以下的罚款。

4. 法条链接

《中华人民共和国海洋环境保护法》第五十条规定:海洋工程建设项目需要爆破作业时,必须采取有效措施,保护海洋资源。海洋石油勘探开发及输油过程中,必须采取有效措施,避免溢油事故的发生。

《中华人民共和国海洋环境保护法》第五十一条规定:海洋石油钻井船、钻井平台和采油平台的含油污水和油性混合物,必须经过处理达标后排放;残油、废油必须予以回收,不得排放入海。经回收处理后排放的,其含油量不得超过国家规定的标准。钻井所使用的油基泥浆和其他有毒复合泥浆不得排放入海。水基泥浆和无毒复合泥浆及钻屑的排放,必须符合国家有关规定。

《中华人民共和国海洋环境保护法》第八十四条规定:违反本法规定进行海洋石油勘探开发活动,造成海洋环境污染的,由国家海洋行政主管部门予以警告,并处二万元以上二十万元以下的罚款。

(三) 含油污水或其他工业垃圾未按规定处理直接排放入海

1. 法条释义

含油污水是指原油经油水分离器分离后产生的采出水,及机舱、机房和甲板含油污水。油性混合物通常是用棉纱、木屑等吸油材料清洁甲板污油或机器后产生的含油材料,以及含油泥浆、含油钻屑等任何含有油分的混合物。

其他工业垃圾主要指在海上油气田钻井平台、采油平台的安装、拆卸等作业过程中可能产生的废弃物,如一切塑料制品,包括用于包装的废塑料、合成缆绳、塑料袋等废弃物质,一切有毒化学制品以及其他一切有害物质。

2. 违法行为的认定

根据《防治海洋工程建设项目污染损害海洋环境管理条例》第二十九条规定,有下列行为之一的即构成违法:(1)海洋油气矿产资源勘探开发作业中产生的含油污水不是经处理符合国家有关排放标准后再排放,而是直接或者经稀释即排放入海。(2)海洋油气矿产资源勘探开发作业中产生的塑料制品、残油、废油、油基泥浆、含油垃圾和其他有毒有害残液残渣,未集中储存在专门容器中,运回陆地处理,而是直接排放或者弃置入海。

3. 违法行为的处罚

根据《防治海洋工程建设项目污染损害海洋环境管理条例》第五十一条的规定,此违法行为由国家海洋主管部门或者其派出机构责令限期清理,并处 2 万元以上 20 万元以下的罚款;逾期未清理的,国家海洋主管部门或者其派出机构可以指定有相应资质的单位代为清理,所需费用由海洋油气矿产资源勘探开发单位承担;造成海洋环境污染事故,直接负责的主管人员和其他直接责任人员构成犯罪的,依法其追究刑事责任。

4. 法条链接

《防治海洋工程建设项目污染损害海洋环境管理条例》第二十九条规定:海洋油气矿产资源勘探开发作业中产生的污染物的处置,应当遵守下列规定:(一)含油污水不得直接或者经稀释排放入海,应当经处理符合国家有关排放标准后再排放;(二)塑料制品、残油、废油、油基泥浆、含油垃圾和其他有毒有害残液残渣,不得直接排放或者弃置入海,应当集中储存在专门容器中,运回陆地处理。

《防治海洋工程建设项目污染损害海洋环境管理条例》第五十二条规定:海洋油气矿产资源勘探开发单位违反本条例规定向海洋排放含油污水,或者将塑料制品、残油、废油、油基泥浆、含油垃圾和其他有毒有害残液残渣直接排放或者弃置入海的,由国家海洋主管部门或者其派出机构责令限期清理,并处 2 万元以上 20 万元以下的罚款;逾期未清理的,国家海洋主管部门或者其派出机构可以指定有相应资质的单位代为清理,所需费用由海洋油气矿产资源勘探开发单位承担;造成海洋环境污染事故,直接负责的主管人员和其他直接责任人员构成犯罪的,依法追究刑事责任。

(四)未按规定使用化学消油剂、配备防污记录簿或记录平台防污记录簿

1. 法条释义

在发生油污染事故时,应当按规定使用化学消油剂,且必须报主管部门核准,使用主管部门核准的化学消油剂。化学消油剂,学名"溢油分散剂",主要用于处理海上溢油及清洗油污,是治理海洋石油污染的必备品。

建设单位的固定式和移动式平台应备有由主管部门批准格式的防污记录簿。作业者应将防污设备、设施的运行情况;含油污水处理和排放情况;其他废弃物的处理、排放和投弃情况;发生溢油、漏油、井喷等油污染事故及处理情况;进行爆破作业情况;使用化学消油剂的情况;主管部门规定的其他事项详细地、如实地记载于平台防污记录簿。

2. 违法行为的认定

根据《中华人民共和国海洋石油勘探开发环境保护管理条例》第十七条规定,在发生油污事故时,除紧急情况下,未按规定使用化学消油剂,未报主管部门核准,或使用的化学消油剂不符合规定的,均是违法行为。

根据《中华人民共和国海洋石油勘探开发环境保护管理条例》第十条规定,如未按规定对建设单位的固定式和移动式平台备有由主管部门批准格式的防污记录簿,即为违法。

根据《中华人民共和国海洋石油勘探开发环境保护管理条例》第十八条规定,未将主管部门的规定详细地、如实地将事项记载于平台防污记录簿,即是违法行为。

3. 违法行为的处罚

根据《中华人民共和国海洋石油勘探开发环境保护管理条例》第二十七条第一款和第二款第二项第二目的规定,未按规定使用化学消油剂的,由主管部门予以警告或处最高五千元罚款。

根据《中华人民共和国海洋石油勘探开发环境保护管理条例》第二十七条第

一款和第二款第三项第一目的规定,未按规定配备防污记录簿的,由主管部门予以警告或处最高一千元罚款。

根据《中华人民共和国海洋石油勘探开发环境保护管理条例》第二十七条第一款和第二款第三项第二目的规定,未按规定记录平台防污记录簿的,由主管部门予以警告或处最高一千元罚款。

4. 法条链接

《中华人民共和国海洋石油勘探开发环境保护管理条例》第十七条规定:化学消油剂要控制使用:(一)在发生油污染事故时,应采取回收措施,对少量确实无法回收的油,准许使用少量的化学消油剂。(二)一次性使用化学消油剂的数量(包括溶剂在内),应根据不同海域等情况,由主管部门另做具体规定。作业者应按规定向主管部门报告,经准许后方可使用。(三)在海洋浮油可能发生火灾或者严重危及人命和财产安全,又无法使用回收方法处理,而使用化学消油剂可以减轻污染和避免扩大事故后果的紧急情况下,使用化学消油剂的数量和报告程序可不受本条(二)项规定限制。但事后,应将事故情况和使用化学消油剂情况详细报告主管部门。(四)必须使用经主管部门核准的化学消油剂。

《中华人民共和国海洋石油勘探开发环境保护管理条例》第十条规定:固定式和移动式平台应备有由主管部门批准格式的防污记录簿。

《中华人民共和国海洋石油勘探开发环境保护管理条例》第十八条规定:作业者应将下列情况详细地、如实地记载于平台防污记录簿:(一)防污设备、设施的运行情况;(二)含油污水处理和排放情况;(三)其他废弃物的处理、排放和投弃情况;(四)发生溢油、漏油、井喷等油污染事故及处理情况;(五)进行爆破作业情况;(六)使用化学消油剂的情况;(七)主管部门规定的其他事项。

《中华人民共和国海洋石油勘探开发环境保护管理条例》第二十七条第一款、第二款规定:主管部门对违反《中华人民共和国海洋环境保护法》和本条例的企业、事业单位、作业者和个人,可视其情节轻重,予以警告或罚款处分。罚款分为以下几种:(一)对造成海洋环境污染的企业、事业单位、作业者的罚款,最高额为人民币十万元。(二)对企业、事业单位、作业者的下列违法行为,罚款最高额为人民币五千元:1.不按规定向主管部门报告重大油污染事故;2.不按规定使用化学消油剂。(三)对企业、事业单位、作业者的下列违法行为,罚款最高额为人民币一千元:1.不按规定配备防污记录簿;2.防污记录簿的记载非正规化或者伪造;3.不按规定报告或通知有关情况;4.阻挠公务人员或指派人员执行公务。

四、违反应急处置、报告、通报和备案管理制度的违法行为

（一）突发事故或者其他突发性事件，未立即采取措施或未按规定通报

1. 法条释义

事故或者其他突发性事件是指可能造成海洋环境污染事故的各种事故和突发性事件。在事故发生后，导致事故或者突发性事件的责任者，必须立即采取有效措施同时，必须接受调查处理。接受调查处理的责任者，必须如实地向有关部门反映情况，以便有关部门采取有效措施，遏制污染的扩大，并使损失控制在最低水平；责任者还必须承担相应的责任。

2. 违法行为的认定

根据《中华人民共和国海洋环境保护法》第十七条第一款的规定，未根据报告制度满足下列任一项要求即构成违法：第一，未立即采取有效的措施；第二，未向可能受到污染危害的人及时通报；第三，未依照本法规定行使海洋环境监督管理权的部门报告，即向环保、海洋、海事、渔业部门报告，如在海上，未尽量向就近的海洋、海事或渔业部门报告；如在海岸上，未及时向环保部门和就近的海洋、海事、渔业部门报告。

3. 违法行为的处罚

根据《中华人民共和国海洋环境保护法》第七十三条第一款第四项和第二款的规定，突发事件发生时未立即采取有效的措施，由海洋环境监督管理权的部门责令停止违法行为、限期改正或者责令采取限制生产、停产整治等措施，并处二万元以上十万元以下的罚款。

根据《中华人民共和国海洋环境保护法》第七十四条第一款第二项和第二款的规定突发事件发生时未向可能受到污染危害的人及时通报或未依照本法规定行使海洋环境监督管理权的部门报告的，由海洋环境监督管理权的部门予以警告或处五万元以下的罚款。

4. 法条链接

《中华人民共和国海洋环境保护法》第十七条第一款规定：因发生事故或者其他突发性事件，造成或者可能造成海洋环境污染事故的单位和个人，必须立即采取有效措施，及时向可能受到危害者通报，并向依照本法规定行使海洋环境监督管理权的部门报告，接受调查处理。

《中华人民共和国海洋环境保护法》第七十三条规定：违反本法有关规定，有下列行为之一的，由依照本法规定行使海洋环境监督管理权的部门责令停止违法行为、限期改正或者责令采取限制生产、停产整治等措施，并处以罚款；拒不改正的，依法作出处罚决定的部门可以自责令改正之日的次日起，按照原罚款数额按日连续处罚；情节严重的，报经有批准权的人民政府批准，责令停业、关闭：（一）向

海域排放本法禁止排放的污染物或者其他物质的;(二)不按照本法规定向海洋排放污染物,或者超过标准、总量控制指标排放污染物的;(三)未取得海洋倾倒许可证,向海洋倾倒废弃物的;(四)因发生事故或者其他突发性事件,造成海洋环境污染事故,不立即采取处理措施的。有前款第(一)、(三)项行为之一的,处三万元以上二十万元以下的罚款;有前款第(二)、(四)项行为之一的,处二万元以上十万元以下的罚款。

《中华人民共和国海洋环境保护法》第七十四条规定:违反本法有关规定,有下列行为之一的,由依照本法规定行使海洋环境监督管理权的部门予以警告,或者处以罚款:(一)不按照规定申报,甚至拒报污染物排放有关事项,或者在申报时弄虚作假的;(二)发生事故或者其他突发性事件不按照规定报告的;(三)不按照规定记录倾倒情况,或者不按照规定提交倾倒报告的;(四)拒报或者谎报船舶载运污染危害性货物申报事项的。有前款第(一)、(三)项行为之一的,处二万元以下的罚款;有前款第(二)、(四)项行为之一的,处五万元以下的罚款。

(二)拒绝现场检查或未提供必要的资料配合检查

1. 法条释义

依照规定行使海洋环境监督管理权的部门,有权根据《中华人民共和国海洋环境保护法》第五条的分工,对各自所管辖的范围内排放污染物的单位和个人进行现场检查。被检查者应当如实反映情况,提供必要的资料,对于隐瞒不报、弄虚作假或者拒绝配合,甚至无理阻挠的,依照本法法律责任的有关规定,予以处罚,责任者必须承担与其行为相应的法律责任。

2. 违法行为的认定

根据《中华人民共和国海洋环境保护法》第十九条第二款的规定,承担行政法律责任的行为必须具备的条件是:拒绝现场检查或者在被检查时弄虚作假。不论是具备这两种违法行为中的一种,还是同时具备这两种违法行为,都要按照本条规定追究其法律责任。

3. 违法行为的处罚

根据《中华人民共和国海洋环境保护法》第七十五条的规定,行使海洋环境监督管理权的部门在执法过程中,根据违法行为和造成后果的大小等实际情况,依法作出下列处罚:(1)警告,即由行使海洋环境监督管理权的部门对违法行为人给予的一种最轻的行政处罚;(2)罚款,本条规定的具体罚款数额为二万元以下。

4. 法条链接

《中华人民共和国海洋环境保护法》第十九条第二款规定:依照本法规定行使海洋环境监督管理权的部门,有权对管辖范围内排放污染物的单位和个人进行现场检查。被检查者应当如实反映情况,提供必要的资料。

《中华人民共和国海洋环境保护法》第七十五条规定:违反本法第十九条第二

款的规定,拒绝现场检查,或者在被检查时弄虚作假的,由依照本法规定行使海洋环境监督管理权的部门予以警告,并处二万元以下的罚款。

(三)未按规定编制溢油计划,报有关机构备案

1. 法条释义

作业者在从事海上钻井或油田投产前,应按规章制度编制溢油应急计划,充分评估可能产生的溢油风险,并配备应急设施、设备和制定应急措施,以便发生溢油事故后,能有效地组织人力、物力及时处理,将污染损害降到最低。国家海洋行政主管部门在1995年发布了《海洋石油勘探开发溢油应急计划编报与审批程序》,对海洋石油勘探开发溢油应急计划编报的内容与审批的程序进行了规定。

2. 违法行为的认定

根据《中华人民共和国海洋环境保护法》第五十四条的规定,溢油应急计划应报国家海洋行政主管部门审查批准。审查批准后,企业或作业者应按照批准的溢油应急计划组织相应的人力物力实施。如果在作业过程中,作业规模、方式、方法等发生变化,作业者应重新向国家海洋行政主管部门报批溢油应急计划。

3. 违法行为的处罚

根据《中华人民共和国海洋环境保护法》第八十九条的规定,由本法规定行使海洋环境监督管理权的部门予以警告,或者责令限期改正。

4. 法条链接

《中华人民共和国海洋环境保护法》第五十四条规定:勘探开发海洋石油,必须按有关规定编制溢油应急计划,报国家海洋行政主管部门审查批准。

《中华人民共和国海洋环境保护法》第八十九条规定:违反本法规定,船舶、石油平台和装卸油类的港口、码头、装卸站不编制溢油应急计划的,由依照本法规定行使海洋环境监督管理权的部门予以警告,或者责令限期改正。

(四)海洋石油勘探开发过程中违反规定未进行报告

1. 法条释义

该违法行为包括未按规定报告其向水基泥浆中添加油的种类和数量,未按规定报告污染物排放设施、处理设备的运转情况或者污染物的排放、处置情况,未按规定将防治海洋工程污染损害海洋环境的应急预案备案,在海上爆破作业前未按规定报告海洋行政主管部门。

2. 违法行为的认定

根据《防治海洋工程建设项目污染损害海洋环境管理条例》第二十七条第一款,第三十条,第三十一条,第三十六条规定,凡有下列行为之一的,均构成违法:

海洋工程建设过程中需要进行海上爆破作业的,建设单位未在爆破作业前报告海洋主管部门。

确需添加向水基泥浆中添加油类的,未如实记录并向原核准该工程环境影响报告书的海洋主管部门报告添加油的种类和数量。

建设单位在海洋工程试运行或者正式投入运行后,未如实记录污染物排放设施、处理设备的运转情况及其污染物的排放、处置情况。

建设单位未将防治海洋工程污染损害海洋环境的应急预案,报原核准该工程环境影响报告书的海洋主管部门和有关主管部门备案。

3. 违法行为的处罚

根据《防治海洋工程建设项目污染损害海洋环境管理条例》第五十条的规定,建设单位违反本条例规定的第二十七条第一款、第三十条、第三十一条、第三十六条规定,由原核准该工程环境影响报告书的海洋主管部门责令限期改正;逾期不改正的,处1万元以上5万元以下的罚款。

4. 法条链接

《防治海洋工程建设项目污染损害海洋环境管理条例》第二十七条第一款规定:海洋工程建设过程中需要进行海上爆破作业的,建设单位应当在爆破作业前报告海洋主管部门,海洋主管部门应当及时通报海事、渔业等有关部门。

《防治海洋工程建设项目污染损害海洋环境管理条例》第三十条规定:严格控制向水基泥浆中添加油类,确需添加的,应当如实记录并向原核准该工程环境影响报告书的海洋主管部门报告添加油的种类和数量。禁止向海域排放含油量超过国家规定标准的水基泥浆和钻屑。

《防治海洋工程建设项目污染损害海洋环境管理条例》第三十一条规定:建设单位在海洋工程试运行或者正式投入运行后,应当如实记录污染物排放设施、处理设备的运转情况及其污染物的排放、处置情况,并按照国家海洋主管部门的规定,定期向原核准该工程环境影响报告书的海洋主管部门报告。

《防治海洋工程建设项目污染损害海洋环境管理条例》第三十六条规定:建设单位应当在海洋工程正式投入运行前制定防治海洋工程污染损害海洋环境的应急预案,报原核准该工程环境影响报告书的海洋主管部门和有关主管部门备案。

《防治海洋工程建设项目污染损害海洋环境管理条例》第五十条规定:建设单位违反本条例规定,有下列行为之一的,由原核准该工程环境影响报告书的海洋主管部门责令限期改正;逾期不改正的,处1万元以上5万元以下的罚款:(一)未按规定报告污染物排放设施、处理设备的运转情况或者污染物的排放、处置情况的;(二)未按规定报告其向水基泥浆中添加油的种类和数量的;(三)未按规定将防治海洋工程污染损害海洋环境的应急预案备案的;(四)在海上爆破作业前未按规定报告海洋主管部门的;(五)进行海上爆破作业时,未按规定设置明显标志、信号的。

(五) 未按规定将平台的位置及时通知主管部门

1. 法条释义

该违法行为是指固定式平台和移动式平台的位置,未按规定及时通知主管部门。固定式平台指用桩将结构固定于海底或依靠自身的重量坐落于海底的平台。移动式平台是一种装备有钻井设备,并能从一个井位移到另一个井位的平台,它可用于海上石油的钻探和生产。

2. 违法行为的认定

根据《中华人民共和国海洋石油勘探开发环境保护管理条例》第十九条第二款规定,未按规定将平台的位置及时通知主管部门的行为即构成违法。

3. 违法行为的处罚

根据《中华人民共和国海洋石油勘探开发环境保护管理条例》第二十七条第一款和第二款第三项第三目规定,未及时报告平台位置的,由主管部门予以警告或处最高一千元的罚款。

4. 法条链接

《中华人民共和国海洋石油勘探开发环境保护管理条例》第十九条第二款规定:固定式平台和移动式平台的位置,应及时通知主管部门。

根据《中华人民共和国海洋石油勘探开发环境保护管理条例》第二十七条规定:主管部门对违反《中华人民共和国海洋环境保护法》和本条例的企业、事业单位、作业者和个人,可视其情节轻重,予以警告或罚款处分。罚款分为以下几种:(1) 对造成海洋环境污染的企业、事业单位、作业者的罚款,最高额为人民币十万元。对企业、事业单位、作业者的下列违法行为,罚款最高额为人民币五千元:①不按规定向主管部门报告重大油污染事故;②不按规定使用化学消油剂。(2) 对企业、事业单位、作业者的下列违法行为,罚款最高额为人民币一千元:①不按规定配备防污记录簿;②防污记录簿的记载非正规化或者伪造;③不按规定报告或通知有关情况;④阻挠公务人员或指派人员执行公务。

五、违反平台弃置管理制度的违法行为

(一) 法条释义

该违法行为是指平台所有者未向国家海洋行政主管部门提出平台弃置书面申请,或未经国家海洋行政主管部门审查批准,擅自进行平台弃置。平台所有者未按规定进行平台弃置。平台所有者未按规定对弃置平台进行防污处理。

(二) 违法行为的认定

根据《防治海洋工程建设项目污染损害海洋环境管理条例》第二十八条第二款,《中华人民共和国海洋环境保护法》第五十五条、第五十九条规定,平台所有者

实施以下任一行为即构成违法：(1) 未向国家海洋行政主管部门提出平台弃置书面申请，或未经国家海洋行政主管部门审查批准，擅自进行平台弃置。(2) 未按规定进行平台弃置，包括：①未按国家海洋行政主管部门批准的要求进行平台弃置。②未在停止油气开发作业之日起的一年内进行平台弃置。③废弃平台妨碍海洋主导功能使用的未全部拆除。④在领海以内海域进行全部拆除的平台，其残留海底的桩腿等未切割至海底表面四米以下。⑤在领海以外残留的桩腿等设施，未达到不得妨碍其他海洋主导功能的使用的要求。⑥平台在海上弃置的，未封住采油井口，未拆除一切可能对海洋环境和资源造成损害的设施的。(3) 平台所有者未按规定对弃置平台进行防污处理，包括：①弃置平台的海上留置部分，未进行清洗或防腐蚀处理。②海上清洗或者防腐蚀作业，未采取有效措施防止油类、油性混合物或其他有害物质污染海洋环境。③清洗产生的废水未经处理达标排放。

(三) 违法行为的处罚

根据《中华人民共和国海洋环境保护法》第七十三条第一款第三项和第二款规定，向海域排放本法禁止排放的污染物或者其他物质的；未取得海洋倾倒许可证，向海洋倾倒废弃物的，处三万元以上二十万元以下的罚款。

根据《中华人民共和国海洋环境保护法》第八十五条规定，随意倾倒废弃物的，由海洋行政主管部门予以警告，并处三万元以上二十万元以下的罚款；对情节严重的，可以暂扣或者吊销许可证。

根据《中华人民共和国海洋环境保护法》第八十四条规定，海洋石油勘探开发活动造成海洋环境污染的，由国家海洋行政主管部门予以警告，并处二万元以上二十万元以下的罚款。

(四) 法条链接

《防治海洋工程建设项目污染损害海洋环境管理条例》第二十八条第二款规定：海洋工程需要在海上弃置的，应当拆除可能造成海洋环境污染损害或者影响海洋资源开发利用的部分，并按照有关海洋倾倒废弃物管理的规定进行。

《中华人民共和国海洋环境保护法》第五十五条规定：任何单位未经国家海洋行政主管部门批准，不得向中华人民共和国管辖海域倾倒任何废弃物。需要倾倒废弃物的单位，必须向国家海洋行政主管部门提出书面申请，经国家海洋行政主管部门审查批准，发给许可证后，方可倾倒。禁止中华人民共和国境外的废弃物在中华人民共和国管辖海域倾倒。

《中华人民共和国海洋环境保护法》第五十九条规定：获准倾倒废弃物的单位，必须按照许可证注明的期限及条件，到指定的区域进行倾倒。废弃物装载之后，批准部门应当予以核实。

《中华人民共和国海洋环境保护法》第七十三条和第二款规定：违反本法有关

规定,有下列行为之一的,由依照本法规定行使海洋环境监督管理权的部门责令限期改正,并处以罚款:(一)向海域排放本法禁止排放的污染物或者其他物质的;(二)不按照本法规定向海洋排放污染物,或者超过标准排放污染物的;(三)未取得海洋倾倒许可证,向海洋倾倒废弃物的;(四)因发生事故或者其他突发性事件,造成海洋环境污染事故,不立即采取处理措施的。有前款第(一)、(三)项行为之一的,处三万元以上二十万元以下的罚款;有前款第(二)、(四)项行为之一的,处二万元以上十万元以下的罚款。

《中华人民共和国海洋环境保护法》第八十四条规定:违反本法规定进行海洋石油勘探开发活动,造成海洋环境污染的,由国家海洋行政主管部门予以警告,并处二万元以上二十万元以下的罚款。

《中华人民共和国海洋环境保护法》第八十六条规定:违反本法规定,不按照许可证的规定倾倒,或者向已经封闭的倾倒区倾倒废弃物的,由海洋行政主管部门予以警告,并处三万元以上二十万元以下的罚款;对情节严重的,可以暂扣或者吊销许可证。

第二节 违反海洋工程建设环保规定行为行政处罚

一、违反防止海洋环境污染和资源保护管理制度的违法行为

(一)围填海工程中使用的填充材料不符合有关环保标准

1. 法条释义

我国严格控制围填海工程,在围填海工程过程中,使用的填充材料应当符合有关环境保护标准。围填海工程是人类利用海洋空间资源,向海洋拓展生存空间和生产空间的一种重要手段。

2. 违法行为的认定

根据《防治海洋工程建设项目污染损害海洋环境管理条例》第二十条规定,未按有关环境保护标准使用围填海工程的填充材料,即构成违法行为。

3. 违法行为的处罚

根据《防治海洋工程建设项目污染损害海洋环境管理条例》第四十九条规定,未按规定进行围填海工程,由县级以上人民政府海洋主管部门责令限期改正;逾期不改正的,责令停止建设、运行,并处5万元以上20万元以下的罚款;造成海洋环境污染事故,直接负责的主管人员和其他直接责任人员构成犯罪的,依法追究刑事责任。

4. 法条链接

《防治海洋工程建设项目污染损害海洋环境管理条例》第二十条规定:严格控

制围填海工程。禁止在经济生物的自然产卵场、繁殖场、索饵场和鸟类栖息地进行围填海活动。围填海工程使用的填充材料应当符合有关环境保护标准。

《防治海洋工程建设项目污染损害海洋环境管理条例》第四十九条规定:建设单位违反本条例规定,在围填海工程中使用的填充材料不符合有关环境保护标准的,由县级以上人民政府海洋主管部门责令限期改正;逾期不改正的,责令停止建设、运行,并处 5 万元以上 20 万元以下的罚款;造成海洋环境污染事故,直接负责的主管人员和其他直接责任人员构成犯罪的,依法追究刑事责任。

(二)未按规定进行养殖,对海洋环境造成污染或者严重影响海洋景观

1. 法条释义

科学合理的养殖方式对水生态环境有净化修复的作用,而高密度、不合理的投饵型养殖方式会对环境有比较大的负面影响。从事海水养殖的养殖者,应当采取科学的养殖方式,减少养殖饵料对海洋环境的污染。因养殖污染海域或者严重破坏海洋景观的,养殖者应当予以恢复和整治。

2. 违法行为的认定

根据《防治海洋工程建设项目污染损害海洋环境管理条例》第二十三条规定,从事海水养殖的养殖者,未采取科学的养殖方式减少养殖饵料对海洋环境的污染,即构成违法。

3. 违法行为的处罚

根据《防治海洋工程建设项目污染损害海洋环境管理条例》第五十三条规定,该行为由县级以上人民政府海洋主管部门责令限期改正;逾期不改正的,责令停止养殖活动,并处清理污染或者恢复海洋景观所需费用 1 倍以上 2 倍以下的罚款。

4. 法条链接

《防治海洋工程建设项目污染损害海洋环境管理条例》第二十三条规定:从事海水养殖的养殖者,应当采取科学的养殖方式,减少养殖饵料对海洋环境的污染。因养殖污染海域或者严重破坏海洋景观的,养殖者应当予以恢复和整治。

《防治海洋工程建设项目污染损害海洋环境管理条例》第五十三条规定:海水养殖者未按规定采取科学的养殖方式,对海洋环境造成污染或者严重影响海洋景观的,由县级以上人民政府海洋主管部门责令限期改正;逾期不改正的,责令停止养殖活动,并处清理污染或者恢复海洋景观所需费用 1 倍以上 2 倍以下的罚款。

二、不按规定缴纳排污费的违法行为

(一)法条释义

排污费可分为非超标排污费和超标排污费两种。排污费污染者支付原则的

具体化。随着经济的发展,人类排放污染物的种类、数量及浓度都大规模增加,大大超过海洋的自净能力,海洋环境受到严重的污染和破坏。而净化被污染的海洋资源,则需要付出一定的代价,原则上这笔费用应当由污染者支付。

(二)违法行为的认定

根据《防治海洋工程建设项目污染损害海洋环境管理条例》第三十二条第二款的规定,排污者未根据国务院价格主管部门和财政部门制定的收费标准确定排污者应当缴纳的排污费数额,到指定的商业银行缴纳排污费的行为即为违法。

(三)违法行为的处罚

根据《防治海洋工程建设项目污染损害海洋环境管理条例》第五十四条规定,该违法行为由县级以上人民政府海洋主管部门责令限期缴纳;逾期拒不缴纳的,处应缴纳排污费数额2倍以上3倍以下的罚款。

(四)法条链接

《防治海洋工程建设项目污染损害海洋环境管理条例》第三十二条规定:县级以上人民政府海洋主管部门,应当按照各自的权限核定海洋工程排放污染物的种类、数量,根据国务院价格主管部门和财政部门制定的收费标准确定排污者应当缴纳的排污费数额。排污者应当到指定的商业银行缴纳排污费。

《防治海洋工程建设项目污染损害海洋环境管理条例》第五十四条规定:建设单位未按本条例规定缴纳排污费的,由县级以上人民政府海洋主管部门责令限期缴纳;逾期拒不缴纳的,处应缴纳排污费数额2倍以上3倍以下的罚款。

三、违反海上爆破作业管理要求的违法行为

(一)法条释义

海洋工程建设单位在重要渔业水域进行海上爆破作业时,未按规定设置明显标志、信号,进行炸药爆破或者进行其他可能对渔业资源造成损害的作业,未避开主要经济类鱼虾产卵期。在海上爆破作业前未按规定报告海洋行政主管部门。渔业重要水域是指中华人民共和国管辖的水域中适宜水产捕捞、水产增殖的水生经济动植物繁殖、生长、索饵和越冬洄游的水域总称。

(二)违法行为的认定

根据《防治海洋工程建设项目污染损害海洋环境管理条例》第二十七条,凡有下列行为之一的,均构成违法:海洋工程建设过程中需要进行海上爆破作业的,建设单位应当在爆破作业前报告海洋主管部门,海洋主管部门应当及时通报海事、渔业等有关部门。进行海上爆破作业,未设置明显的标志、信号,且未采取有效措

施保护海洋资源在重要渔业水域或进行炸药爆破作业或者进行其他可能对渔业资源造成损害的作业活动,未避开主要经济类鱼虾的产卵期。

(三)违法行为的处罚

根据《防治海洋工程建设项目污染损害海洋环境管理条例》第五十一条的规定,建设单位爆破时未设置明显的标志、信号,或未采取有效措施保护海洋资源的,由原核准该工程环境影响报告书的海洋主管部门责令限期改正;逾期不改正的,处1万元以上5万元以下的罚款。

根据《防治海洋工程建设项目污染损害海洋环境管理条例》第五十一条第二款规定,建设单位进行可能对渔业资源造成损害的作业,未避开主要经济类鱼虾产卵期的,由县级以上人民政府海洋主管部门予以警告、责令停止作业,并处5万元以上20万元以下的罚款。

(四)法条链接

《防治海洋工程建设项目污染损害海洋环境管理条例》第二十七条规定:海洋工程建设过程中需要进行海上爆破作业的,建设单位应当在爆破作业前报告海洋主管部门,海洋主管部门应当及时通报海事、渔业等有关部门。进行海上爆破作业,应当设置明显的标志、信号,并采取有效措施保护海洋资源。在重要渔业水域进行炸药爆破作业或者进行其他可能对渔业资源造成损害的作业活动的,应当避开主要经济类鱼虾的产卵期。

《防治海洋工程建设项目污染损害海洋环境管理条例》第五十条规定:建设单位违反本条例规定,有下列行为之一的,由原核准该工程环境影响报告书的海洋主管部门责令限期改正;逾期不改正的,处1万元以上5万元以下的罚款:(一)未按规定报告污染物排放设施、处理设备的运转情况或者污染物的排放、处置情况的;(二)未按规定报告其向水基泥浆中添加油的种类和数量的;(三)未按规定将防治海洋工程污染损害海洋环境的应急预案备案的;(四)在海上爆破作业前未按规定报告海洋主管部门的;(五)进行海上爆破作业时,未按规定设置明显标志、信号的。

《防治海洋工程建设项目污染损害海洋环境管理条例》第五十一条规定:建设单位违反本条例规定,进行海上爆破作业时未采取有效措施保护海洋资源的,由县级以上人民政府海洋主管部门责令限期改正;逾期未改正的,处1万元以上10万元以下的罚款。建设单位违反本条例规定,在重要渔业水域进行炸药爆破或者进行其他可能对渔业资源造成损害的作业,未避开主要经济类鱼虾产卵期的,由县级以上人民政府海洋主管部门予以警告、责令停止作业,并处5万元以上20万元以下的罚款。

第三节　违反海洋倾废规定行为行政处罚

一、未经批准向海洋倾倒废弃物

（一）法条释义

需要向海上倾倒废弃物的任何单位（即废弃物所有者或倾倒作业者，但倾倒作业者必须受废弃物所有者的委托），必须提前2个月（需要使用临时性海洋倾倒区则必须提前6个月）向国家海洋行政主管部门提出申请，按规定的格式填报倾倒废弃物申请书，并提交废弃物特性成分检验单以及有关倾倒的方式、规模、数量、废弃物所有者和倾倒作业者等有关材料。国家海洋行政主管部门在收到倾倒申请书之日起2个月之内（需要使用临时性海洋倾倒区则在6个月之内），按照规定程序对倾倒申请进行审查，如果认为废弃物在海上指定的倾倒区内倾倒是合适的，则发给倾倒许可证。倾倒申请单位必须持主管部门签发的倾倒许可证并按照许可证规定的条件进行废弃物的倾倒作业。

（二）违法行为的认定

未经批准向海洋倾倒废弃物违法行为包括两种：一是需要倾倒废弃物的单位根本就未申请海洋倾倒许可证而私自向海洋倾倒废弃物的行为；二是需要倾倒废弃物的单位虽然已向国家海洋行政主管部门提出申请，但尚未获得批准就倾倒废弃物的行为。不论是以上哪种行为，只要未取得海洋倾倒许可证，向海洋倾倒废弃物的，就要承担本条规定的行政法律责任。

（三）违法行为的处罚

根据《中华人民共和国海洋环境保护法》第七十三条第一款第三项的规定，未取得海洋倾倒许可证，向海洋倾倒废弃物的，由行使海洋环境监督管理权的部门责令限期改正，并处三万元以上二十万元以下的罚款。

（四）法条链接

《中华人民共和国海洋环境保护法》第五十五条第一款和第二款规定：任何单位未经国家海洋行政主管部门批准，不得向中华人民共和国管辖海域倾倒任何废弃物。需要倾倒废弃物的单位，必须向国家海洋行政主管部门提出书面申请，经国家海洋行政主管部门审查批准，发给许可证后，方可倾倒。

《中华人民共和国海洋环境保护法》第七十三条规定：违反本法有关规定，有下列行为之一的，由依照本法规定行使海洋环境监督管理权的部门责令限期改正，并处以罚款：（一）向海域排放本法禁止排放的污染物或者其他物质的；（二）不按照本法规定向海洋排放污染物,或者超过标准排放污染物的;(三)未取得海洋倾倒许可证,向海洋倾倒废弃物的;(四)因发生事故或者其他突发性事件,造成海洋环境污染事故,不立即采取处理措施的。有前款第(一)、(三)项行为之一的,处三万元以上二十万元以下的罚款;有前款第(二)、(四)项行为之一的,处二万元以上十万元以下的罚款。

(五) 案例分析

关于倾废案的管辖与倾废违法主体的认定的案例分析
——以某航道局某市分公司非法倾倒废弃物行政处罚案为例

【基本案情】

被处罚人:某航道局某市分公司

处罚机关:漳州市海洋与渔业局

2004年8月19日,中国海监漳州市支队在日常执法巡逻时,发现某航道局某市分公司所属的××号泥驳船正在漳州市某海域(非海洋倾倒区)倾倒港口疏浚物。海洋监察人员登临检查后发现该泥驳船在未办理海洋倾倒许可证的情况下,擅自在该海域内倾倒港口疏浚物,倾倒方式采用底排式排放,疏浚物为某市的码头挖深港池工程所产生的黄砂、土混合物(含砂量较高)。检查时,泥驳船周围的海水浑浊,呈泥黄色。据当事人透露,已倾倒的疏浚物体积约有4 000立方米,船舱内尚有未倾倒完毕的疏浚物约60立方米,未做任何倾废情况记录。在上报漳州市海洋与渔业局立案后,海洋监察人员对现场进行进一步拍照、摄像等取证工作,并依法对当事人进行调查询问,制作了《现场笔录》《询问笔录》,提取了疏浚物的样本及泥驳船现场周围水域的海水样本。在整个调查取证过程中,当事人能够主动配合执法人员的工作,并对违法事实供认不讳。

【处理结果】

本案于2004年9月2日调查终结。根据以上事实,漳州市海洋与渔业局认定,某航道局某市分公司的行为已违反了《中华人民共和国海洋环境保护法》第五十五条第二款的规定。依据《中华人民共和国海洋环境保护法》第七十三条的规定,处罚机关对当事人作出了"责令改正,并处罚款人民币48 000元"的行政处罚。《行政处罚决定书》送达后,当事人放弃复议和行政诉讼的权利,及时履行了处罚义务,该案执行终结。

【评析意见】

根据《中华人民共和国海洋环境保护法》第五十五条第一款"任何单位未经国家海洋行政主管部门批准,不得向中华人民共和国管辖海域倾倒任何废弃物"、第二款"需要倾倒废弃物的单位,必须向国家海洋行政主管部门提出书面申请,经国家海洋行政主管部门审查批准,发给许可证,方可倾倒"、第五十九条"获准倾倒废弃物的单位,必须按照许可证注明的期限及条件,到指定的区域进行倾倒"和第六十条"获准倾倒废弃物的单位,应当详细记录倾倒的情况,并在倾倒后向批准部门作出书面报告"的规定,任何单位或个人需要向海洋倾倒废弃物,必须取得海洋倾倒许可证,到指定的倾倒区倾倒,并对倾倒的情况详细记录在案。本案的相对人未取得海洋倾倒许可证,未记录倾倒的详细情况,属于未办理倾倒许可证擅自向海洋倾废的违法行为。本案涉及四个焦点问题

(1) 关于海洋倾废案件的管辖权

案件的管辖权问题是处理海洋倾废案件面对的首要问题。目前,海洋倾废案件的管辖权存在两种观点:

一种观点认为,海洋倾废行政处罚案件只能由国家海洋局及其派出机构管辖,也就是认为地方海洋行政主管部门不具有海洋倾废案件的行政处罚权和管辖权。理由有三点:第一,由于国家海洋局属于海洋行政主管部门范畴之列,因此,《海洋倾废管理条例》第四条和第二十一条中关于国家海洋局及其派出机构对海洋倾废案件管辖权的规定,与新修订的《中华人民共和国海洋环境保护法》关于海洋倾废案件管辖权由各级海洋行政主管部门行使的规定,不存在抵触无效的问题;第二,《海洋倾废管理条例》系原《中华人民共和国海洋环境保护法》的配套行政法规,在《中华人民共和国海洋环境保护法》修订之后,其有效部分仍属于新修订的《中华人民共和国海洋环境保护法》的配套规定,在实际工作中应予以执行;第三,根据《海洋行政处罚实施办法》第五条和《海洋倾废管理条例》第四条的规定,所有海洋倾废案件的管辖权均应由国家海洋局及其派出机构行使,地方各级海洋行政主管部门无权行使。

另一种观点认为,各级海洋行政主管部门对海洋倾废案件均有管辖权。理由有两点:首先,根据《中华人民共和国海洋环境保护法》第五条的规定,沿海县级以上地方人民政府海洋环境监督管理权的部门的设立及其职责,由省级人民政府根据《中华人民共和国海洋环境保护法》和国务院的有关规定确定。福建省根据《中华人民共和国海洋环境保护法》制定并颁布了《福建省海洋环境保护条例》,其第三条专门就福建省沿海县级以上地方人民政府海洋环境保护监督管理部门的设立及其主要职责作了如下规定:"沿海县级以上地方人民政府海洋行政主管部门负责本行政区域毗邻海域的海洋环境的监督管理,组织海洋环境的调查、监测、监视、评价和科学研究,负责防治海洋工程建设项目和海洋倾倒物对海洋环境的污染损害。"这是以地方性法规明确了福建省沿海县级以上地方人民政府行使海洋环境保护监督管理权的部门及其主要职责,是对《中华人民共和国海洋环境保护法》第五条第六款规定的具体化。由此可见,在本辖区毗邻海域内,福建省沿海县级以上海洋行政主管部门依法有权行使海洋环境监督管理权。其次,从《中华人民共和国海洋环境保护法》和《海洋倾废管理条例》的法律地位来分析,《海洋倾废管理条例》发布于 1985 年 3 月 6 日,是为实施 1982 年 8 月颁布的《中华人民共和

国海洋环境保护法》而制定的配套行政法规之一。1999年12月,新修订的《中华人民共和国海洋环境保护法》经全国人大常委会审议通过。从维护国家法制统一和遵循《中华人民共和国立法法》相关规定来判断,"上位法优于下位法"和"旧规定服从新规定",是我国法律适用的基本原则。《中华人民共和国海洋环境保护法》作为海洋环境保护的重要法律,是《海洋倾废管理条例》的上位法和立法依据,其效力仅次于宪法,高于行政法规。作为下位法的《海洋倾废管理条例》如果与其上位法《中华人民共和国海洋环境保护法》的规定不一致,无疑要适用上位法的规定。显然,修订后的《中华人民共和国海洋环境保护法》已经对包括海洋环保管理体制等在内的许多内容作了较大的修改,《海洋倾废管理条例》第四条关于海洋环保行政主体的规定,与新法的相关规定存在着明显的抵触,不宜再适用。因此,关于"所有海洋倾废案件的管辖权均应由国家海洋局及其派出机构行使,地方各级海洋行政主管部门无权行使"的观点明显违背了新法修订的精神。

我们赞同后一种观点,认为"各级海洋行政主管部门对海洋倾废案件均有管辖权"的观点首先有新修订的《中华人民共和国海洋环境保护法》第五条第六款作为法律依据,该条款是针对海洋管理体制的实际变化而作出的;其次,有利于打击违法倾废活动,可以充分利用地海监机构"点多面广"的优势及时发现、及时查获、及时取证。

(2) 关于违法主体的认定

准确锁定海洋违法案件的违法主体,是把握案件查处工作的关键和重点,也是明确办案工作的目标和方向,保证查处工作不会走弯路的最基本要求。在查处海洋倾废案件中,往往会涉及与案件有关的多方单位和组织,如工程业主单位以及倾倒许可证所载明的倾倒申请单位、倾倒作业单位、实施倾倒的作业船舶等等。有时工程的施工存在着层层发包的现象,倾倒作业单位与实施倾倒的作业船又存在着租赁关系,并非直接隶属关系,持证人与行为人不一致,相互之间的关系较为复杂。但不论涉及多少个单位和组织,违法主体只有一个,亦即《中华人民共和国海洋环境保护法》第五十五条规定的"需要倾倒废弃物的单位"。但该条规定没有针对谁或什么单位在什么前提条件下属于"需要倾倒废弃物的单位"予以特指。因此,在认定违法主体的时候,难度较大。在办案实践中,应当以所掌握的证据材料,并结合其相互间的合同关系,根据其权利和义务的约定等加以认定。有一种观点认为,可以直接对实施倾倒的作业船舶予以处罚。这个观点是武断的,因为倾废作业船舶只是实施倾废活动的运载工具,不能直接作为违法主体,应该通过对船舶所有权人做延伸调查,查明事实的来龙去脉,然后再认定违法主体。本案通过调查取证,查明倾倒废弃物的责任单位并认定其为违法主体,被处罚人已履行了处罚决定,在法定期限内没有申请行政复议和提起行政诉讼,实践证明对违法主体的认定正确。

(3) 关于调查取证

调查取证所获得的证据材料是证明违法事实是否成立的决定因素,是整个案件的精髓。目前码头建设、航道清淤等海洋工程所产生的疏浚物,主要是通过船舶这一运载工具运输倾倒,而且这些船舶一般采用底排式向海洋倾倒疏浚物,给海洋生态环境造成了不同程度的破坏。由于此类船舶的航行时间具有不确定性,废弃物的倾倒时间快,因而现场查获成为调查取证的关键,否则一切都无从入手。本案承办单位采用蹲点监视的方法,较好地掌握了登临检查的时机,并且对现场进行拍照、摄像,制作《现场笔录》和及时向当事人进行调查询问等,采集了与案件相关的第一手有效证据,立案后对案情又进行了进一步调查取证,取证较为充分,有效证明了违法事实的存在。

(4) 关于无证倾废罚款幅度的自由裁量权

《中华人民共和国海洋环境保护法》第七十三条规定:未取得海洋倾倒许可证,向海洋倾倒废弃物的,处三万元以上二十万元以下的罚款。所以,罚款幅度的自由裁量空间比较大。为了做到合法、合理,在处理此类案件时,要按照案件的事实、情节、后果及当事人的态度综合判断,一般参考以下标准:①违法倾倒的数量;②违法倾倒的地点(是否属海洋自然保护区等);③故意还是过失;④有无前科;⑤是否造成严重的后果;⑥违反一项规定还是多项规定;⑦行政相对人的认错态度。本案中,鉴于当事人违法行为持续时间较短,倾倒的数量较少,未造成海洋生态环境的严重破坏,后果较轻,且被查获后的态度较好,能主动配合执法人员进行调查,所以,根据处罚与教育相结合的原则,漳州市海洋与渔业局作出的"责令改正,并处罚款人民币 48 000 元"的行政处罚是适当的。

二、不按规定倾倒海洋废弃物

(一) 不按许可证规定或向已经封闭的倾倒区倾倒废弃物

1. 法条释义

持有倾倒许可证的单位,应当根据许可证标明的倾倒时间、期限、倾倒量、倾倒作业方式、倾倒废弃物强度等倾倒作业条件,到倾倒许可证签发机关指定的倾倒区进行倾倒作业。倾倒作业单位应当在装载废弃物之后并在到达指定倾倒区域进行倾倒之前,通知倾倒许可证签发机关予以核实。在得到倾倒许可证签发机关核实认可之后,倾倒作业者方可进行倾倒。

2. 违法行为的认定

根据《中华人民共和国海洋环境保护法》第五十九条规定,倾倒许可证签发机关检查持有倾倒许可证的单位时会检查其是否持有倾倒许可证,是否符合倾倒许可证的条件,实际装载的废弃物的名称、数量、成分及其有害物质含量与许可证的记载是否一致,倾倒工具和倾倒方式是否符合要求,倾倒是否到位等内容。如有上述等方面的不实行为,即构成违法行为。

3. 违法行为的处罚

根据《中华人民共和国海洋环境保护法》第八十五条规定,随意倾倒废弃物的,由海洋行政主管部门予以警告,并处三万元以上二十万元以下的罚款;对情节严重的,可以暂扣或者吊销许可证。

4. 法条链接

《中华人民共和国海洋环境保护法》第五十九条规定:获准倾倒废弃物的单位,必须按照许可证注明的期限及条件,到指定的区域进行倾倒。废弃物装载之后,批准部门应当予以核实。

《中华人民共和国海洋环境保护法》第八十五条规定:违反本法规定,不按照许可证的规定倾倒,或者向已经封闭的倾倒区倾倒废弃物的,由海洋行政主管部门予以警告,并处三万元以上二十万元以下的罚款;对情节严重的,可以暂扣或者吊销许可证。

(二)不按规定记录倾倒情况或者不按规定提交倾倒报告

1. 法条释义

持有倾倒许可证进行倾倒作业的单位应当在倾倒作业期间,按照国家海洋行政主管部门制定的倾倒记录表如实完整填写倾倒作业情况。在倾倒作业完成之后,倾倒作业单位应根据倾倒许可证签发机关的要求提交有关倾倒作业情况的书面报告。进行倾倒作业的船舶还应当向所在驶出港的海事行政主管部门作出倾倒作业的书面报告。

2. 违法行为的认定

根据《中华人民共和国海洋环境保护法》第六十条规定,持有倾倒许可证进行倾倒作业的单位不按照规定记录倾倒情况,或者不按照规定提交倾倒报告的,即构成违法行为。

3. 违法行为的处罚

根据《中华人民共和国海洋环境保护法》第七十四条第一款第三项规定,不按照规定记录倾倒情况,或者不按照规定提交倾倒报告的,由行使海洋环境监督管理权的部门予以警告,或者处两万元以下的罚款。

4. 法条链接

《中华人民共和国海洋环境保护法》第六十条规定:获准倾倒废弃物的单位,应当详细记录倾倒的情况,并在倾倒后向批准部门作出书面报告。倾倒废弃物的船舶必须向驶出港的海事行政主管部门作出书面报告。

《中华人民共和国海洋环境保护法》第七十四条规定:违反本法有关规定,有下列行为之一的,由依照本法规定行使海洋环境监督管理权的部门予以警告,或者处以罚款:(一)不按照规定申报,甚至拒报污染物排放有关事项或者在申报时弄虚作假的;(二)发生事故或者其他突发性事件不按照规定报告的;(三)不按照规定记录倾倒情况,或者不按照规定提交倾倒报告的;(四)拒报或者谎报船舶载运污染危害性货物申报事项的。有前款第(一)、(三)项行为之一的,处二万元以下的罚款;有前款第(二)、(四)项行为之一的,处五万元以下的罚款。

(三) 倾废施工未通知主管部门核实而擅自进行倾倒

1. 法条释义

倾倒作业单位应当在装载废弃物之后并在到达指定倾倒区域进行倾倒之前,通知倾倒许可证签发机关予以核实。在得到倾倒许可证签发机关核实认可之后,倾倒作业者方可进行倾倒。

2. 违法行为的认定

根据《中华人民共和国海洋倾废管理条例》第十二条第一款和《中华人民共和国海洋环境保护法》第五十九条的规定,未通知主管部门核实而擅自进行倾倒的行为即为违法。

3. 违法行为的处罚

根据《中华人民共和国海洋倾废管理条例》第二十条第三项规定,对违法行为的处罚标准如下:凡未按本条例第十二条规定通知主管部门核实而擅自进行倾倒的,处5 000元以上2万元以下的罚款。

4. 法条链接

《中华人民共和国海洋倾废管理条例》第十二条第一款规定:获准向海洋倾倒废弃物的单位在废弃物装载时,应通知主管部门予以核实。

《中华人民共和国海洋环境保护法》第五十九条规定:获准倾倒废弃物的单位,必须按照许可证注明的期限及条件,到指定的区域进行倾倒。废弃物装载之后,批准部门应当予以核实。

《中华人民共和国海洋倾废管理条例》第二十条规定:对违法行为的处罚标准如下:一、凡有下列行为之一者,处以警告或人民币2 000元以下的罚款:(一)伪造废弃物检验单的;(二)不按本条例第十四条规定填报倾倒情况记录表的;(三)在本条例第十五条规定的情况下,未及时向主管部门和港务监督报告的。二、凡实际装载与许可证所注明内容不符,情节严重的,除中止或吊销许可证外,还可处以人民币2 000元以上5 000元以下的罚款。三、凡未按本条例第十二条规定通知主管部门核实而擅自进行倾倒的,可处以人民币5 000元以上2万元以下的罚款。四、凡有下列行为之一者,可处以人民币2万元以上10万元以下的罚款:(一)未经批准向海洋倾倒废弃物的;(二)不按批准的条件和区域进行倾倒的,但本条例第十五条规定的情况不在此限。

(四)实际装载与许可证注明内容不符

1. 法条释义

主管部门核实海洋倾倒废弃物单位的废弃物装载工作按许可证所载的事项进行,如发现实际装载与许可证所注明内容不符,由主管部门责令停止装运;情节严重的,应中止或吊销许可证。

2. 违法行为的认定

根据《中华人民共和国海洋倾废管理条例》第十二条第二款规定,实际装载与许可证所注明内容不符的,即为违法行为。

3. 违法行为的处罚

根据《中华人民共和国海洋倾废管理条例》第二十条第二款规定,应责令停止装运;情节严重的,应中止或吊销许可证。还可处以人民币 2 000 元以上 5 000 元以下的罚款。

4. 法条链接

《中华人民共和国海洋倾废管理条例》第十二条第二款规定:核实工作按许可证所载的事项进行。主管部门如发现实际装载与许可证所注明内容不符,应责令停止装运;情节严重的,应中止或吊销许可证。

《中华人民共和国海洋倾废管理条例》第二十条规定:对违法行为的处罚标准如下:一、凡有下列行为之一者,处以警告或人民币 2 000 元以下的罚款:(一)伪造废弃物检验单的;(二)不按本条例第十四条规定填报倾倒情况记录表的;(三)在本条例第十五条规定的情况下,未及时向主管部门和港务监督报告的。二、凡实际装载与许可证所注明内容不符,情节严重的,除中止或吊销许可证外,还可处以人民币 2 000 元以上 5 000 元以下的罚款。三、凡未按本条例第十二条规定通知主管部门核实而擅自进行倾倒的,可处以人民币 5 000 元以上 2 万元以下的罚款。四、凡有下列行为之一者,可处以人民币 2 万元以上 10 万元以下的罚款:(一)未经批准向海洋倾倒废弃物的;(二)不按批准的条件和区域进行倾倒的,但本条例第十五条规定的情况不在此限。

(五)将国外废弃物运到我国管辖海域倾倒

1. 法条释义

我国作为发展中国家的一员,也曾受到过这些"洋垃圾"的危害。党中央、国务院多次下令不准进口境外有害废物和垃圾。1996 年开始实施的《中华人民共和国固体废物污染环境防治法》也明确规定"禁止中国境外的固体废物进境倾倒、堆放、处置"。这几年,虽然"洋垃圾"进口的趋势得到了遏制,但仍有一些单位和个人见利忘义,采取非法手段从国外进口废弃物,在我国境内倾倒、处置,而且把倾倒、处置的地点选向了管理相对薄弱的广大海域,使我国海洋环境也受到了严重的危害。对此,必须采取坚决的措施予以制止。中华人民共和国禁止其境外的废弃物在中华人民共和国的内水、领海、毗连区、大陆架、专属经济区及其他所有管辖的海域内倾倒。

2. 违法行为的认定

根据《中华人民共和国海洋环境保护法》第五十五条第三款规定,将国外废弃物运到我国管辖海域倾倒的行为构成违法。

3. 违法行为的处罚

根据《中华人民共和国海洋环境保护法》第八十七条规定,该违法行为由国家海洋行政主管部门予以警告,并根据造成或者可能造成的危害后果,处十万元以上一百万元以下的罚款。

4. 法条链接

《中华人民共和国海洋环境保护法》第五十五条第三款规定:禁止中华人民共和国境外的废弃物在中华人民共和国管辖海域倾倒。

《中华人民共和国海洋环境保护法》第八十六条规定:违反本法第五十五条第三款的规定,将中华人民共和国境外废弃物运进中华人民共和国管辖海域倾倒的,由国家海洋行政主管部门予以警告,并根据造成或者可能造成的危害后果,处十万元以上一百万元以下的罚款。

第四节 违反海洋自然保护区规定行为行政处罚

一、污染破坏类违法行为

(一)在自然保护区进行砍伐、放牧、狩猎、捕捞、采药、开垦、烧荒、开拓、采石、挖砂等活动

1. 法条释义

自然保护区是指对有代表性的自然生态系统、珍稀濒危野生动植物物种的天然集中分布、有特殊意义的自然遗迹等保护对象所在的陆地、陆地水域或海域,依法划出一定面积予以特殊保护和管理的区域。自然保护区的定义分为广义和狭义两种。广义的自然保护区,是指受国家法律特殊保护的各种自然区域的总称,不仅包括自然保护区本身,而且包括国家公园、风景名胜区、自然遗迹地等各种保护地区。狭义的自然保护区,是指以保护特殊生态系统进行科学研究为主要目的而划定的自然保护区,即严格意义的自然保护区。为保护这些自然资源,除有特别规定外,任何主体均不得在自然保护区进行砍伐、放牧、狩猎、捕捞、采药、开垦、烧荒、开拓、采石、挖砂等活动。

2. 违法行为的认定

根据《中华人民共和国自然保护条例》第二十六条规定,凡未经特别授权,在自然保护区内进行砍伐、放牧、狩猎、捕捞、采药、开垦、烧荒、开矿、采石、挖沙等活动的行为即构成违法。

3. 违法行为的处罚

根据《中华人民共和国自然保护条例》第三十五条规定,实施违法行为的主体由县级以上人民政府有关自然保护区行政主管部门或者其授权的自然保护区管理机构没收违法所得,责令停止违法行为,限期恢复原状或者采取其他补救措施;对自然保护区造成破坏的,可以处以300元以上1万元以下的罚款。

4. 法条链接

《中华人民共和国自然保护条例》第二十六条规定:禁止在自然保护区内进行砍伐、放牧、狩猎、捕捞、采药、开垦、烧荒、开矿、采石、挖沙等活动;但是,法律、行政法规另有规定的除外。

《中华人民共和国自然保护条例》第三十五条规定:违反本条例规定,在自然保护区进行砍伐、放牧、狩猎、捕捞、采药、开垦、烧荒、开矿、采石、挖沙等活动的单位和个人,除可以依照有关法律、行政法规规定给予处罚的以外,由县级以上人民政府有关自然保护区行政主管部门或者其授权的自然保护区管理机构没收违法所得,责令停止违法行为,限期恢复原状或者采取其他补救措施;对自然保护区造成破坏的,可以处以300元以上1万元以下的罚款。

(二)造成红珊瑚、红树林等海洋生态系统及海洋水产资源海洋保护区破坏

1. 法条释义

国务院和沿海地方各级人民政府对海洋生态有保护的责任,保护对象包括红树林、珊瑚礁、滨海湿地、海岛、海湾、入海河口、重要渔业水域等具有典型性、代表性的海洋生态系统,以及珍稀、濒危海洋生物的天然集中分布区,具有重要经济价值的海洋生物生存区域,具有重大科学文化价值的海洋自然历史遗迹和自然景观。这些保护对象对于维护海洋生态平衡、保护海洋生物多样性具有重要的作用,对于海洋资源开发和海洋经济发展具有重要意义,对于科学文化研究和保存具有重要价值。"海洋生态系统"是指在一定时间和海洋空间范围内,海洋生物和非生物的成分之间,通过不断的物质循环、能量流动和信息联系而相互作用、相互依存的统一整体。而在一定空间的各种海洋生物的总和又称为海洋生物群落,因而海洋生态系统可以概括为海洋生物群落与其生存环境构成的综合体。不同层次的海洋生态系统的健康是维护整个海洋生态平衡的关键。海洋生态的保护应当根据不同的保护对象采取相应的措施,如建立保护区、控制污染、合理开发海洋生物资源等。

2. 违法行为的认定

根据《中华人民共和国海洋环境保护法》第二十条规定,任何单位和个人都有保护海洋生态系统、海洋水产资源、海洋自然保护区、海洋特别保护区的义务,若

使之受到破坏就要承担本条规定的行政法律责任。

3. 违法行为的处罚

根据《中华人民共和国海洋环境保护法》第七十六条规定由行使海洋环境监督管理权的部门责令限期改正和采取补救措施,并处一万元以上十万元以下的罚款;有违法所得的,没收其违法所得。

4. 法条链接

《中华人民共和国海洋环境保护法》第二十条规定:国务院和沿海地方各级人民政府应当采取有效措施,保护红树林、珊瑚礁、滨海湿地、海岛、海湾、入海河口、重要渔业水域等具有典型性、代表性的海洋生态系统,珍稀、濒危海洋生物的天然集中分布区,具有重要经济价值的海洋生物生存区域及有重大科学文化价值的海洋自然历史遗迹和自然景观。对具有重要经济、社会价值的已遭到破坏的海洋生态,应当进行整治和恢复。

《中华人民共和国海洋环境保护法》第七十六条规定:违反本法规定,造成珊瑚礁、红树林等海洋生态系统及海洋水产资源、海洋保护区破坏的,由依照本法规定行使海洋环境监督管理权的部门责令限期改正和采取补救措施,并处一万元以上十万元以下的罚款;有违法所得的,没收其违法所得。

(三) 违反规定在海洋自然保护区内进行海洋工程建设活动

1. 法条释义

海洋自然保护区包括:(1) 典型的海洋自然地理区域、有代表性的自然生态区域,以及遭受破坏但经保护能恢复的海洋自然生态区域;(2) 海洋生物物种高度丰富的区域,或者珍稀、濒危海洋生物物种的天然集中分布区域;(3) 具有特殊保护价值的海域、海岸、岛屿、滨海湿地、入海河口和海湾等;(4) 具有重大科学文化价值的海洋自然遗迹所在区域;(5) 其他需要予以特别保护的区域。海洋工程建设活动包括:(1) 围填海、海上堤坝工程;(2) 人工岛、海上和海底物资储藏设施、跨海桥梁、海底隧道工程;(3) 海底管道、海底电(光)缆工程;(4) 海洋矿产资源勘探开发及其附属工程;(5) 海上潮汐电站、波浪电站、温差电站等海洋能源开发利用工程;(6) 大型海水养殖场、人工鱼礁工程;(7) 盐田、海水淡化等海水综合利用工程;(8) 海上娱乐及运动、景观开发工程;(9) 国家海洋主管部门会同国务院环境保护主管部门规定的其他海洋工程。

2. 违法行为的认定

根据《防治海洋污染工程建设项目污染损害海洋环境管理条例》第三十九条规定,未按照规定在海洋自然保护区内进行海洋工程建设活动的,即构成违法行为。

3. 违法行为的处罚

根据《防治海洋污染工程建设项目污染损害海洋环境管理条例》第四十八条

规定,违反规定在海洋自然保护区内进行海洋工程建设活动的,由县级以上人民政府海洋主管部门责令停止建设、运行,限期恢复原状,逾期未恢复原状的,海洋主管部门可以指定具有相应资质的单位代为恢复原状,所需费用由建设单位承担,并处恢复原状所需费用1倍以上2倍以下的罚款。

4. 法条链接

《防治海洋污染工程建设项目污染损害海洋环境管理条例》第三十九条规定:在海洋自然保护区内进行海洋工程建设活动,应当按照国家有关海洋自然保护区的规定执行。

《防治海洋污染工程建设项目污染损害海洋环境管理条例》第四十八条规定:建设单位违反本条例规定,有下列行为之一的,由县级以上人民政府海洋主管部门责令停止建设、运行,限期恢复原状;逾期未恢复原状的,海洋主管部门可以指定具有相应资质的单位代为恢复原状,所需费用由建设单位承担,并处恢复原状所需费用1倍以上2倍以下的罚款:(一)造成领海基点及其周围环境被侵蚀、淤积或者损害的;(二)违反规定在海洋自然保护区内进行海洋工程建设活动的。

(四) 在海洋自然保护区、重要渔业水域、海滨风景名胜区和其他需要特别保护的区域,设置入海排污口

1. 法条释义

海洋自然保护区、重要渔业水域及海滨风景名胜区等区域,都是需要特别保护的区域。《中华人民共和国海洋环境保护法》第二十二条规定,下列区域为海洋自然保护区:(一)典型的海洋自然地理区域、有代表性的自然生态区域,以及遭受破坏但经保护能恢复的海洋自然生态区域;(二)海洋生物物种高度丰富的区域,或者珍稀、濒危海洋生物物种的天然集中分布区域;(三)具有特殊保护价值的海域、海岸、岛屿、滨海湿地、入海河口和海湾等;(四)具有重大科学文化价值的海洋自然遗迹所在区域;(五)其他需要予以特别保护的区域。从上述规定中可以看出,海洋自然保护区是非常特殊的区域,一旦受到污染,其后果不堪设想,如有的物种就有可能灭绝,具有重大科学文化价值的海洋自然遗迹就有可能遭到破坏。因此,在此区域内不得新建排污口。重要渔业水域是渔业资源较丰富的区域,海滨风景名胜区是重要的旅游区域,更不得新建入海排污口。

2. 违法行为的认定

根据《中华人民共和国海洋环境保护法》第三十条第三款规定,在海洋自然保护区、重要渔业水域、海滨风景名胜区和其他需要特别保护的区域,不得新建排污口。违者就要依照本条规定承担行政法律责任。承担行政法律责任的行为必须具备以下条件:(1)未经审批擅自设置入海排污口。(2)在需要特别保护的区域新建排污口。

3. 违法行为的处罚

根据《中华人民共和国海洋环境保护法》第七十七条规定,由县级以上地方人民政府环境保护行政主管部门依法追究。县级以上地方人民政府环境保护行政主管部门在执法过程中根据违法行为的轻重和造成后果的大小等实际情况,责令其关闭,并处二万元以上十万元以下的罚款。

4. 法条链接

《中华人民共和国海洋环境保护法》第三十条第三款规定:在海洋自然保护区、重要渔业水域、海滨风景名胜区和其他需要特别保护的区域,不得新建排污口。

《中华人民共和国海洋环境保护法》第七十七条规定:违反本法第三十条第一款、第三款规定设置入海排污口的,由县级以上地方人民政府环境保护行政主管部门责令其关闭,并处二万元以上十万元以下的罚款。

二、保护区管理机构违法行为

(一)法条释义

自然保护区管理机构是政府为管理自然保护区而设立的专门机构。我国法律规定,自然保护区属于事业单位,应当建立管理机构进行专门管理。国家级自然保护区设自然保护区管理处或局,市、县级自然保护区设自然保护区管理站,配备必要的管理人员和科学技术人员。自然保护区管理机构的主要职责是:(1)贯彻执行国家有关自然保护的方针、政策和法规;(2)对保护区的自然环境和自然资源,进行资源考察,建立资源档案;(3)制定规章制度,统一管理区内的各项活动;(4)开展科学研究和自然保护宣传教育工作;(5)协助地方政府安排好区内居民的生产和生活;(6)在保护好环境资源的前提下,进行合理的经营活动。

(二)违法行为的认定

保护区管理机构未经批准在自然保护区开展参观、旅游活动的行为,保护区管理机构开设与自然保护区保护方向不一致的参观、旅游项目的行为,保护区管理机构不按照批准的方案开展参观、旅游活动的行为,即构成违法行为。

(三)违法行为的处罚

根据《中华人民共和国自然保护区条例》第三十七条规定,由县级以上人民政府有关自然保护区行政主管部门责令限期改正;对直接责任人员,由其所在单位或者上级机关给予行政处分。

(四)法条链接

《中华人民共和国自然保护区条例》第二十九条规定:在自然保护区的实验区

内开展参观、旅游活动的,由自然保护区管理机构编制方案,方案应当符合自然保护区管理目标。在自然保护区组织参观、旅游活动的,应当严格按照前款规定的方案进行,并加强管理;进入自然保护区参观、旅游的单位和个人,应当服从自然保护区管理机构的管理。严禁开设与自然保护区保护方向不一致的参观、旅游项目。

《中华人民共和国自然保护区条例》第三十七条规定:自然保护区管理机构违反本条例规定,有下列行为之一的,由县级以上人民政府有关自然保护区行政主管部门责令限期改正;对直接责任人员,由其所在单位或者上级机关给予行政处分:(一)开展参观、旅游活动未编制方案或者编制的方案不符合自然保护区管理目标的;(二)开设与自然保护区保护方向不一致的参观、旅游项目的;(三)不按照编制的方案开展参观、旅游活动的;(四)违法批准人员进入自然保护区的核心区,或者违法批准外国人进入自然保护区的;(五)有其他滥用职权、玩忽职守、徇私舞弊行为的。

三、拒绝接受监督检查,或者在检查时弄虚作假

(一)法条释义

国家级自然保护区执法检查的内容应当包括:(1)国家级自然保护区的设立、范围和功能区的调整以及名称的更改是否符合有关规定;(2)国家级自然保护区内是否存在违法砍伐、放牧、狩猎、捕捞、采药、开垦、烧荒、开矿、采石、挖沙、影视拍摄以及其他法律法规禁止的活动;(3)国家级自然保护区内是否存在违法的建设项目,排污单位的污染物排放是否符合环境保护法律、法规及自然保护区管理的有关规定,超标排污单位限期治理的情况;(4)涉及国家级自然保护区且其环境影响评价文件依法由地方环境保护行政主管部门审批的建设项目,其环境影响评价文件在审批前是否征得国务院环境保护行政主管部门的同意;(5)国家级自然保护区内是否存在破坏、侵占、非法转让自然保护区的土地或者其他自然资源的行为;(6)国家级自然保护区的旅游活动方案是否经过国务院有关自然保护区行政主管部门批准,旅游活动是否符合法律法规规定和自然保护区建设规划(总体规划)的要求;(7)国家级自然保护区建设是否符合建设规划(总体规划)要求,相关基础设施、设备是否符合国家有关标准和技术规范;(8)国家级自然保护区管理机构是否依法履行职责;(9)国家级自然保护区的建设和管理经费的使用是否符合国家有关规定;(10)法律法规规定的应当实施监督检查的其他内容。

(二)违法行为的认定

根据《中华人民共和国自然保护区条例》第二十条规定,自然保护区管理机构在接受监督检查时,应当如实反映情况,提供必要的资料。被检查的管理机构未

按规定接受检查,即为违法行为。

(三) 违法行为的处罚

根据《中华人民共和国自然保护区条例》第三十六条规定,自然保护区管理机构拒绝接受监督检查,或者在检查时弄虚作假,由县级以上人民政府环境保护行政主管部门或者有关自然保护区行政主管部门给予300元以上3 000元以下的罚款。

(四) 法条链接

《中华人民共和国自然保护区条例》第二十条规定:县级以上人民政府环境保护行政主管部门有权对本行政区域内各类自然保护区的管理进行监督检查;县级以上人民政府有关自然保护区行政主管部门有权对其主管的自然保护区的管理进行监督检查。被检查的单位应当如实反映情况,提供必要的资料。检查者应当为被检查的单位保守技术秘密和业务秘密。

《中华人民共和国自然保护区条例》第三十七条规定:自然保护区管理机构违反本条例规定,拒绝环境保护行政主管部门或者有关自然保护区行政主管部门监督检查,或者在被检查时弄虚作假的,由县级以上人民政府环境保护行政主管部门或者有关自然保护区行政主管部门给予300元以上3 000元以下的罚款。

第七章
涉外海洋科研与铺设海底电缆管道行政处罚

第一节 涉外海洋科研行政处罚

一、未经批准擅自进入中华人民共和国管辖海域从事海洋科研活动

（一）法条释义

未经批准擅自进入中华人民共和国管辖海域从事海洋科研活动违法行为是指外方未经我国国家海洋行政主管部门批准或者由国家海洋行政主管部门报请国务院批准，擅自在中华人民共和国内海、领海内，单独或者与中方合作进行海洋科学研究活动，并违反中华人民共和国的有关法律、法规的行为。

（二）违法行为的认定

（1）违法行为的主体是外方人员。（2）行为主要表现为未经批准，擅自在中华人民共和国内海、领海内，进行科研活动。（3）进行海洋科研活动违反了中华人民共和国的有关法律、法规的行为。

（三）违法行为的处罚

根据《中华人民共和国涉外海洋科学研究管理规定》第十三条规定，责令其停止该项活动可以没收其违法活动器具及违法所获得的资料和样品，可以单处或者并处5万元以下的罚款。

（四）法条链接

《中华人民共和国涉外海洋科学研究管理规定》第四条第二款规定：外方单独或者与中方合作进行海洋科学研究活动，须经国家海洋行政主管部门批准或者由国家海洋行政主管部门报请国务院批准，并遵守中华人民共和国的有关法律、法规。

《中华人民共和国涉外海洋科学研究管理规定》第十三条规定：违反本规定进行涉外海洋科学研究活动的，由国家海洋行政主管部门或者其派出机构、其委托的机构责令停止该项活动，可以没收违法活动器具、没收违法获得的资料和样品，

可以单处或者并处 5 万元人民币以下的罚款。

二、未按照经批准的海洋科研计划和海上船只活动计划进行海洋科研调查活动，未征得海洋行政主管部门同意，擅自对有关计划作出重大修改

（一）法条释义

该违法行为是指有关中外双方或者外方未按照经批准的海洋科学研究计划和海上船只活动计划进行海洋科学研究活动，没有征得国家海洋行政主管部门同意，在海洋科学研究计划或者海上船只活动计划执行过程中作出重大修改的行为。

（二）违法行为的认定

按照经批准的海洋科研计划和海上船只活动计划进行海洋科研调查活动，未征得海洋行政主管部门同意，擅自对有关计划作出重大修改的：

（1）因非不可抗力将海上调查作业时间提前或者推迟二十四小时以上的。

（2）海上调查、取样站位超出批准的计划范围的。

（3）海上调查内容和方法超出批准的计划范围的。

（4）海上调查所使用的仪器设备超出经批准的计划范围的。

（三）违法行为的处罚

根据《中华人民共和国涉外海洋科学研究管理规定》第十三条规定，责令其停止该项活动可以没收其违法活动器具及违法所获得的资料和样品，可以单处或者并处 5 万元以下的罚款。

（四）法条链接

《中华人民共和国涉外海洋科学研究管理规定》第七条第一款：有关中外双方或者外方应当按照经批准的海洋科学研究计划和海上船只活动计划进行海洋科学研究活动；海洋科学研究计划或者海上船只活动计划在执行过程中需要作重大修改的，应当征得国家海洋行政主管部门同意。

《中华人民共和国涉外海洋科学研究管理规定》第十三条规定：违反本规定进行涉外海洋科学研究活动的，由国家海洋行政主管部门或者其派出机构、其委托的机构责令停止该项活动，可以没收违法活动器具、没收违法获得的资料和样品，可以单处或者并处 5 万元人民币以下的罚款。

三、所携带的科研仪器设备与申请项目时申报的和经批准的项目申请书有关内容不符违法行为的认定与处罚

（一）法条释义

该违法行为是指在对海洋进行科学研究时，有关中外双方或者外方所携带的科研仪器设备与申请项目时申报的和经批准的项目申请书有关内容不符合我国相关法律规定的行为。

（二）违法行为的认定

（1）有关中外双方或者外方未按照批准的海洋科学研究计划和海上船只活动计划进行海洋科学研究活动。

（2）海洋科学研究计划或者海上船只活动计划在执行过程中需要作重大修改的，未征得国家海洋行政主管部门同意。

（三）违法行为的处罚

根据《中华人民共和国涉外海洋科学研究管理规定》第十三条规定，责令其停止该项活动可以没收其违法活动器具及违法所获得的资料和样品，可以单处或者并处 5 万元以下的罚款。

（四）法条链接

《中华人民共和国涉外海洋科学研究管理规定》第七条第一款规定：有关中外双方或者外方应当按照经批准的海洋科学研究计划和海上船只活动计划进行海洋科学研究活动；海洋科学研究计划或者海上船只活动计划在执行过程中需要作重大修改的，应当征得国家海洋行政主管部门同意。

《中华人民共和国涉外海洋科学研究管理规定》第十三条规定：违反本规定进行涉外海洋科学研究活动的，由国家海洋行政主管部门或者其派出机构、其委托的机构责令停止该项活动，可以没收违法活动器具、没收违法获得的资料和样品，可以单处或者并处 5 万元人民币以下的罚款。

四、擅自钻探或使用炸药作业或将有害物质引入海洋

（一）法条释义

该违法行为是指在进行海洋科学探究活动时，违反相关法律规定，擅自钻探或者使用炸药进行作业，将有害物质引入海洋环境的行为。

（二）违法行为的认定

（1）进行涉外海洋科学研究活动的主体，将有害物质引入海洋环境。

（2）擅自钻探或者作用炸药作业。

(三) 违法行为的处罚

根据《中华人民共和国涉外海洋科学研究管理规定》第十三条规定,责令其停止该项活动可以没收其违法活动器具及违法所获得的资料和样品,可以单处或者并处 5 万元以下的罚款。

(四) 法条链接

《中华人民共和国涉外海洋科学研究管理规定》第八条规定:进行涉外海洋科学研究活动的,不得将有害物质引入海洋环境,不得擅自钻探或者作用炸药作业。

《中华人民共和国涉外海洋科学研究管理规定》第十三条规定:违反本规定进行涉外海洋科学研究活动的,由国家海洋行政主管部门或者其派出机构、其委托的机构责令停止该项活动,可以没收违法活动器具、没收违法获得的资料和样品,可以单处或者并处 5 万元人民币以下的罚款。

五、不按时报告船位及活动情况

(一) 法条释义

该违法行为是指外国籍调查船在我国管辖海域进行海洋科学研究时,不按时报告船位及活动情况的行为。

(二) 违法行为的认定

(1) 中外合作使用外国籍调查船在中华人民共和国内海、领海内进行海洋科学研究活动的,未在格林威治时间每天 00 时和 08 时,向国家海洋行政主管部门报告船位及船舶活动情况。

(2) 外方单独或者中外合作使用外国籍调查船在中华人民共和国管辖的其他海域内进行活动的,未向海洋行政主管部门报告船位及船舶活动情况。

(三) 违法行为的处罚

根据《中华人民共和国涉外海洋科学研究管理规定》第十三条规定,责令其停止该项活动可以没收其违法活动器具及违法所获得的资料和样品,可以单处或并处 5 万元以下的罚款。

(四) 法条链接

《中华人民共和国涉外海洋科学研究管理规定》第九条第一款规定:中外合作使用外国籍调查船在中华人民共和国内海、领海内进行海洋科学研究活动的,作业船舶应当于格林威治时间每天 00 时和 08 时,向国家海洋行政主管部门报告船位及船舶活动情况。外方单独或者中外合作使用外国籍调查船在中华人民共和国管辖的其他海域内进行海洋行政主管部门报告船位及船舶活动情况。

《中华人民共和国涉外海洋科学研究管理规定》第十三条规定：违反本规定进行涉外海洋科学研究活动的，由国家海洋行政主管部门或者其派出机构、其委托的机构责令停止该项活动，可以没收违法活动器具、没收违法获得的资料和样品，可以单处或者并处 5 万元人民币以下的罚款。

六、擅自公开发表或转让有关原始资料和样品

（一）法条释义

该违法行为是指未经海洋行政主管部门及国务院其他有关部门同意擅自公开发表或转让有关原始资料和样品的行为。

（二）违法行为的认定

未经国家海洋行政主管部门以及国务院其他有关部门同意，有关中外双方或者外方公开发表或者转让在中华人民共和国管辖海域内进行海洋科学研究活动所获得的原始资料和样品，即构成违法行为。

（三）违法行为的处罚

根据《中华人民共和国涉外海洋科学研究管理规定》第十三条规定，责令其停止该项活动可以没收其违法活动器具及违法所获得的资料和样品，可以单处或者并处 5 万元以下的罚款。

（四）法条链接

《中华人民共和国涉外海洋科学研究管理规定》第十条第四款规定：未经国家海洋行政主管部门以及国务院其他有关部门同意，有关中外双方或者外方不得公开发表或者转让在中华人民共和国管辖海域内进行海洋科学研究活动所获得的原始资料和样品。

《中华人民共和国涉外海洋科学研究管理规定》第十三条规定：违反本规定进行涉外海洋科学研究活动的，由国家海洋行政主管部门或者其派出机构、其委托的机构责令停止该项活动，可以没收违法活动器具、没收违法获得的资料和样品，可以单处或者并处 5 万元人民币以下的罚款。

七、在合作项目中，未及时获得有关资料和样品

（一）法条释义

该违法行为是指在我国内海、领海的合作项目，中方合作者未向外方索取或外方合作者未向中方提供所获得的全部原始资料和样品的；在我国专属经济区和大陆架的合作项目，中方合作者未向外方索取或外方合作者未向中方提供所获得的资料或者复制件和样品或者可分样品的。

（二）违法行为的认定

（1）在中外合作的项目中，中方合作者未向外方索取或外方合作者未向中方提供所获得的全部原始资料和样品的；

（2）在我国专属经济区和大陆架的合作项目，中方合作者未向外方索取或外方合作者未向中方提供所获得的资料或者复制件和样品或者可分样品的。

（三）违法行为的处罚

根据《中华人民共和国涉外海洋科学研究管理规定》第十三条规定，责令其停止该项活动可以没收其违法活动器具及违法所获得的资料和样品，可以单处或者并处 5 万元以下的罚款。

（四）法条链接

《中华人民共和国涉外海洋科学研究管理规定》第十条第一款、第二款规定：中外合作在中华人民共和国内海、领海内进行海洋科学研究活动所获得的原始资料和样品，归中华人民共和国所有，参加合作研究的外方可以依照合同约定无偿使用。中外合作在中华人民共和国管辖的其他海域内进行海洋科学研究活动所获得的原始资料和样品，在不违反中华人民共和国有关法律、法规和有关规定的前提下，由中外双方按照协议分享，都可以无偿使用。

《中华人民共和国涉外海洋科学研究管理规定》第十三条规定：违反本规定进行涉外海洋科学研究活动的，由国家海洋行政主管部门或者其派出机构、其委托的机构责令停止该项活动，可以没收违法活动器具、没收违法获得的资料和样品，可以单处或者并处 5 万元人民币以下的罚款。

八、未在规定的时间内报海洋行政主管部门备案或未在规定时间内将相关研究成果报海洋行政主管部门

（一）法条释义

该违法行为是指中方合作者单位在调查研究活动结束后一个月之内未将合作调查研究所获得资料和样品目录一式两份报送海洋行政主管部门备案的；在一年内未将有关阶段性研究成果或最终研究成果一式两份报海洋行政主管部门的。

（二）违法行为的认定

中外合作进行的海洋科学研究活动结束后，中方未将研究成果和资料目录抄报国家海洋行政主管部门和国务院有关部门，且没有及时提供有关阶段性研究成果以及最后研究成果和结论，即构成违法行为。

（三）违法行为的处罚

根据《中华人民共和国涉外海洋科学研究管理规定》第十三条规定，责令其停

止该项活动可以没收其违法活动器具及违法所获得的资料和样品,可以单处或者并处 5 万元以下的罚款。

(四) 法条链接

《中华人民共和国涉外海洋科学研究管理规定》第十二条规定:中外合作进行的海洋科学研究活动结束后,中方应当将研究成果和资料目录抄报国家海洋行政主管部门和国务院有关部门,并及时提供有关阶段性研究成果以及最后研究成果和结论。

《中华人民共和国涉外海洋科学研究管理规定》第十三条规定:违反本规定进行涉外海洋科学研究活动的,由国家海洋行政主管部门或者其派出机构、其委托的机构责令停止该项活动,可以没收违法活动器具、没收违法获得的资料和样品,可以单处或者并处 5 万元人民币以下的罚款。

九、外方未履行向海洋行政主管部门无偿提供有关资料和样品,并在一年内没有提交有关研究成果

(一) 法条释义

该违法行为是指外方未履行向海洋行政主管部门无偿提供所获资料复制件和可分样品,并未履行于一年内提交有关阶段性研究成果和最终研究成果等义务。

(二) 违法行为的认定

(1) 外方单独进行海洋科学研究活动所获得的原始资料和样品,未向国家海洋行政主管部门无偿提供所获得的资料的复制件和可分样品。

(2) 中外合作进行的海洋科学研究活动结束后,中方未将研究成果和资料目录抄报国家海洋行政主管部门和国务院有关部门,并未及时提供有关阶段性研究成果以及最后研究成果和结论。

(三) 违法行为的处罚

根据《中华人民共和国涉外海洋科学研究管理规定》第十三条规定,责令其停止该项活动可以没收其违法活动器具及违法所获得的资料和样品,可以单处或者并处 5 万元以下的罚款。

(四) 法条链接

《中华人民共和国涉外海洋科学研究管理规定》第十条第三款规定:外方单独进行海洋科学研究活动所获得的原始资料和样品,中华人民共和国的有关组织可以无偿使用;外方应当向国家海洋行政主管部门无偿提供所获得的资料的复制件和可分样品。

《中华人民共和国涉外海洋科学研究管理规定》第十二条规定：中外合作进行的海洋科学研究活动结束后，中方应当将研究成果和资料目录抄报国家海洋行政主管部门和国务院有关部门，并及时提供有关阶段性研究成果以及最后研究成果和结论。

《中华人民共和国涉外海洋科学研究管理规定》第十三条规定：违反本规定进行涉外海洋科学研究活动的，由国家海洋行政主管部门或者其派出机构、其委托的机构责令停止该项活动，可以没收违法活动器具、没收违法获得的资料和样品，可以单处或者并处 5 万元人民币以下的罚款。

十、拒绝海洋监察人员现场检查或者在检查时弄虚作假

（一）法条释义

该违法行为是指拒绝海警执法人员现场检查或者在检查时弄虚作假的行为。

（二）违法行为的认定

（1）外国籍船只拒绝国家海洋行政主管部门或者其派出机构、其委托的机构进行海上监视或者登船检查。

（2）中外合作进行的海洋科学研究活动结束后，拒绝国家海洋行政主管部门或者其派出机构、其委托的机构对其在海洋科研活动中使用的外国船只进行检查。

（三）违法行为的处罚

根据《中华人民共和国涉外海洋科学研究管理规定》第十三条规定，责令其停止该项活动可以没收其违法活动器具及违法所获得的资料和样品，可以单处或者并处 5 万元以下的罚款。

（四）法条链接

《中华人民共和国涉外海洋科学研究管理规定》第九条第二款规定：国家海洋行政主管部门或者其派出机构、其委托的机构可以对前款外国籍调查船进行海上监视或者登船检查。

《中华人民共和国涉外海洋科学研究管理规定》第十一条规定：中外合作进行的海洋科学研究活动结束后，所使用的外国籍调查船应当接受国家海洋行政主管部门或者其派出机构、其委托的机构检查。

《中华人民共和国涉外海洋科学研究管理规定》第十三条规定：违反本规定进行涉外海洋科学研究活动的，由国家海洋行政主管部门或者其派出机构、其委托的机构责令停止该项活动，可以没收违法活动器具、没收违法获得的资料和样品，可以单处或者并处 5 万元人民币以下的罚款。

第二节　铺设海底电缆管道行政处罚

一、未经主管部门批准或备案，擅自进行海底电缆、管道路由调查、勘测

（一）法条释义

该违法行为是指中国的企业、事业单位未经主管部门批准，擅自铺设海底电缆、管道，未经上级业务主管部门审批同意，为铺设所进行的路由调查、勘测等活动，以及外国的公司、企业和其他经济组织或者个人未经主管机关批准在中华人民共和国内海、领海铺设海底电缆、管道以及为铺设所进行的路由调查、勘测等活动。

（二）违法行为的认定

（1）中国的企业、事业单位铺设海底电缆、管道，经其上级业务主管部门审批同意后，为铺设所进行的路由调查、勘测等活动，未依照《铺设海底电缆管道管理规定》执行。

（2）外国的公司、企业和其他经济组织或者个人需要在中华人民共和国内海、领海铺设海底电缆、管道以及为铺设所进行的路由调查、勘测等活动，没有依照《铺设海底电缆管道管理规定》报经主管机关批准。

（3）需要在中华人民共和国大陆架上进行上述活动的，未事先通知主管机关，其确定的海底电缆、管道路由，未经主管机关同意。

（4）对包含在油（气）田总体开发方案中的路由超出石油开发区的海底电缆、管道，所有者应在该方案审批前，将初选路由等资料一式五份按《铺设海底电缆管道管理规定实施办法》第四条报相应的审批机关，由审批机关商国家能源部门审定。在实施上述路由调查、勘测六十天前，所有者未将《铺设海底电缆管道管理规定》第五条要求提供的资料报主管机关备案。在实施铺设施工六十天前，所有者没有将最后确定的路由等资料一式五份，依照《铺设海底电缆管道管理规定》第六条的有关要求报主管机关批准，未取得主管机关发给铺设施工许可证。

（5）对在石油开发区内铺设平台间或者平台与单点系泊间的海底电缆、管道，在实施路由调查、勘测和铺设施工六十天前，所有者没有按照《铺设海底电缆管道管理规定》第五条、第六条要求提供的资料报主管机关备案。

（三）违法行为的处罚

根据《铺设海底电缆管道管理规定实施办法》第二十条规定，主管机关有权依其情节轻重，给予警告、罚款最高额为十万元和停止海上作业。

(四) 法条链接

《铺设海底电缆管道管理规定》第四条规定：中国的企业、事业单位铺设海底电缆、管道，经其上级业务主管部门审批同意后，为铺设所进行的路由调查、勘测等活动，依照本规定执行。外国的公司、企业和其他经济组织或者个人需要在中华人民共和国内海、领海铺设海底电缆、管道以及为铺设所进行的路由调查、勘测等活动，应当依照本规定报经主管机关批准；需要在中华人民共和国大陆架上进行上述活动的，应当事先通知主管机关，但其确定的海底电缆、管道路由，需经主管机关同意。

《铺设海底电缆管道管理规定实施办法》第十九条规定：为海洋石油开发所铺设的海底电缆、管道，按下列要求报主管机关审批或备案：（1）对包含在油（气）田总体开发方案中的路由超出石油开发区的海底电缆、管道，所有者应在该方案审批前，将初选路由等资料一式五份按本办法第四条报相应的审批机关，由审批机关商国家能源部门审定。在实施上述路由调查、勘测六十天前，所有者应将《规定》第五条要求提供的资料报主管机关备案。在实施铺设施工六十天前，所有者应将最后确定的路由等资料一式五份，依照《规定》第六条的有关要求报主管机关批准，由主管机关发给铺设施工许可证。（2）对在石油开发区内铺设平台间或者平台与单点系泊间的海底电缆、管道，在实施路由调查、勘测和铺设施工六十天前，所有者应分别将《规定》第五条、第六条要求提供的资料报主管机关备案。《规定》第五条未作规定的情况，所有者应按《规定》和本办法的其他有关条款执行。

《铺设海底电缆管道管理规定实施办法》第二十条规定：对违反《规定》及本办法的，主管机关有权依其情节轻重，给予下列一种或几种处罚：警告、罚款和责令停止海上作业。凡有下列行为之一者，罚款最高额为人民币十万元：（一）外国籍船舶在未经批准的海域作业或在获准的海域内进行未经批准的作业的；（二）未按《规定》和本办法报经主管机关批准和备案，擅自进行海底电缆、管道路由调查、勘测的。

二、未经批准或备案，擅自进行海底电缆、管道铺设施工

(一) 法条释义

该违法行为是指未报经海洋行政主管部门批准和备案，擅自进行海底电缆、管道铺设施工的行为。

(二) 违法行为的认定

(1) 海底电缆、管道路由调查、勘测完成后，所有者在计划铺设施工六十天前，未将最后确定的海底电缆、管道路由报主管机关审批。

(2) 海底电缆、管道的铺设施工，所有者未依照《铺设海底电缆管道管理规

定》第六条,将所确定的路由及《路由调查、勘测报告》等有关资料一式五份,按《铺设海底电缆管道管理规定实施办法》第四条报相应的审批机关审批。

(3) 外国的公司、企业和其他经济组织或个人在中国大陆架上进行上述活动的,所在者没有在实施作业六十天前,将《铺设海底电缆管道管理规定》第六条要求提供的资料一式五份按《铺设海底电缆管道管理规定实施办法》第四条报相应的审批机关,其确定的路由没有经主管机关同意。

(三) 违法行为的处罚

根据《铺设海底电缆管道管理规定实施办法》第二十条规定,主管机关有权依其情节轻重,给予警告、罚款最高额为二十万元和停止海上作业。

(四) 法条链接

《铺设海底电缆管道管理规定》第六条规定:海底电缆、管道路由调查、勘测完成后,所有者应当在计划铺设施工六十天前,将最后确定的海底电缆、管道路由报主管机关审批,并附具以下资料:(一) 海底电缆、管道的用途、使用材料及其特性;(二) 精确的海底电缆、管道路线图和位置表以及起止点、中继点(站)和总长度;(三) 铺设工程的施工单位、施工时间、施工计划、技术设备等;(四) 铺设海底管道工程对海洋资源和环境影响报告书;(五) 其他有关说明资料。

《铺设海底电缆管道管理规定实施办法》第六条规定:海底电缆、管道的铺设施工,所有者应依照《规定》第六条,将所确定的路由及《路由调查、勘测报告》等有关资料一式五份,按本办法第四条报相应的审批机关审批。审批机关审批后发给铺设施工许可证。外国的公司、企业和其他经济组织或个人在中国大陆架上进行上述活动的,所在者应在实施作业六十天前,将《规定》第六条要求提供的资料一式五份按本办法第四条报相应的审批机关,其确定的路由需经主管机关同意。

《铺设海底电缆管道管理规定实施办法》第二十条规定:对违反《规定》及本办法的,主管机关有权依其情节轻重,给予下列一种或几种处罚:警告、罚款和责令停止海上作业。未按《规定》和本办法报经主管机关批准和备案,擅自进行海底电缆、管道铺设施工的,罚款最高额为人民币二十万元。

三、海上作业者未持有海洋行政主管部门已签发的铺设施工许可证进行无证作业

(一) 法条释义

该违法行为是指海上作业者未持有海洋行政主管部门已签发的铺设施工许可证进行无证作业的行为。

(二) 违法行为的认定

海上作业者未持有主管机关已签发的铺设施工许可证进行无证作业,即构成

违法行为。

（三）违法行为的处罚

根据《铺设海底电缆管道管理规定实施办法》第二十条规定，主管机关有权依其情节轻重，给予警告、罚款最高额为一万元和责令停止海上作业。

（四）法条链接

《铺设海底电缆管道管理规定实施办法》第二十条规定：凡有下列行为之一者，罚款最高额为人民币一万元：（一）海上作业者未持有主管机关已签发的铺设施工许可证的；（二）阻挠或妨碍主管机关海洋监察人员执行公务的；（三）未按本办法第十二条的要求，将有关资料报主管机关备案的。

四、海底电缆管道施工完毕后九十日内，未向主管机关进行备案

（一）法条释义

该违法行为是指未按照有关规定将海底电缆、管道准确路线图、位置表等有关资料报海洋行政主管部门备案的行为。

（二）违法行为的认定

未按《铺设海底电缆管道管理规定实施办法》第十二条的要求，将有关资料报主管机关备案的，进行无证作业，即构成违法行为。

（三）违法行为的处罚

根据《铺设海底电缆管道管理规定实施办法》第二十条规定，主管机关有权依其情节轻重，给予警告、罚款最高额为一万元和责令停止海上作业。

（四）法条链接

《铺设海底电缆管道管理规定》第七条第一款规定：铺设施工完毕后，所有者应当将海底电缆、管道的路线图、位置表等说明资料报送主管机关备案，并抄送港监机关。

《铺设海底电缆管道管理规定实施办法》第二十条规定：凡有下列行为之一者，罚款最高额为人民币一万元：（一）海上作业者未持有主管机关已签发的铺设施工许可证的；（二）阻挠或妨碍主管机关海洋监察人员执行公务的；（三）未按本办法第十二条的要求，将有关资料报主管机关备案的。

五、海底电缆管道的铺设、维修、改造、拆除和废弃，不按规定执行

（一）法条释义

该违法行为是指海底电缆、管道的铺设、维修、改造、拆除和废弃，未按照有关

要求向海洋行政主管部门进行书面报告或对其海上正常开发利用活动造成妨碍的行为。

(二) 违法行为的认定

海底电缆管道的铺设、维修、改造、拆除和废弃，未按《铺设海底电缆管道管理规定实施办法》第十三条、第十四条、第十五条执行的，即构成违法行为。

(三) 违法行为的处罚

根据《铺设海底电缆管道管理规定实施办法》第二十条规定，主管机关有权依其情节轻重，给予警告、罚款最高额为五万元和责令停止海上作业。

(四) 法条链接

《铺设海底电缆管道管理规定》第十一条规定：海底电缆、管道的路由调查、勘测和铺设、维修、拆除等施工作业，不得妨害海上正常秩序。海底电缆、管道的铺设或者拆除工程的遗留物，应当妥善处理，不得妨害海上正常秩序。

《铺设海底电缆管道管理规定实施办法》第十三条规定：海底电缆、管道的维修、改造、拆除，所有者应在实施作业三十天前，将作业内容、原因、时间、海区及作业船只等情况书面报告主管机关。海底电缆、管道的紧急修理，所有者可在维修船进入现场作业的同时，按上述内容向主管机关报告并说明紧急修理的理由。外国船舶需要在中国内海、领海进行前款所述作业的，应经主管机关批准。海底电缆、管道路由变动较大的改造，所有者事先应经主管机关批准。上述作业完毕后三十天内，所有者应将作业结果报告主管机关。

《铺设海底电缆管道管理规定实施办法》第十四条规定：海底电缆、管道的废弃，所有者应当在六十天前向主管机关书面报告，内容应包括：废弃的原因、废弃的准确时间、废弃部分的准确位置及处置办法、废弃部分对其他海洋开发利用可能产生的影响及采取的防治措施。废弃的海底电缆、管道应当妥善处理，不得对正常的海洋开发利用活动构成威胁或妨碍。

《铺设海底电缆管道管理规定实施办法》第十五条规定：海底电缆、管道的铺设、维修、拆除等海上施工作业，应兼顾其他海上正常开发利用活动，当两者在作业时间和作业海区等方面发生矛盾时，所有者应当与有关当事方协商解决或报主管机关协调解决。

《铺设海底电缆管道管理规定实施办法》第二十条规定：凡有下列行为之一者，罚款最高额为人民币五万元：(一) 获准的路由调查、勘测或铺设施工发生变动，未按本办法第十条执行的；(二) 海底电缆、管道的铺设、维修、改造、拆除和废弃，未按本办法第十三条、第十四条、第十五条执行的；(三) 海底电缆、管道的铺设或者拆除等工程的遗留物未妥善处理，对正常的海洋开发利用活动构成威胁或妨碍的;(四)违反本办法第十一条,移动已铺设的海底电缆、管道的;(五)违反本办法第十七条,从事可能危及海底电缆、管道安全和使用效能的作业的;(六)外国籍船舶未按本办法的要求报告船位的。

六、获准路由调查、勘测或铺设施工发生变化未报告

(一)法条释义

该违法行为是指获准的路由调查、勘测和铺设施工发生变动,未按照有关要求报告海洋行政主管部门或者未经海洋行政主管部门批准的行为。

(二)违法行为的认定

获准的路由调查、勘测或铺设施工发生变动,未按《铺设海底电缆管道管理规定实施办法》第十条执行的,即构成违法行为。

(三)违法行为的处罚

根据《铺设海底电缆管道管理规定实施办法》第二十条规定,主管机关有权依其情节轻重,给予警告、罚款最高额为五万元和责令停止海上作业。

(四)法条链接

《铺设海底电缆管道管理规定》第十条规定:海底电缆、管道的维修、改造、拆除和废弃,所有者应当提前向主管机关报告。路由变动较大的改造,依照本规定重新办理有关手续。外国船舶需要进入中国内海、领海进行海底电缆、管道的维修、改造、拆除活动时,除履行本条第一款规定的程序外,还应当依照中国法律的规定,报经中国有关机关批准。铺设在中国大陆架上的海底电缆、管道遭受损害,需要紧急修理时,外国维修船可在向主管机关报告的同时进入现场作业,但不得妨害中国的主权权利和管辖权。

《铺设海底电缆管道管理规定实施办法》第二十条规定:凡有下列行为之一者,罚款最高额为人民币五万元:(一)获准的路由调查、勘测或铺设施工发生变动,未按本办法第十条执行的;(二)海底电缆、管道的铺设、维修、改造、拆除和废弃,未按本办法第十三条、第十四条、第十五条执行的;(三)海底电缆、管道的铺设或者拆除等工程的遗留物未妥善处理,对正常的海洋开发利用活动构成威胁或妨碍的;(四)违反本办法第十一条,移动已铺设的海底电缆、管道的;(五)违反本办法第十七条,从事可能危及海底电缆、管道安全和使用效能的作业的;(六)外国籍船舶未按本办法的要求报告船位的。

七、海底电缆管道的路线图、位置表等注册登记资料未备案

(一) 法条释义

该违法行为是指海底电缆、管道的路线图、位置表等注册资料未备案的行为。

(二) 违法行为的认定

海底电缆管道的路线图、位置表等注册登记资料未备案,即构成违法行为。

(三) 违法行为的处罚

根据《海底电缆管道保护规定》第十七条,责令限期改正;逾期不改正的,处以一万元以下罚款。

(四) 法条链接

《海底电缆管道保护规定》第五条规定:海底电缆管道所有者应当在海底电缆管道铺设竣工后90日内,将海底电缆管道的路线图、位置表等注册登记资料报送县级以上人民政府海洋行政主管部门备案,并同时抄报海事管理机构。本规定公布施行前铺设竣工的海底电缆管道,应当在本规定生效后90日内,按照前款规定备案。

《海底电缆管道保护规定》第十七条规定:海底电缆管道所有者有下列情形之一的,由县级以上人民政府海洋行政主管部门责令限期改正;逾期不改正的,处以1万元以下的罚款:(1)海底电缆管道的路线图、位置表等注册登记资料未备案的;(2)对海底电缆管道采取定期复查、监视和其他保护措施未报告的;(3)进行海底电缆管道的路由调查、铺设施工、维修、改造、拆除、废弃海底电缆管道时未及时公告的;(4)委托有关单位保护海底电缆管道未备案的。

八、对海底电缆管道采取定期复查、监视和其他保护措施未报告

(一) 法条释义

该违法行为是指对海底电缆管道采取定期复查、监视和其他保护设施未报告的行为。

(二) 违法行为的认定

对海底电缆管道采取定期复查、监视和其他保护措施未报告的,即构成违法行为。

(三) 违法行为的处罚

根据《海底电缆管道保护规定》第十七条,责令限期改正;逾期不改正的,处以一万元以下罚款。

(四) 法条链接

《海底电缆管道保护规定》第十一条第一款规定:海底电缆管道所有者在向县级以上人民政府海洋行政主管部门报告后,可以对海底电缆管道采取定期复查、监视和其他保护措施,也可以委托有关单位进行保护。委托有关单位保护的,应当报县级以上人民政府海洋行政主管部门备案。

《海底电缆管道保护规定》第十七条规定:海底电缆管道所有者有下列情形之一的,由县级以上人民政府海洋行政主管部门责令限期改正;逾期不改正的,处以1万元以下的罚款:(一)海底电缆管道的路线图、位置表等注册登记资料未备案的;(二)对海底电缆管道采取定期复查、监视和其他保护措施未报告的;(三)进行海底电缆管道的路由调查、铺设施工,维修、改造、拆除、废弃海底电缆管道时未及时公告的;(四)委托有关单位保护海底电缆管道未备案的。

九、进行海底电缆管道的路由调查、铺设施工,维修、改造、拆除、废弃海底电缆管道时未及时公告

(一) 法条释义

该违法行为是指进行海底电缆管道的路由调查、铺设施工,维修、改造、拆除、废弃海底电缆管道时未及时公告的行为。

(二) 违法行为的认定

进行海底电缆管道的路由调查、铺设施工,维修、改造、拆除、废弃海底电缆管道时未及时公告的,即构成违法行为。

(三) 违法行为的处罚

根据《海底电缆管道保护规定》第十七条,责令限期改正;逾期不改正的,处以一万元以下罚款。

(四) 法条链接

《海底电缆管道保护规定》第十二条规定:海底电缆管道所有者进行海底电缆管道的路由调查、铺设施工,对海底电缆管道进行维修、改造、拆除、废弃时,应当在媒体上向社会发布公告。公告费用由海底电缆管道所有者承担。

《海底电缆管道保护规定》第十七条规定:海底电缆管道所有者有下列情形之一的,由县级以上人民政府海洋行政主管部门责令限期改正;逾期不改正的,处以1万元以下的罚款:(一)海底电缆管道的路线图、位置表等注册登记资料未备案的;(二)对海底电缆管道采取定期复查、监视和其他保护措施未报告的;(三)进行海底电缆管道的路由调查、铺设施工,维修、改造、拆除、废弃海底电缆管道时未及时公告的;(四)委托有关单位保护海底电缆管道未备案的。

十、委托有关单位保护海底电缆管道未备案

(一) 法条释义

该违法行为是指委托有关单位保护海底电缆管道未备案的行为。

(二) 违法行为的认定

委托有关单位保护海底电缆管道未备案的,即构成违法行为。

(三) 违法行为的处罚

根据《海底电缆管道保护规定》第十七条,责令限期改正;逾期不改正的,处以一万元以下罚款。

(四) 法条链接

《海底电缆管道保护规定》第十一条第二款规定:委托有关单位保护的,应当报县级以上人民政府海洋行政主管部门备案。

《海底电缆管道保护规定》第十七条规定:海底电缆管道所有者有下列情形之一的,由县级以上人民政府海洋行政主管部门责令限期改正;逾期不改正的,处以1万元以下的罚款:(一)海底电缆管道的路线图、位置表等注册登记资料未备案的;(二)对海底电缆管道采取定期复查、监视和其他保护措施未报告的;(三)进行海底电缆管道的路由调查、铺设施工、维修、改造、拆除、废弃海底电缆管道时未及时公告的;(四)委托有关单位保护海底电缆管道未备案的。

十一、海底电缆、管道的铺设或者拆除等工程的遗留物未妥善处理,对正常的海洋开发利用活动构成威胁或者妨碍

(一) 法条释义

该违法行为是指海底电缆、管道的铺设或者拆除等工程的遗留物未妥善处理,对正常的海洋开发利用活动构成威胁或者妨碍的行为。

(二) 违法行为的认定

海底电缆、管道的铺设或者拆除等工程的遗留物未妥善处理,对正常的海洋开发利用活动构成威胁或妨碍的,即构成违法行为。

(三) 违法行为的处罚

根据《铺设海底电缆管道管理规定实施办法》第二十条规定,主管机关有权依其情节轻重,给予警告、罚款最高额为五万元和责令停止海上作业。

(四) 法条链接

《铺设海底电缆管道管理规定》第十六条规定:铺设、维修、改造、拆除、废弃海

底电缆、管道以及为铺设所进行的路由调查、勘测活动,本规定未作规定的,适用国家其他有关法律、法规的规定。

《铺设海底电缆管道管理规定实施办法》第二十条规定:凡有下列行为之一者,罚款最高额为人民币五万元:(一)获准的路由调查、勘测或铺设施工发生变动,未按本办法第十条执行的;(二)海底电缆、管道的铺设、维修、改造、拆除和废弃,未按本办法第十三条、第十四条、第十五条执行的;(三)海底电缆、管道的铺设或者拆除等工程的遗留物未妥善处理,对正常的海洋开发利用活动构成威胁或妨碍的;(四)违反本办法第十一条,移动已铺设的海底电缆、管道的;(五)违反本办法第十七条,从事可能危及海底电缆、管道安全和使用效能的作业的;(六)外国籍船舶未按本办法的要求报告船位的。

十二、未与所有者协商并经海洋行政主管部门批准,擅自移动已铺设的海底电缆、管道

(一)法条释义

该违法行为是指未与所有者协商并经海洋行政主管部门批准,擅自移动已铺设的海底电缆、管道的行为。

(二)违法行为的认定

违反《铺设海底电缆管道管理规定实施办法》第十一条,移动已铺设的海底电缆、管道的,即构成违法行为。

(三)违法行为的处罚

根据《铺设海底电缆管道管理规定实施办法》第二十条规定,主管机关有权依其情节轻重,给予警告、罚款最高额为五万元和责令停止海上作业。

(四)法条链接

《铺设海底电缆管道管理规定》第十六条规定:铺设、维修、改造、拆除、废弃海底电缆、管道以及为铺设所进行的路由调查、勘测活动,本规定未作规定的,适用国家其他有关法律、法规的规定。

《铺设海底电缆管道管理规定实施办法》第二十条规定:凡有下列行为之一者,罚款最高额为人民币五万元:(一)获准的路由调查、勘测或铺设施工发生变动,未按本办法第十条执行的;(二)海底电缆、管道的铺设、维修、改造、拆除和废弃,未按本办法第十三条、第十四条、第十五条执行的;(三)海底电缆、管道的铺设或者拆除等工程的遗留物未妥善处理,对正常的海洋开发利用活动构成威胁或妨碍的;(四)违反本办法第十一条,移动已铺设的海底电缆、管道的;(五)违反本办法第十七条,从事可能危及海底电缆、管道安全和使用效能的作业的;(六)外国籍船舶未按本办法的要求报告船位的。

十三、需在海底电缆、管道路由两侧各两海里（港内为两侧各一百米）范围内从事可能危及海底电缆、管道安全和使用效能的作业

（一）法条释义

该违法行为是指在海底电缆、管道路由保护区两侧"安全区"进行违规作业，从事可能危及海底电缆、管道安全和使用效能的作业行为。

（二）违法行为的认定

违反《铺设海底电缆管道管理规定实施办法》第十七条，从事可能危及海底电缆、管道安全和使用效能的作业的，即构成违法行为。

（三）违法行为的处罚

根据《铺设海底电缆管道管理规定实施办法》第二十条规定，主管机关有权依其情节轻重，给予警告、罚款最高额为五万元和责令停止海上作业。

（四）法条链接

《铺设海底电缆管道管理规定实施办法》第十七条规定：从事海上各种活动的作业者，应了解作业海区海底电缆、管道的布设情况。凡需在海底电缆、管道路由两侧各两海里（港内为两侧各一百米）范围内从事可能危及海底电缆、管道安全和使用效能的作业的，应事先与所有者协商并报经主管机关批准。

《铺设海底电缆管道管理规定实施办法》第二十条规定：凡有下列行为之一者，罚款最高额为人民币五万元：（一）获准的路由调查、勘测或铺设施工发生变动，未按本办法第十条执行的；（二）海底电缆、管道的铺设、维修、改造、拆除和废弃，未按本办法第十三条、第十四条、第十五条执行的；（三）海底电缆、管道的铺设或者拆除等工程的遗留物未妥善处理，对正常的海洋开发利用活动构成威胁或妨碍的；（四）违反本办法第十一条，移动已铺设的海底电缆、管道的；（五）违反本办法第十七条，从事可能危及海底电缆、管道安全和使用效能的作业的；（六）外国籍船舶未按本办法的要求报告船位的。

十四、在海底电缆管道保护区内从事挖砂、钻探、打桩、抛锚、底拖捕捞、张网、养殖或者其他可能破坏海底电缆管道安全的海上作业

（一）法条释义

该违法行为是指在海底电缆管道保护区内从事挖砂、钻探、打桩、抛锚、底拖捕捞、张网、养殖或者其他可能破坏海底电缆管道安全的海上作业的行为。

(二) 违法行为的认定

(1) 擅自在海底电缆管道保护区内从事《海底电缆管道保护规定》第八条规定的海上作业的,即构成违法行为。

(三) 违法行为的处罚

根据《海底电缆管道保护规定》第十八条,责令限期改正,停止海上作业,并处一万元以下罚款。

(四) 法条链接

《海底电缆管道保护规定》第八条规定:禁止在海底电缆管道保护区内从事挖砂、钻探、打桩、抛锚、拖锚、底拖捕捞、张网、养殖或者其他可能破坏海底电缆管道安全的海上作业。

《海底电缆管道保护规定》第十八条规定:海上作业者有下列情形之一的,由县级以上人民政府海洋行政主管部门责令限期改正,停止海上作业,并处 1 万元以下的罚款:(一)擅自在海底电缆管道保护区内从事本规定第八条规定的海上作业的;(二)故意损坏海底电缆管道及附属保护设施的;(三)钩住海底电缆管道后擅自拖起、拖断、砍断海底电缆管道的;(四)未采取有效防护措施而造成海底电缆管道及其附属保护设施损害的。

十五、故意损坏海底电缆管道及附属保护设施

(一) 法条释义

该违法行为是指故意损坏海底电缆管道及附属保护设施的行为。

(二) 违法行为的认定

故意损坏海底电缆管道及附属保护设施的,即构成违法行为。

(三) 违法行为的处罚

根据《海底电缆管道保护规定》第十八条,责令限制改正,停止海上作业,并处一万元以下罚款。

(四) 法条链接

《海底电缆管道保护规定》第十三条第一款规定:海上作业者在从事海上作业前,应当了解作业海区海底电缆管道的铺设情况;可能破坏海底电缆管道安全的,应当采取有效的防护措施。

《海底电缆管道保护规定》第十八条规定:海上作业者有下列情形之一的,由县级以上人民政府海洋行政主管部门责令限期改正,停止海上作业,并处 1 万元

以下的罚款:(一)擅自在海底电缆管道保护区内从事本规定第八条规定的海上作业的;(二)故意损坏海底电缆管道及附属保护设施的;(三)钩住海底电缆管道后擅自拖起、拖断、砍断海底电缆管道的;(四)未采取有效防护措施而造成海底电缆管道及其附属保护设施损害的。

十六、钩住海底电缆管道后擅自拖起、拖断、砍断海底电缆管道

(一)法条释义

该违法行为是指钩住海底电缆管道后擅自拖起、拖断、砍断海底电缆管道的行为。

(二)违法行为的认定

钩住海底电缆管道后擅自拖起、拖断、砍断海底电缆管道的,即构成违法行为。

(三)违法行为的处罚

根据《海底电缆管道保护规定》第十八条,责令限制改正,停止海上作业,并处一万元以下罚款。

(四)法条链接

《海底电缆管道保护规定》第十三条第三款规定:海上作业钩住海底电缆管道的,海上作业者不得擅自将海底电缆管道拖起、拖断或者砍断,并应当立即报告所在地海洋行政主管部门或者海底电缆管道所有者采取相应措施。必要时,海上作业者应当放弃船锚或者其他钩挂物。

《海底电缆管道保护规定》第十八条规定:海上作业者有下列情形之一的,由县级以上人民政府海洋行政主管部门责令限期改正,停止海上作业,并处1万元以下的罚款:(一)擅自在海底电缆管道保护区内从事本规定第八条规定的海上作业的;(二)故意损坏海底电缆管道及附属保护设施的;(三)钩住海底电缆管道后擅自拖起、拖断、砍断海底电缆管道的;(四)未采取有效防护措施而造成海底电缆管道及其附属保护设施损害的。

十七、未采取有效保护措施而造成了海底电缆管道及其附属保护设施损害

(一)法条释义

该违法行为是指未采取有效防护措施而造成海底电缆管道及其附属保护设施损害的行为。

(二) 违法行为的认定

未采取有效防护措施而造成海底电缆管道及其附属保护设施损害的,即构成违法行为。

(三) 违法行为的处罚

根据《海底电缆管道保护规定》第十八条,责令限制改正,停止海上作业,并处一万元以下罚款。

(四) 法条链接

《海底电缆管道保护规定》第十五条规定:单位和个人造成海底电缆管道及附属保护设施损害的,应当依法承担赔偿责任。因不可抗力或者紧急避险,采取必要的防护措施仍未能避免造成损害的,可以依法减轻或者免除赔偿责任。

《海底电缆管道保护规定》第十八条规定:海上作业者有下列情形之一的,由县级以上人民政府海洋行政主管部门责令限期改正,停止海上作业,并处 1 万元以下的罚款:(一)擅自在海底电缆管道保护区内从事本规定第八条规定的海上作业的;(二)故意损坏海底电缆管道及附属保护设施的;(三)钩住海底电缆管道后擅自拖起、拖断、砍断海底电缆管道的;(四)未采取有效防护措施而造成海底电缆管道及其附属保护设施损害的。

十八、外国籍船舶未按规定要求报告船位

(一) 法条释义

该违法行为是指外国籍船舶在我国管辖海域进行作业期间未按照有关要求报告船位的行为。

(二) 违法行为的认定

外国籍船舶未按《铺设海底电缆管道管理规定实施办法》的要求报告船位的,即构成违法行为。

(三) 违法行为的处罚

根据《铺设海底电缆管道管理规定实施办法》第二十条规定,给予警告、罚款最高额为五万元和责令停止海上作业。

(四) 法条链接

《铺设海底电缆管道管理规定实施办法》第十八条规定:主管机关可对进行海底电缆、管道路由调查、勘测和铺设、维修、改造、拆除等活动的船舶进行监视或检查。进行上述活动的船舶应为主管机关海洋监察人员执行公务提供方便。外国

籍船舶在中国大陆架上进行前款所述的活动期间(包括作业、锚泊、检修、漂泊等),应于每天 02 时(格林威治时间)向主管机关报告船位;在中国的内海、领海进行前款所述的活动期间(包括作业、锚泊、检修、漂泊等),应于每天 00、08 时(格林威治时间)向主管机关报告船位。

《铺设海底电缆管道管理规定实施办法》第二十条规定:对违反《规定》及本办法的,主管机关有权依其情节轻重,给予下列一种或几种处罚:警告、罚款和责令停止海上作业。凡有下列行为之一者,罚款最高额为人民币五万元;(一)获准的路由调查、勘测或铺设施工发生变动,未按本办法第十条执行的;(二)海底电缆、管道的铺设、维修、改造、拆除和废弃,未按本办法第十三条、第十四条、第十五条执行的;(三)海底电缆、管道的铺设或者拆除等工程的遗留物未妥善处理,对正常的海洋开发利用活动构成威胁或妨碍的;(四)违反本办法第十一条,移动已铺设的海底电缆、管道的;(五)违反本办法第十七条,从事可能危及海底电缆、管道安全和使用效能的作业的;(六)外国籍船舶未按本办法的要求报告船位的。

十九、外国籍船舶在未经批准的海域作业或在获准的海域内进行未经批准的作业

(一)法条释义

该违法行为是指外国籍船舶在未经批准的海域作业或在获准的海域内进行未经批准的作业的行为。

(二)违法行为的认定

外国籍船舶在未经批准的海域作业或在获准的海域内进行未经批准的作业的,即构成违法行为。

(三)违法行为的处罚

根据《铺设海底电缆管道管理规定实施办法》第二十条规定,给予警告、罚款最高额为十万元和停止海上作业。

(四)法条链接

《铺设海底电缆管道管理规定实施办法》第二十条规定:对违反《规定》及本办法的,主管机关有权依其情节轻重,给予下列一种或几种处罚:警告、罚款和责令停止海上作业。凡有下列行为之一者,罚款最高额为人民币十万元;(一)外国籍船舶在未经批准的海域作业或在获准的海域内进行未经批准的作业的;(二)未按《规定》和本办法报经主管机关批准和备案,擅自进行海底电缆、管道路由调查、勘测的。

第八章 海上缉私行政处罚

第一节 船舶无船名船号或者船舶名称与证件不符行为行政处罚

船舶无船名船号或者船舶名称与证件不符行为

（一）法条释义

船舶无船名船号或者船舶名称与证件不符是指船舶从事海上运输时，无船名船号、无船舶证书（无有效渔业船舶检验证书、船舶登记证书、捕捞许可证）、无船籍港的"三无"渔业船舶的行为。在《交通部关于实施清理、取缔"三无"船舶通告有关问题的通知》中规定，假冒他船船名船号和船籍港、伪造船舶证书和证书登记事项与船舶实际不相符合者，均按"三无"船舶对待。

（二）违法行为的认定

船舶无船名船号或者船舶名称与证件不符违法行为的构成要件是：(1) 船舶无船名船号或者船舶名称与证件不符行为的客体是船舶航行和渔业生产秩序；(2) 客观方面表现为无船名船号、无船舶证书或者假冒他船船名船号和船籍港、伪造船舶证书和证书登记事项与船舶实际不相符合；(3) 主体是一般主体，单位和自然人均可构成本行为；(4) 主观方面表现为故意。

（三）违法行为的处罚

按照《关于清理、取缔"三无"船舶的通告》（国函〔1994〕111号）规定，对三无船舶应予没收，并可对船主处船价2倍以下的罚款。

（四）法条链接

《关于清理、取缔"三无"船舶的通告》第三条：渔政渔监和港监部门应加强对海上生产、航行、治安秩序的管理，海关、公安边防部门应结合海上缉私工作，取缔"三无"船舶，对海上航行、停泊的"三无"船舶，一经查获，一律没收，并可对船主处船价2倍以下的罚款。

(五) 案例分析

李某与某市渔政大队渔业行政管理案[①]

【案情简介】

原告李某购买了一艘机动渔船及相关捕捞工具(高压抽吹沙机械设备)从事吹沙捕捞沙虫作业。2013年3月13日20时许,在没有取得渔业船舶检验证、渔业船舶登记证和渔业捕捞许可证等有效证件的情况下,驾驶该不具有船名船号、船籍港的渔船到某市某水域(361-2海区)非法进行捕捞沙虫作业活动,抽取沙虫约13斤。当晚,被告某市渔政大队接到举报后组织人员进行查处,制止了原告的非法捕捞行为,制作现场笔录和询问笔录,并对原告的渔船、渔具予以暂扣。在立案查处的过程中,被告向原告送达了《渔业违法案件处罚通知书》,2013年12月4日对原告进行了听证,同年12月28日对原告李某作出29号处罚决定并送达原告。原告收到处罚决定书后,于2014年3月26日向法院提起诉讼。

【处理结果】

2013年3月13日,某市渔政大队接到举报后组织人员进行查处,制止了李某的非法捕捞行为,制作现场笔录和询问笔录,并对原告的渔船、渔具予以暂扣。某市渔政大队向李某送达了《渔业违法案件处罚通知书》。

【诉讼过程】

原告收到处罚决定书后,于2014年3月26日向法院提起诉讼。法院认为:被告的取证过程中存在部分执法人员的签名由他人代签的情形,其行为虽然存在瑕疵,但仍可以证明案件事实,原告对其违法事实也没有否认。原告在没有取得渔业船舶检验证、渔业船舶登记证和渔业捕捞许可证等有效证件的情况下,驾驶不具有船名船号、船籍港的渔船到某市某水域进行捕捞作业,其行为违反了《广西壮族自治区渔港渔业船舶管理条例》第三十四条的规定,被告某市渔政大队依据该规定对原告作出没收违法渔船和罚款1万元的处罚,适用法律正确,处罚适当。被告所适用的《广西壮族自治区渔港渔业船舶管理条例》是根据《中华人民共和国渔业法》等有关法律、法规,结合本自治区实际所制定,原告主张被告适用的法律与《中华人民共和国渔业法》和《中华人民共和国渔业法实施细则》相违背、适用法律错误,没有依据,对该主张,本院不予采纳。综上,依照《中华人民共和国行政诉讼法》第五十四条第(1)项的规定,判决如下:维持被告某市渔政大队于2013年12月28日作出的桂东渔政罚字(2013)第029号《渔业违法案件行政处罚决定书》。案件受理费50元,由原告李某负担。

[①] 案件来源:广西壮族自治区东兴市人民法院、裁判案号:(2014)东行初字第7号。

【法律依据】

《广西壮族自治区渔业船舶管理条例》第三十四条规定：未取得有效渔业船舶检验证书、有效渔业船舶登记证书或者有效航行签证簿从事渔业生产的，责令停止作业，没收渔获物和违法所得，可以并处 1 000 元以上 10 000 元以下的罚款。对同时不具有船名船号、船舶证书、船籍港的渔业船舶在渔港和海上航行或者停泊的，一律予以没收，对船主可以并处船价 2 倍以下的罚款。前款所称船舶证书是指有效的渔业船舶检验证书、渔业船舶登记证书、捕捞许可证。

《中华人民共和国渔业法》第四十一条规定：未依法取得捕捞许可证擅自进行捕捞的，没收渔获物和违法所得，并处十万元以下的罚款；情节严重的，并可以没收渔具和渔船。

《中华人民共和国行政诉讼法》第五十四条第一款规定：人民法院公开审理行政案件，但涉及国家秘密、个人隐私和法律另有规定的除外。

【实务要点】

1. 行政机关实施行政强制措施应当遵守下列规定：

（1）实施前须向行政机关负责人报告并经批准；

（2）由两名以上行政执法人员实施；

（3）出示执法身份证件；

（4）通知当事人到场；

（5）当场告知当事人采取行政强制措施的理由、依据以及当事人依法享有的权利、救济途径；

（6）听取当事人的陈述和申辩；

（7）制作现场笔录；

（8）现场笔录由当事人和行政执法人员签名或者盖章，当事人拒绝的，在笔录中予以注明；

（9）当事人不到场的，邀请见证人到场，由见证人和行政执法人员在现场笔录上签名或者盖章；

（10）法律、法规规定的其他程序。

2. 未取得有效渔业船舶检验证书、有效渔业船舶登记证书或者有效航行签证簿从事渔业生产的，责令停止作业，没收渔获物和违法所得，可以并处 1 000 元以上 10 000 元以下的罚款。对同时不具有船名船号、船舶证书、船籍港的渔业船舶在渔港和海上航行或者停泊的，一律予以没收，对船主可以并处船价 2 倍以下的罚款。前款所称船舶证书是指有效的渔业船舶检验证书、渔业船舶登记证书、捕捞许可证。

在本案中，原告李某在没有取得渔业船舶检验证、渔业船舶登记证和渔业捕捞许可证等有效证件的情况下，驾驶不具有船名船号、船籍港的渔船到某市某水域进行捕捞作业,其行为违反了《广西壮族自治区渔港渔业船舶管理条例》第三十四条的规定,被告某市渔政大队依据该规定对原告李某作出没收违法渔船和罚款1万元的处罚,适用法律正确,处罚适当。被告某市渔政大队的取证过程中存在部分执法人员的签名由他人代签的情形,其行为存在瑕疵。

第二节　当事人无法查清的违法案件行政处罚

一、当事人违法事实无法查清

(一)法条释义

当事人违法事实无法查清违法行为是指因当事人逃逸或者所有人不明,现场无目击证人和物证,导致违法事实无法查清的行为。

(二)违法行为的认定

因当事人逃逸或者所有人不明,现场无目击证人和物证,或物证已经被当事人损毁,导致违法事实无法查清。

(三)违法行为的处罚

此种情形在广东省内按照《广东省反走私综合治理条例》第三十二条的规定处理:对因当事人逃逸或者所有人不明、违法事实无法查清的,将查获的涉嫌走私的货物、物品和运输工具,按照属地管理原则,移送查获地地级以上市人民政府反走私综合治理工作机构依法统一协调处理,跨地域移送的,报广东省人民政府反走私综合治理工作机构核准。

(四)法条链接

《广东省反走私综合治理条例》第三十二条:行政执法部门查获走私案件,对依法应当给予行政处罚的,依照国家有关规定移送海关依法处理;对涉嫌犯罪的,移送海关侦查走私犯罪缉私机构或者地方公安机关依法处理;对因当事人逃逸或者所有人不明、违法事实无法查清的,将查获的涉嫌走私的货物、物品和运输工具,按照属地管理原则,移送查获地地级以上市人民政府反走私综合治理工作机构依法统一协调处理,跨地域移送的,报省人民政府反走私综合治理工作机构核准。海关查获的属于地方公安机关、工商行政管理部门等执法部门管辖的案件,移送查获案件海关所在地地级以上市人民政府公安机关、工商行政管理等执法部门。移送部门、海关侦查走私犯罪缉私机构或者地方公安机关将移送情况和处理结果及时通报同级人民政府反走私综合治理工作机构,处理结果同时反馈原移送部门。

二、违法嫌疑人不在船上,违法事实基本清楚

(一)法条释义

违法嫌疑人不在船上,违法事实基本清楚违法行为是指海关在查缉走私行为时,走私行为人逃逸,将走私所涉财物遗留在查发现场,且后续调查难以找到行为人,违法事实基本清楚的情况。

(二)违法行为的认定

海关对当事人走私违法事实的认定基本清楚,也控制了走私货物,但是走私分子因为害怕法律制裁而在海关查获前逃逸,海关事后很难找到实施走私违法行为的当事人,也难以查明其具体情况。

(三)违法行为的处罚

此种情形公告满三个月后,由海关作收缴处理。

(四)法条链接

《中华人民共和国海关行政处罚实施条例》第六十二条第四项:有下列情形之一的,有关货物、物品、违法所得、运输工具、特制设备由海关予以收缴;走私违法事实基本清楚,但当事人无法查清,自海关公告之日起满三个月的。

(五)案例分析

郑州海关缉私局依法缴获1342枚古钱币

【案情简介】

2007年3月14日,郑州海关缉私局根据《中华人民共和国海关行政处罚实施条例》的有关规定,依法公告《海关收缴清单》,对郑州海关驻邮局办事处在出境邮递物品监管环节查获移送郑州海关缉私局立案查处的1 342枚古钱币依法予以收缴。

该案所涉1 342枚古钱币,经文物鉴定部门鉴定,其中1 324枚属于国家禁止出境的一般文物,18枚属于国家限制出境的一般文物。该批古钱币种类主要有汉代五铢,唐代开元通宝、大中通宝、乾元通宝,金代大定通宝、正隆元宝,宋代端平通宝、绍圣元宝,明代永乐通宝、万历通宝以及清代同治通宝、光绪通宝等。

【处理结果】

经郑州海关缉私局立案调查,当事人违反《中华人民共和国海关法》《中华人民共和国文物保护法》等有关法律法规,逃避海关监管,逃避国家文物出境管理规定,在出境信函中夹藏属于国家禁止、限制出境的一般文物的古钱币,数量达1 342枚,走私违法事实清楚,但涉案当事人经缉私部门多方调查始终无法查清。

郑州海关缉私局依据《中华人民共和国海关行政处罚实施条例》的有关规定，在有关报纸发布了收缴公告，通知有关当事人自公告之日起3个月内到海关办理有关海关手续，逾期将对涉案古钱币依法予以收缴。直至公告期满，无人到海关办理海关手续。依据《中华人民共和国海关行政处罚实施条例》的有关规定，郑州海关缉私局依法制发了《海关收缴清单》，并予以公告送达，对涉案1 342枚古钱币依法予以收缴。

【法条依据】

1.《中华人民共和国海关法》第八十三条规定：有下列行为之一的，按走私行为论处，依照本法第八十二条的规定处罚：（一）直接向走私人非法收购走私进口的货物、物品的；（二）在内海、领海、界河、界湖，船舶及所载人员运输、收购、贩卖国家禁止或者限制进出境的货物、物品，或者运输、收购、贩卖依法应当缴纳税款的货物，没有合法证明的。

2.《中华人民共和国海关行政处罚实施条例》第九条规定：有本实施条例第七条、第八条所列行为之一的，依照下列规定处罚：（一）走私国家禁止进出口的货物的，没收走私货物及违法所得，可以并处100万元以下罚款，走私国家禁止进出境的物品的，没收走私物品及违法所得，可以并处10万元以下罚款；（二）应当提交许可证件而未提交但未偷逃税款，走私国家限制进出境的货物、物品的，没收走私货物、物品及违法所得，可以并处走私货物、物品等值以下罚款；（三）偷逃应纳税款但未逃避许可证件管理，走私依法应当缴纳税款的货物、物品的，没收走私货物、物品及违法所得，可以并处偷逃应纳税款3倍以下罚款。专门用于走私的运输工具或者用于掩护走私的货物、物品，2年内3次以上用于走私的运输工具或者用于掩护走私的货物、物品，应当予以没收。藏匿走私货物、物品的特制设备、夹层、暗格，应当予以没收或者责令拆毁。使用特制设备、夹层、暗格实施走私的，应当从重处罚。

3.《中华人民共和国刑法》第一百五十一条第二款规定：走私国家禁止进出口的文物、黄金、白银或者其他贵重金属或者国家禁止进出口的珍贵动物及其制品的，处五年以上十年以下有期徒刑，并处罚金；情节特别严重的，处十年以上有期徒刑或者无期徒刑，并处没收财产；情节较轻的，处五年以下有期徒刑，并处罚金。

4.《最高人民法院、最高人民检察院关于办理走私刑事案件适用法律若干问题的解释》（法释〔2014〕10号）第八条规定：走私国家禁止出口的三级文物二件以下的，可以认定为刑法第一百五十一条第二款规定的"情节较轻"。具有下列情形之一的，依照刑法第一百五十一条第二款的规定处五年以上十年以下有期徒刑，并处罚金：（一）走私国家禁止出口的二级文物不满三件，或者三级文物三件以上不满九件的；（二）走私国家禁止出口的三级文物不满三件，且具有造成文物严重毁损或者无法追回等情节的。具有下列情形之一的,应当认定为刑法第一百五十一条第二款规定的"情节特别严重":(一)走私国家禁止出口的一级文物一件以上,或者二级文物三件以上,或者三级文物九件以上的;(二)走私国家禁止出口的文物达到第二款第一项规定的数量标准,且属于犯罪集团的首要分子,使用特种车辆从事走私活动,或者造成文物严重毁损、无法追回等情形的。

5.《中华人民共和国海关行政处罚实施条例》第六十二条规定:有下列情形之一的,有关货物、物品、违法所得、运输工具、特制设备由海关予以收缴:(四)走私违法事实基本清楚,但当事人无法查清,自海关公告之日起满三个月的。

第三节 船舶运输国家禁止进出口或限制进出口货物、物品行为行政处罚

一、船舶运输涉税货物,无合法证明

(一)法条释义

判断海上偷运走私的关键和核心是海上运输负责人被查获时能否提供有关海上运输的合法证明,因此,重点是围绕"合法证明"展开查证。所谓"合法证明"是指船舶及所载人员依照国家有关规定或者依照国际运输惯例所必须持有的证明其运输、携带、收购、贩卖所载货物、物品真实、合法、有效的商业单证、运输单证及其他有关证明、文件。

(二)违法行为的认定

船舶运输涉税货物,无合法证明违法行为的构成要件:(1)该行为侵犯的客体是国家对外贸易管理制度。具体地说,是国家对外贸易管制中对普通货物、物品的监管和征收税款的制度。(2)该行为在客观方面表现为船舶运输涉税货物、物品,无法提供运输、携带、收购、贩卖所载货物、物品真实、合法、有效的商业单证、运输单证及其他有关证明、文件。(3)该行为主体是一般主体,即任何单位和自然人都可以成为该行为的主体。(4)该行为主观方面表现为故意,包括直接故意和间接故意。

(三)违法行为的处罚

按照《中华人民共和国海关行政处罚实施条例》第九条规定,以走私行为论处,没收走私货物、物品及违法所得,可以并处罚款;专门或者多次用于掩护走私的货物、物品,专门或者多次用于走私的运输工具,予以没收,藏匿走私货物、物品的特制设备,责令拆毁或者没收。

（四）法条链接

《中华人民共和国海关法》第八十三条：有下列行为之一的，按走私行为论处，依照本法第八十二条的规定处罚：（一）直接向走私人非法收购走私进口的货物、物品的；（二）在内海、领海、界河、界湖，船舶及所载人员运输、收购、贩卖国家禁止或者限制进出境的货物、物品，或者运输、收购、贩卖依法应当缴纳税款的货物，没有合法证明的。

《中华人民共和国海关行政处罚实施条例》第九条：有本实施条例第七条、第八条所列行为之一的，依照下列规定处罚：（一）走私国家禁止进出口的货物的，没收走私货物及违法所得，可以并处100万元以下罚款，走私国家禁止进出境的物品的，没收走私物品及违法所得，可以并处10万元以下罚款；（二）应当提交许可证件而未提交但未偷逃税款，走私国家限制进出境的货物、物品的，没收走私物、物品及违法所得，可以并处走私货物、物品等值以下罚款；（三）偷逃应纳税款但未逃避许可证件管理，走私依法应当缴纳税款的货物、物品的，没收走私货物、物品及违法所得，可以并处偷逃应纳税款3倍以下罚款。专门用于走私的运输工具或者用于掩护走私的货物、物品，2年内3次以上用于走私的运输工具或者用于掩护走私的货物、物品，应当予以没收。藏匿走私货物、物品的特制设备、夹层、暗格，应当予以没收或者责令拆毁。使用特制设备、夹层、暗格实施走私的，应当从重处罚。

二、船舶运输国家限制进出口货物，无合法证明

（一）法条释义

对于《中华人民共和国对外贸易法》第十六条、《中华人民共和国海关法》第十六条以及《中华人民共和国货物进出口条例》第三十五条的规定的限制进出口的货物，我国一般采用配额管理和许可证管理，即对货物和物品的进出口配置相应的额度予以进出口和发放许可证予以进出口进行限制货物进出口的管理配置，船舶未经许可运输限制进出口货物、物品，应当承担法律责任。

（二）违法行为的认定

船舶运输国家限制进出口货物，无合法证明违法行为的构成要件：(1) 该行为的客体是我国税收管理制度。(2) 该行为的主体是一般主体，单位和自然人都可以实施该行为。(3) 该行为的主观方面为故意，即明知是限制进出口货物、物品，未办理许可证就运输、存储、买卖。(4) 该行为的客观方面表现为未办理许可证，运输、存储、买卖国家限制进出口的货物。

（三）违法行为的处罚

未经许可进出口国家限制进出口的货物、物品，构成犯罪的，应当依照《中华

人民共和国刑法》第一百五十一条、第一百五十二条的规定,以走私国家禁止进出口的货物、物品等罪名定罪处罚;偷逃应缴税额,同时又构成走私普通货物、物品罪的,依照处罚较重的规定定罪处罚。

取得许可,但是超过许可数量进出口国家限制进出口的货物、物品的,构成犯罪的,依照《中华人民共和国刑法》第一百五十三条的规定,以走私普通货物、物品罪定罪处罚。

租用、借用或者使用购买的他人许可证,进出口国家限制进出口的货物、物品的,以走私国家禁止进出口的货物、物品等罪定罪处罚;偷逃应缴税额,同时又构成走私普通货物、物品罪的,依照处罚较重的规定定罪处罚。

应当提交许可证件而未提交但未偷逃税款,走私国家限制进出境的货物、物品的,没收走私货物、物品及违法所得,可以并处走私货物、物品等值以下罚款;货物物品偷逃税额十万元以上的,构成走私犯罪案件。

(四)法条链接

《海关行政处罚实施条例》第九条:有本实施条例第七条、第八条所列行为之一的,依照下列规定处罚:(一)走私国家禁止进出口的货物的,没收走私货物及违法所得,可以并处100万元以下罚款;走私国家禁止进出境的物品的,没收走私物品及违法所得,可以并处10万元以下罚款;(二)应当提交许可证件而未提交但未偷逃税款,走私国家限制进出境的货物、物品的,没收走私货物、物品及违法所得,可以并处走私货物、物品等值以下罚款;(三)偷逃应纳税款但未逃避许可证件管理,走私依法应当缴纳税款的货物、物品的,没收走私货物、物品及违法所得,可以并处偷逃应纳税款3倍以下罚款。专门用于走私的运输工具或者用于掩护走私的货物、物品,2年内3次以上用于走私的运输工具或者用于掩护走私的货物、物品,应当予以没收。藏匿走私货物、物品的特制设备、夹层、暗格,应当予以没收或者责令拆毁。使用特制设备、夹层、暗格实施走私的,应当从重处罚。

《中华人民共和国刑法》第一百五十三条第一款规定:走私本法第一百五十一条、第一百五十二条、第三百四十七条规定以外的货物、物品的,根据情节轻重,分别依照下列规定处罚:(一)走私货物、物品偷逃应缴税额较大或者一年内曾因走私被给予二次行政处罚后又走私的,处三年以下有期徒刑或者拘役,并处偷逃应缴税额一倍以上五倍以下罚金。(二)走私货物、物品偷逃应缴税额巨大或者有其他严重情节的,处三年以上十年以下有期徒刑,并处偷逃应缴税额一倍以上五倍以下罚金。(三)走私货物、物品偷逃应缴税额特别巨大或者有其他特别严重情节的,处十年以上有期徒刑或者无期徒刑,并处偷逃应缴税额一倍以上五倍以下罚金或者没收财产。

《中华人民共和国刑法》第一百五十五条规定:下列行为,以走私罪论处,依照本节的有关规定处罚:(二)在内海、领海、界河、界湖运输、收购、贩卖国家禁止进出口物品的,或者运输、收购、贩卖国家限制进出口货物、物品,数额较大,没有合法证明的。

《最高人民法院、最高人民检察院关于办理走私刑事案件适用法律若干问题的解释》(法释〔2014〕10号)第十六条规定:走私普通货物、物品,偷逃应缴税额在十万元以上不满五十万元的,应当认定为刑法第一百五十三条第一款规定的"偷逃应缴税额较大";偷逃应缴税额在五十万元以上不满二百五十万元的,应当认定为"偷逃应缴税额巨大";偷逃应缴税额在二百五十万元以上的,应当认定为"偷逃应缴税额特别巨大"。走私普通货物、物品,具有下列情形之一,偷逃应缴税额在三十万元以上不满五十万元的,应当认定为刑法第一百五十三条第一款规定的"其他严重情节";偷逃应缴税额在一百五十万元以上不满二百五十万元的,应当认定为"其他特别严重情节":(一)犯罪集团的首要分子;(二)使用特种车辆从事走私活动的;(三)为实施走私犯罪,向国家机关工作人员行贿的;(四)教唆、利用未成年人、孕妇等特殊人群走私的;(五)聚众阻挠缉私的。

三、船舶运输文物违法行为

(一)法条释义

船舶运输文物违法行为是指违反海关法规和文物保护法规,运输、携带、邮寄国家禁止进出口的文物出境的行为。

(二)违法行为的认定

船舶运输文物违法行为的构成要件:(1)该行为侵犯的客体是国家对外贸易管理制度。(2)客观方面表现为违反海关法规,逃避海关监管,非法携带、运输、邮寄国家禁止进出口的文物出国(边)境的行为。(3)该行为的主体是一般主体,自然人和单位都可以成为该行为的主体。(4)主观方面为故意。特别注意的是,走私文物罪的犯罪对象是国家禁止出口的文物,而非禁止进口的文物。

(三)违法行为的处罚

根据《中华人民共和国刑法》第一百五十一条及《最高人民法院、最高人民检察院关于办理走私刑事案件适用法律若干问题的解释》(法释〔2014〕10号),走私国家禁止出,三级文物以上的,就达到走私文物罪的起刑点。走私三级文物以外的,经鉴定属于禁止出口文物的,可以不认为是犯罪,由海关按走私违法行为处理。

(四)法条链接

《中华人民共和国海关法》第八十三条规定:有下列行为之一的,按走私行为论处,依照本法第八十二条的规定处罚:(一)直接向走私人非法收购走私进口的货物、物品的;(二)在内海、领海、界河、界湖,船舶及所载人员运输、收购、贩卖国家禁止或者限制进出境的货物、物品,或者运输、收购、贩卖依法应当缴纳税款的货物,没有合法证明的。

《中华人民共和国海关行政处罚实施条例》第九条规定:有本实施条例第七条、第八条所列行为之一的,依照下列规定处罚:(一)走私国家禁止进出口的货物的,没收走私货物及违法所得,可以并处100万元以下罚款,走私国家禁止进出境的物品的,没收走私物品及违法所得,可以并处10万元以下罚款;(二)应当提交许可证件而未提交但未偷逃税款,走私国家限制进出境的货物、物品的,没收走私货物、物品及违法所得,可以并处走私货物、物品等值以下罚款;(三)偷逃应纳税款但未逃避许可证件管理,走私依法应当缴纳税款的货物、物品的,没收走私货物、物品及违法所得,可以并处偷逃应纳税款3倍以下罚款。专门用于走私的运输工具或者用于掩护走私的货物、物品,2年内3次以上用于走私的运输工具或者用于掩护走私的货物、物品,应当予以没收。藏匿走私货物、物品的特制设备、夹层、暗格,应当予以没收或者责令拆毁。使用特制设备、夹层、暗格实施走私的,应当从重处罚。

《中华人民共和国刑法》第一百五十一条第二款:走私国家禁止进出口的文物、黄金、白银或者其他贵重金属或者国家禁止进出口的珍贵动物及其制品,处五年以上十年以下有期徒刑,并处罚金;情节特别严重的,处十年以上有期徒刑或者无期徒刑,并处没收财产;情节较轻的,处五年以下有期徒刑,并处罚金。

《最高人民法院、最高人民检察院关于办理走私刑事案件适用法律若干问题的解释》(法释〔2014〕10号)第八条规定:走私国家禁止出口的三级文物二件以下的,可以认定为刑法第一百五十一条第二款规定的"情节较轻"。具有下列情形之一的,依照刑法第一百五十一条第二款的规定处五年以上十年以下有期徒刑,并处罚金:(一)走私国家禁止出口的二级文物不满三件,或者三级文物三件以上不满九件的;(二)走私国家禁止出口的三级文物不满三件,且具有造成文物严重毁损或者无法追回等情节的。具有下列情形之一的,应当认定为刑法第一百五十一条第二款规定的"情节特别严重":(一)走私国家禁止出口的一级文物一件以上,或者二级文物三件以上,或者三级文物九件以上的;(二)走私国家禁止出口的文物达到第二款第一项规定的数量标准,且属于犯罪集团的首要分子,使用特种车辆从事走私活动,或者造成文物严重毁损、无法追回等情形的。

四、船舶运输贵重金属违法行为

(一)法条释义

船舶运输贵重金属违法行为是指船舶违反海关法规,逃避海关监管,非法运输、携带、邮寄国家禁止出口的贵重金属,破坏国家对外贸易管理的行为。

(二) 违法行为的认定

船舶运输贵重金属违法行为的构成要件：(1) 该行为侵犯的客体是国家对外贸易管理制度；(2) 客观方面表现为违法海关法规，逃避海关监管，非法携带、运输、邮寄黄金、白银和其他贵重金属出国（边）境的行为；(3) 该行为的主体既包括自然人，也包括单位；(4) 主观方面是故意。

(三) 违法行为的处罚

《中华人民共和国刑法》和《最高人民法院、最高人民检察院关于办理走私刑事案件适用法律若干问题的解释》（法释〔2014〕10号）并没有将走私贵重金属罪的情节轻重具体化。一般认为，构成走私贵金属罪，对贵金属的数量没有要求，只要实施了走私贵重金属的行为，原则上就应以犯罪论处。但是，对此又不能绝对化，在实践中，如果数量很小，且综合全案看情节显著轻微、危害不大的，可作一般违法行为处理。

(四) 法条链接

《中华人民共和国海关法》第八十三条规定：有下列行为之一的，按走私行为论处，依照本法第八十二条的规定处罚：(一) 直接向走私人非法收购走私进口的货物、物品的；(二) 在内海、领海、界河、界湖，船舶及所载人员运输、收购、贩卖国家禁止或者限制进出境的货物、物品，或者运输、收购、贩卖依法应当缴纳税款的货物，没有合法证明的。

《中华人民共和国刑法》第一百五十一条第二款规定：走私国家禁止进出口的文物、黄金、白银或者其他贵重金属或者国家禁止进出口的珍贵动物及其制品，处五年以上十年以下有期徒刑，并处罚金；情节特别严重的，处十年以上有期徒刑或者无期徒刑，并处没收财产；情节较轻的，处五年以下有期徒刑，并处罚金。

五、船舶运输珍贵动物或其制品违法行为

(一) 法条释义

船舶运输珍贵动物或其制品违法行为是指船舶违反海关法规，逃避海关监管，非法运输、携带、邮寄珍贵动物、珍贵动物制品进出国（边）境的行为。

(二) 违法行为的认定

船舶运输珍贵动物或其制品违法行为的构成要件：(1) 该行为侵犯的客体是国家对外贸易管理制度；(2) 客观方面表现为违法海关法规，逃避海关监管，非法携带、运输、邮寄珍贵动物、珍贵动物制品进出国（边）境的行为；(3) 该行为的主体既包括自然人，也包括单位；(4) 主观方面是故意。

（三）违法行为的处罚

《中华人民共和国刑法》和《最高人民法院、最高人民检察院关于办理走私刑事案件适用法律若干问题的解释》（法释〔2014〕10号）对走私珍贵动物或其制品行为构成犯罪没有明确下限，只要实施了走私珍贵动物或者珍贵动物制品的行为，原则上就应以犯罪论处。但是，对此不能绝对化，在实践中，如果数量很小，且综合全案看情节显著轻微、危害不大的，可作一般违法行为处理。

特别注意的是，《最高人民法院、最高人民检察院关于办理走私刑事案件适用法律若干问题的解释》（法释〔2014〕10号）：不以牟利为目的，为留作纪念而走私珍贵动物制品进境，数额不满十万元的，可以免于刑事处罚；情节显著轻微的，不作为犯罪处理。

（四）法条链接

《中华人民共和国刑法》第一百五十一条第二款规定：走私国家禁止进出口的文物、黄金、白银或者其他贵重金属或者国家禁止进出口的珍贵动物及其制品，处五年以上十年以下有期徒刑，并处罚金；情节特别严重的，处十年以上有期徒刑或者无期徒刑，并处没收财产；情节较轻的，处五年以下有期徒刑，并处罚金。

《中华人民共和国海关法》第八十三条规定：有下列行为之一的，按走私行为论处，依照本法第八十二条的规定处罚：（一）直接向走私人非法收购走私进口的货物、物品的；（二）在内海、领海、界河、界湖，船舶及所载人员运输、收购、贩卖国家禁止或者限制进出境的货物、物品，或者运输、收购、贩卖依法应当缴纳税款的货物，没有合法证明的。

六、船舶运输淫秽物品违法行为

（一）法条释义

船舶运输淫秽物品违法行为是指船舶以牟利或者传播为目的，违法海关法规，逃避海关监管，非法运输、携带、邮寄淫秽的影片、录像带、录音带、图片、书刊或者其他淫秽物品进出国（边）境的行为。

（二）违法行为的认定

船舶运输淫秽物品违法行为的构成要件：(1)该行为侵犯的客体是国家对外贸易管理制度；(2)客观方面表现为违法海关法规，逃避海关监管，非法携带、运输、邮寄淫秽的影片、录像带、录音带、图片、书刊或者其他淫秽物品进出国（边）境的行为；(3)该行为的主体既包括自然人，也包括单位；(4)主观方面表现为故意。

（三）违法行为的处罚

根据《中华人民共和国刑法》第一百五十二条第一款及《最高人民法院、最高人民检察院关于办理走私刑事案件适用法律若干问题的解释》(法释〔2014〕10号)第十三条,以牟利或者传播为目的,走私淫秽物品达到下列数量之一的,达到走私淫秽物品罪的起刑点:(一)走私淫秽录像带、影碟五十盘(张)以上的;(二)走私淫秽录像带、音碟一百盘(张)以上的;(三)走私淫秽扑克、书刊、画册一百副(册)以上的;(四)走私淫秽照片、图片五百张以上的;(五)走私其他淫秽物品相当于上述数量的。上述数量以下的,构成走私行政案件。

(四)法条链接

《中华人民共和国刑法》第一百五十二条第一款规定:走私淫秽的影片、录像带、录音带、图片、书刊或者其他淫秽物品,处三年以上十年以下有期徒刑,并处罚金;情节严重的,处十年以上有期徒刑或者无期徒刑,并处罚金或没收财产;情节较轻的,处三年以下有期徒刑、拘役或者管制,并处罚金。

《中华人民共和国海关行政处罚实施条例》第九条规定:有本实施条例第七条、第八条所列行为之一的,依照下列规定处罚:(一)走私国家禁止进出口的货物的,没收走私货物及违法所得,可以并处100万元以下罚款;走私国家禁止进出境的物品的,没收走私物品及违法所得,可以并处10万元以下罚款;(二)应当提交许可证件而未提交但未偷逃税款,走私国家限制进出境的货物、物品的,没收走私货物、物品及违法所得,可以并处走私货物、物品等值以下罚款;(三)偷逃应纳税款但未逃避许可证件管理,走私依法应当缴纳税款的货物、物品的,没收走私货物、物品及违法所得,可以并处偷逃应纳税款3倍以下罚款。专门用于走私的运输工具或者用于掩护走私的货物、物品,2年内3次以上用于走私的运输工具或者用于掩护走私的货物、物品,应当予以没收。藏匿走私货物、物品的特制设备、夹层、暗格,应当予以没收或者责令拆毁。使用特制设备、夹层、暗格实施走私的,应当从重处罚。

《最高人民法院、最高人民检察院关于办理走私刑事案件适用法律若干问题的解释》(法释〔2014〕10号)第十三条规定:以牟利或者传播为目的,走私淫秽物品,达到下列数量之一的,可以认定为刑法第一百五十二条第一款规定的"情节较轻":(一)走私淫秽录像带、影碟五十盘(张)以上不满一百盘(张)的;(二)走私淫秽录音带、音碟一百盘(张)以上不满二百盘(张)的;(三)走私淫秽扑克、书刊、画册一百副(册)以上不满二百副(册)的;(四)走私淫秽照片、画片五百张以上不满一千张的;(五)走私其他淫秽物品相当于上述数量的。走私淫秽物品在前款规定的最高数量以上不满最高数量五倍的,依照刑法第一百五十二条第一款的规定处三年以上十年以下有期徒刑,并处罚金。走私淫秽物品在第一款规定的最高数量五倍以上,或者在第一款规定的最高数量以上不满五倍,但属于犯罪集团的首要分子、使用特种车辆从事走私活动等情形的,应当认定为刑法第一百五十二条第一款规定的"情节严重"。

七、船舶运输废物违法行为

(一)法条释义

船舶运输废物违法行为是指违反海关法规和国家关于固体废物、液态废物、气态废物管理的规定,逃避海关监管,将境外固体废物、液态废物、气态废物运输进境的行为。

(二)违法行为的认定

船舶运输废物违法行为的构成要件:(1)该行为侵犯的客体是国家对外贸易管理制度;(2)客观方面表现为违法海关法规,逃避海关监管,将境外固体废物、液态废物、气态废物运输进境的行为;(3)该行为的主体既包括自然人,也包括单位;(4)主观方面表现为故意。

(三)违法行为的处罚

根据《中华人民共和国刑法》第一百五十二条第二款及《最高人民法院、最高人民检察院关于办理走私刑事案件适用法律若干问题的解释》(法释〔2014〕10号),走私废物的起刑点是:(一)走私国家禁止进出口的危险性固体废物、液态废物分别或者合计达到一吨以上的。(二)走私国家禁止进出口的非危险性固体废物、液态废物分别或者合计达到五吨以上的。(三)未经许可,走私国家限制进口的可用作原料的固体废物、液态废物分别或者合计达到二十吨以上的。(四)未达到上述数量标准,但属于犯罪集团的首要分子的,使用特种车辆从事走私活动,或者造成环境严重污染等情形的。上述数量以下的,构成走私行政案件。

(四)法条链接

《中华人民共和国刑法》第一百五十二条第二款规定:逃避海关监管,将境外固体废物、液态废物和气态废物运输进境,情节严重的,处五年以下有期徒刑,并处或单处罚金;情节特别严重的,处五年以上有期徒刑,并处罚金。该条第三款规定:单位犯前两款罪的,对单位判处罚金,并对其直接负责的主管人员和其他直接责任人员,依照前两款的规定处罚。

《中华人民共和国海关行政处罚实施条例》第九条规定:有本实施条例第七条、第八条所列行为之一的,依照下列规定处罚:(一)走私国家禁止进出口的货物的,没收走私货物及违法所得,可以并处 100 万元以下罚款,走私国家禁止进出境的物品的,没收走私物品及违法所得,可以并处 10 万元以下罚款;(二)应当提交许可证件而未提交但未偷逃税款,走私国家限制进出境的货物、物品的,没收走私货物、物品及违法所得,可以并处走私货物、物品等值以下罚款;(三)偷逃应纳税款但未逃避许可证件管理,走私依法应当缴纳税款的货物、物品的,没收走私货物、物品及违法所得,可以并处偷逃应纳税款3倍以下罚款。专门用于走私的运输工具或者用于掩护走私的货物、物品,2年内3次以上用于走私的运输工具或者用于掩护走私的货物、物品,应当予以没收。藏匿走私货物、物品的特制设备、夹层、暗格,应当予以没收或者责令拆毁。使用特制设备、夹层、暗格实施走私的,应当从重处罚。

《最高人民法院、最高人民检察院关于办理走私刑事案件适用法律若干问题的解释》(法释〔2014〕10号)第十四条规定:走私国家禁止进口的废物或者国家限制进口的可用作原料的废物,具有下列情形之一的,应当认定为刑法第一百五十二条第二款规定的"情节严重":(一)走私国家禁止进口的危险性固体废物、液态废物分别或者合计达到一吨以上不满五吨的;(二)走私国家禁止进口的非危险性固体废物、液态废物分别或者合计达到五吨以上不满二十五吨的;(三)走私国家限制进口的可用作原料的固体废物、液态废物分别或者合计达到二十吨以上不满一百吨的;(四)未达到上述数量标准,但属于犯罪集团的首要分子,使用特种车辆从事走私活动,或者造成环境严重污染等情形的。具有下列情形之一的,应当认定为刑法第一百五十二条第二款规定的"情节特别严重":(一)走私数量超过前款规定的标准的;(二)达到前款规定的标准,且属于犯罪集团的首要分子,使用特种车辆从事走私活动,或者造成环境严重污染等情形的;(三)未达到前款规定的标准,但造成环境严重污染且后果特别严重的。走私置于容器中的气态废物,构成犯罪的,参照前两款规定的标准处罚。

八、船舶运输毒品、制毒工具违法行为

(一)法条释义

船舶运输毒品、制毒工具违法行为是指船舶非法运输、携带、邮寄毒品或者醋酸酐、乙醚、三氯甲烷或者其他用于制造毒品的原料或者配剂进出国(边)境的行为。

(二)违法行为的认定

运输毒品、制毒工具违法行为的构成要件:(1)该行为侵犯的客体是国家对毒品管理制度;(2)客观方面表现为明知是毒品或者醋酸酐、乙醚、三氯甲烷或者其他用于制造毒品的原料或者配剂而故意实施运输的行为;(3)该行为的主体既包括自然人,也包括单位;(4)主观方面是故意,包括直接故意和间接故意。

(三)违法行为的处罚

依据《中华人民共和国刑法》规定,只要实施了走私毒品的行为,原则上就以犯罪论处。根据《中华人民共和国刑法》第三百五十条以及《最高人民法院关于审理毒品案件定罪量刑标准有关问题的解释》(法释〔2000〕13号),走私制毒物品的

起刑点是:(一)麻黄碱、伪麻黄碱及其盐类和单方制剂五千克以上的;(二)麻黄浸膏、麻黄浸膏粉一百千克以上的;(三)醋酸酐、三氯甲烷二百千克以上的;(四)乙醚四百千克以上的。上述数量以下构成走私行政案件。

(四)法条链接

《中华人民共和国海关行政处罚实施条例》第九条规定:有本实施条例第七条、第八条所列行为之一的,依照下列规定处罚:(一)走私国家禁止进出口的货物的,没收走私货物及违法所得,可以并处100万元以下罚款,走私国家禁止进出境的物品的,没收走私物品及违法所得,可以并处10万元以下罚款;(二)应当提交许可证件而未提交但未偷逃税款,走私国家限制进出境的货物、物品的,没收走私货物、物品及违法所得,可以并处走私货物、物品等值以下罚款;(三)偷逃应纳税款但未逃避许可证件管理,走私依法应当缴纳税款的货物、物品的,没收走私货物、物品及违法所得,可以并处偷逃应纳税款3倍以下罚款。专门用于走私的运输工具或者用于掩护走私的货物、物品,2年内3次以上用于走私的运输工具或者用于掩护走私的货物、物品,应当予以没收。藏匿走私货物、物品的特制设备、夹层、暗格,应当予以没收或者责令拆毁。使用特制设备、夹层、暗格实施走私的,应当从重处罚。

《中华人民共和国刑法》第三百五十条规定:违反国家规定,非法生产、买卖、运输醋酸酐、乙醚、三氯甲烷或者其他用于制造毒品的原料、配剂,或者携带上述物品进出境,情节较重的,处三年以下有期徒刑、拘役或者管制,并处罚金;情节严重的,处三年以上七年以下有期徒刑,并处罚金;情节特别严重的,处七年以上有期徒刑,并处罚金或者没收财产。明知他人制造毒品而为其生产、买卖、运输前款规定的物品的,以制造毒品罪的共犯论处。单位犯前两款罪的,对单位判处罚金,并对其直接负责的主管人员和其他直接责任人员,依照前两款的规定处罚。

《最高人民法院关于审理毒品犯罪案件适用法律若干问题的解释》(法释〔2016〕8号)第七条规定:违反国家规定,非法生产、买卖、运输制毒物品、走私制毒物品,达到下列数量标准的,应当认定为刑法第三百五十条第一款规定的"情节较重":(一)麻黄碱(麻黄素)、伪麻黄碱(伪麻黄素)、消旋麻黄碱(消旋麻黄素)一千克以上不满五千克;(二)1-苯基-2-丙酮、1-苯基-2-溴-1-丙酮、3,4-亚甲基二氧苯基-2-丙酮、羟亚胺二千克以上不满十千克;(三)3-氧-2-苯基丁腈、邻氯苯基环戊酮、去甲麻黄碱(去甲麻黄素)、甲基麻黄碱(甲基麻黄素)四千克以上不满二十千克;(四)醋酸酐十千克以上不满五十千克;(五)麻黄浸膏、麻黄浸膏粉、胡椒醛、黄樟素、黄樟油、异黄樟素、麦角酸、麦角胺、麦角新碱、苯乙酸二十千克以上不满一百千克;(六)N-乙酰邻氨基苯酸、邻氨基苯甲酸、三氯甲烷、乙醚、哌啶五十千克以上不满二百五十千克;(七)甲苯、丙酮、甲基乙基酮、高锰酸钾、硫酸、盐酸一百千克以上不满五百千克;(八)其他制毒物品数量相当的。违反国家规定,非法生产、买卖、运输制毒物品、走私制毒物品,达到前款规定的数量标准最低值的百分之五十,且具有下列情形之一的,应当认定为刑法第三百五十条第一款规定的"情节较重":(一)曾因非法生产、买卖、运输制毒物品、走私制毒物品受过刑事处罚的;(二)二年内曾因非法生产、买卖、运输制毒物品、走私制毒物品受过行政处罚的;(三)一次组织五人以上或者多次非法生产、买卖、运输制毒物品、走私制毒物品,或者在多个地点非法生产制毒物品的;(四)利用、教唆未成年人非法生产、买卖、运输制毒物品、走私制毒物品的;(五)国家工作人员非法生产、买卖、运输制毒物品、走私制毒物品的;(六)严重影响群众正常生产、生活秩序的;(七)其他情节较重的情形。易制毒化学品生产、经营、购买、运输单位或者个人未办理许可证明或者备案证明,生产、销售、购买、运输易制毒化学品,确实用于合法生产、生活需要的,不以制毒物品犯罪论处。

九、船舶运输武器、弹药违法行为

(一)法条释义

船舶运输武器、弹药违法行为是指违法海关法规、逃避海关监管,非法携带、运输、邮寄武器、弹药进出国(边)境的行为,若行为达到起刑点,则构成走私类犯罪。

(二)违法行为的认定

船舶运输武器、弹药违法行为的构成要件:(1)该行为侵犯的客体是国家对外贸易管理制度;(2)客观方面表现为违反海关法规,逃避海关监管,非法携带、运输、邮寄武器、弹药进出国(边)境的行为;(3)该行为的主体是一般主体,既包括自然人,也包括单位;(4)主观方面表现为故意。

(三)违法行为的处罚

根据《中华人民共和国刑法》第一百五十一条及《最高人民法院、最高人民检察院关于办理走私刑事案件适用法律若干问题的解释》(法释〔2014〕10号),走私武器、弹药,具有下列情节之一的,达到走私武器、弹药罪的起刑点:(一)走私以压缩气体等非火药为动力发射枪弹的枪支二支以上的。(二)走私气枪铅弹五百发以上,或者其他子弹十发以上的。(三)未达到上述数量标准,但属于犯罪集团的首要分子,使用特种车辆从事走私活动,或者走私的武器、弹药被用于实施犯罪等情形的。(四)走私各种口径在六十毫米以下常规炮弹、手榴弹或者枪榴弹等的(不论数量多少均构成犯罪)。(五)走私以火药为动力发射枪弹的枪支一支的,构成犯罪,依照《中华人民共和国刑法》第一百五十一条第一款的规定处七年以上有期徒刑,并处罚金或者没收财产。上述数量以下的,构成走私行政案件。

特别注意:(1)走私枪支散件,构成犯罪的,依照《中华人民共和国刑法》第一百五十一条第一款的规定,以走私武器罪定罪处罚。成套枪支散件以相应数量的枪支计,非成套枪支散件以每三十件为一套枪支散件计。(2)走私各种弹药的弹头、弹壳,构成犯罪的,依照《中华人民共和国刑法》第一百五十一条第一款的规定,以走私弹药罪定罪处罚。走私报废或者无法组装并使用的各种弹药的弹头、弹壳,构成犯罪的,依照《中华人民共和国刑法》第一百五十三条的规定,以走私普通货物、物品罪定罪处罚;属于废物的,依照刑法第一百五十二条第二款的规定,以走私废物罪定罪处罚。

(四)法条链接

《中华人民共和国刑法》一百五十一条第一款规定:走私武器、弹药、核材料或者伪造的货币的,处七年以上有期徒刑,并处罚金或者没收财产;情节特别严重的,处无期徒刑,并处没收财产;情节较轻的,处三年以上七年以下有期徒刑,并处罚金。

《中华人民共和国海关行政处罚实施条例》第九条规定:有本实施条例第七条、第八条所列行为之一的,依照下列规定处罚:(一)走私国家禁止进出口的货物的,没收走私货物及违法所得,可以并处100万元以下罚款,走私国家禁止进出境的物品的,没收走私物品及违法所得,可以并处10万元以下罚款;(二)应当提交许可证件而未提交但未偷逃税款,走私国家限制进出境的货物、物品的,没收走私货物、物品及违法所得,可以并处走私货物、物品等值以下罚款;(三)偷逃应纳税款但未逃避许可证件管理,走私依法应当缴纳税款的货物、物品的,没收走私货物、物品及违法所得,可以并处偷逃应纳税款3倍以下罚款。专门用于走私的运输工具或者用于掩护走私的货物、物品,2年内3次以上用于走私的运输工具或者用于掩护走私的货物、物品,应当予以没收。藏匿走私货物、物品的特制设备、夹层、暗格,应当予以没收或者责令拆毁。使用特制设备、夹层、暗格实施走私的,应当从重处罚。

《最高人民法院、最高人民检察院关于办理走私刑事案件适用法律若干问题的解释》(法释〔2014〕10号)第一条规定:走私武器、弹药,具有下列情形之一的,可以认定为刑法第一百五十一条第一款规定的"情节较轻":(一)走私以压缩气体等非火药为动力发射枪弹的枪支两支以上不满五支的;(二)走私气枪铅弹五百发以上不满两千五百发,或者其他子弹十发以上不满五十发的;(三)未达到上述数量标准,但属于犯罪集团的首要分子,使用特种车辆从事走私活动,或者走私的武器、弹药被用于实施犯罪等情形;(四)走私各种口径在六十毫米以下常规炮弹、手榴弹或者枪榴弹等分别或者合计不满五枚的。具有下列情形之一的,依照刑法第一百五十一条第一款的规定处七年以上有期徒刑,并处罚金或者没收财产:(一)走私以火药为动力发射枪弹的枪支一支,或者以压缩气体等非火药为动力发射枪弹的枪支五支以上不满十支的;(二)走私第一款第二款规定的弹药,数量在该项规定的最高数量以上不满最高数量五倍的;(三)走私各种口径在六十毫米以下常规炮弹、手榴弹或者枪榴弹等分别或者合计达到五枚以上不满十枚,或者各种口径超过六十毫米以上常规炮弹合计不满五枚的;(四)达到第一款第一、二、四项规定的数量标准,且属于犯罪集团的首要分子,使用特种车辆从事走私活动,或者走私的武器、弹药被用于实施犯罪等情形的。具有下列情形之一的,应当认定为刑法第一百五十一条第一款规定的"情节特别严重":(一)走私第二款第一项规定的枪支,数量超过该项规定的数量标准的;(二)走私第一款第二项规定的弹药,数量在该项规定的最高数量标准五倍以上的;(三)走私第二款第三项规定的弹药,数量超过该项规定的数量标准,或者走私具有巨大杀伤力的非常规炮弹一枚以上的;(四)达到第二款第一项至第三项规定的数量标准,且属于犯罪集团的首要分子,使用特种车辆从事走私活动,或者走私的武器、弹药被用于实施犯罪等情形的。走私其他武器、弹药,构成犯罪的,参照本条各款规定的标准处罚。第三条规定:走私枪支散件,构成犯罪的,依照刑法第一百五十一条第一款的规定,以走私武器罪定罪处罚。成套枪支散件以相应数量的枪支计,非成套枪支散件以每三十件为一套枪支散件计。第四条规定:走私各种弹药的弹头、弹壳,构成犯罪的,依照刑法第一百五十一条第一款的规定,以走私弹药罪定罪处罚。具体的定罪量刑标准,按照本解释第一条规定的数量标准的五倍执行。走私报废或者无法组装并使用的各种弹药的弹头、弹壳,构成犯罪的,依照刑法第一百五十三条的规定,以走私普通货物、物品罪定罪处罚;属于废物的,依照刑法第一百五十二条第二款的规定,以走私废物罪定罪处罚。弹头、弹壳是否属于前款规定的"报废或者无法组装并使用"或者"废物",由国家有关技术部门进行鉴定。第五条规定:走私国家禁止或者限制进出口的仿真枪、管制刀具,构成犯罪的,依照刑法第一百五十一条第三款的规定,以走私国家禁止进出口的货物、物品罪定罪处罚。具体的定罪量刑标准,适用本解释第十一条第一款第六、七项和第二款的规定。走私的仿真枪经鉴定为枪支,构成犯罪的,依照刑法第一百五十一条第一款的规定,以走私武器罪定罪处罚。不以牟利或者从事违法犯罪活动为目的,且无其他严重情节的,可以依法从轻处罚;情节轻微不需要判处刑罚的,可以免予刑事处罚。

十、船舶运输核材料违法行为

(一) 法条释义

船舶运输核材料违法行为是指违反海关法规、逃避海关监管,非法从事运输、携带、邮寄国家禁止、限制进出口的核材料,破坏国家对外贸易管理的行为。核材料的范围在《中华人民共和国核材料管制条例》第二条有明确规定。

（二）违法行为的认定

船舶运输核材料违法行为的构成要件：（1）该行为侵犯的客体是国家对外贸易管理制度。（2）客观方面表现为违反海关法规，逃避海关监管，非法携带、运输、邮寄核材料进出国（边）境的行为。所谓核材料是指核燃料、核燃料产物、核聚变材料的统称。（3）该行为的主体是一般主体，既包括自然人，也包括单位。（4）主观方面表现为故意。

（三）违法行为的处罚

《中华人民共和国刑法》第一百五十一条及《最高人民法院、最高人民检察院关于办理走私刑事案件适用法律若干问题的解释》（法释〔2014〕10号）并没有将走私核材料罪情节轻重具体化。由于核材料的绝对禁止性，一般认为，构成走私核材料罪，对核材料的数量没有要求，只要实施了走私核材料的行为，原则上就应以犯罪论处。但是，对此又不能绝对化，在实践中，如果数量很小，且综合全案看情节显著轻微、危害不大的，可作一般违法行为处理。

（四）法条链接

《中华人民共和国核材料管制条例》第二条规定：本条例管制的核材料是：（一）铀-235，含铀-235的材料和制品；（二）铀-233，含铀-233的材料和制品；（三）钚-239，含钚-239的材料和制品；（四）氚，含氚的材料和制品；（五）锂-6，含锂-6的材料和制品；（六）其他需要管制的核材料。铀矿石及其初级产品，不属于本条例管制范围。已移交给军队的核制品的管制办法由国防部门制定。

《中华人民共和国海关法》第八十三条规定：有下列行为之一的，按走私行为论处，依照本法第八十二条的规定处罚：（一）直接向走私人非法收购走私进口的货物、物品的；（二）在内海、领海、界河、界湖，船舶及所载人员运输、收购、贩卖国家禁止或者限制进出境的货物、物品，或者运输、收购、贩卖依法应当缴纳税款的货物，没有合法证明的。

《中华人民共和国刑法》第一百五十一条第一款规定：走私武器、弹药、核材料或者伪造的货币的，处七年以上有期徒刑，并处罚金或者没收财产；情节特别严重的，处无期徒刑，并处没收财产；情节较轻的，处三年以上七年以下有期徒刑，并处罚金。

十一、船舶运输假币违法行为

（一）法条释义

船舶运输假币违法行为是指非法运输、携带、邮寄伪造的货币进出国（边）境的行为。《中华人民共和国刑法》第一百五十一条第一款规定的"货币"，包括正在流通的人民币和境外货币,伪造的境外货币数额,折合成人民币计算。

(二)违法行为的认定

船舶运输假币违法行为的构成要件:(1)该行为侵犯的客体是国家对外贸易管理制度;(2)客观方面表现为违反海关法规,逃避海关监管,非法携带、运输邮寄伪造的货币进出国(边)境的行为;(3)该行为的主体是一般主体,既包括自然人,也包括单位;(4)主观方面表现为故意。

(三)违法行为的处罚

根据《中华人民共和国刑法》第一百五十一条及《最高人民法院、最高人民检察院关于办理走私刑事案件适用法律若干问题的解释》(法释〔2014〕10号),走私假币总面额二千元以上或者币量二百张(枚)以上的,达到走私假币罪的起刑点。上述数量以下的,构成走私行政案件。

(四)法条链接

《中华人民共和国刑法》第一百五十一条第一款:走私武器、弹药、核材料或者伪造的货币的,处七年以上有期徒刑,并处罚金或者没收财产;情节特别严重的,处无期徒刑,并处没收财产;情节较轻的,处三年以上七年以下有期徒刑,并处罚金。

《最高人民法院、最高人民检察院关于办理走私刑事案件适用法律若干问题的解释》(法释〔2014〕10号)第六条规定:走私伪造的货币,数额在二千元以上不满二万元,或者数量在二百张(枚)以上不满二千张(枚)的,可以认定为刑法第一百五十一条第一款规定的"情节较轻"。具有下列情形之一的,依照刑法第一百五十一条第一款的规定处七年以上有期徒刑,并处罚金或者没收财产:(一)走私数额在二万元以上不满二十万元,或者数量在二千张(枚)以上不满二万张(枚)的;(二)走私数额或者数量达到第一款规定的标准,且具有走私的伪造货币流入市场等情节的。具有下列情形之一的,应当认定为刑法第一百五十一条第一款规定的"情节特别严重";(一)走私数额在二十万元以上,或者数量在二万张(枚)以上的;(二)走私数额或者数量达到第二款第一项规定的标准,且属于犯罪集团的首要分子,使用特种车辆从事走私活动,或者走私的伪造货币流入市场等情形的。

十二、船舶运输国家禁止进出口的货物、物品

(一)法条释义

船舶运输国家禁止进出口的货物、物品违法行为是指违反海关法规、逃避海关监管,使用船舶非法运输、携带、邮寄国家禁止进出口货物、物品的行为,若行为达到起刑点,则构成走私犯罪。

按照《最高人民法院、最高人民检察院关于办理走私刑事案件适用法律若干问题的解释》(法释〔2014〕10号)的规定,国家禁止进出口货物、物品包括国家一级保护野生植物、国家二级保护野生植物、珍稀植物、珍稀植物制品、古生物化石、来自境外疫区的动植物及其产品或者木炭、硅砂等妨害环境、资源保护的货物、物品以及旧机动车、切割车、旧机电产品等禁止进出口的货物、物品。

（二）违法行为的认定

船舶运输国家禁止进出口货物、物品违法行为的构成要件：(1)该行为侵犯的客体是国家对外贸易管理制度；(2)客观方面表现为违反海关法规,逃避海关监管,非法携带、运输邮寄国家禁止进出口货物、物品进出国（边）境的行为；(3)该行为的主体是一般主体,既包括自然人,也包括单位；(4)主观方面表现为故意。

（三）违法行为的处罚

按照《最高人民法院、最高人民检察院关于办理走私刑事案件适用法律若干问题的解释》(法释〔2014〕10号)第十一条规定,具有下列情节之一的,达到走私国家禁止进出口的货物、物品罪的起刑点：(一)走私国家一级保护野生植物五株以上,国家二级保护野生植物十株以上,或者珍稀植物、珍稀植物制品数额在二十万元以上的。(二)走私重点保护古生物化石或者未命名的古生物化石(不论数量多少均构成犯罪),或者一般保护古生物化石十件以上的。(三)走私禁止进出口的有毒物质一吨以上,或者数额在二万元以上的。(四)走私来自境外疫区的动植物及其产品五吨以上,或者数额在五万元以上的。(五)走私木炭、硅砂等妨害环境.资源保护的货物、物品十吨以上,或者数额在十万元以上的。(六)走私旧机动车、切割车、旧机电产品或者其他禁止进出口的货物、物品二十吨以上,或者数额在二十万元以上的。(七)走私国家禁止或者限制进出口的仿真枪、管制刀具二十吨以上,或者数额在二十万元以上的。(八)数量或者数额未达到第(一)项至第(七)项规定的标准,但属于犯罪集团的首要分子,使用特种车辆从事走私活动,造成环境严重污染,或者引起甲类传染病传播、重大动植物疫情等情形的。上述数量以下的,构成行政案件。

（四）法条链接

《中华人民共和国刑法》第一百五十一条第三款规定：走私珍稀植物及其制品等国家禁止进出口的其他货物、物品的,处五年以下有期徒刑或者拘役,并处或者单处罚金；情节严重的,处五年以上有期徒刑,并处罚金。第四款,单位犯本条规定之罪的,对单位判处罚金,并对其直接负责的主管人员和其他直接责任人员,依照本条各款的规定处罚。

《中华人民共和国海关行政处罚实施条例》第九条规定:有本实施条例第七条、第八条所列行为之一的,依照下列规定处罚:(一)走私国家禁止进出口的货物的,没收走私货物及违法所得,可以并处100万元以下罚款;走私国家禁止进出境的物品的,没收走私物品及违法所得,可以并处10万元以下罚款;(二)应当提交许可证件而未提交但未偷逃税款,走私国家限制进出境的货物、物品的,没收走私货物、物品及违法所得,可以并处走私货物、物品等值以下罚款;(三)偷逃应纳税款但未逃避许可证件管理,走私依法应当缴纳税款的货物、物品的,没收走私货物、物品及违法所得,可以并处偷逃应纳税款3倍以下罚款。

《最高人民法院、最高人民检察院关于办理走私刑事案件适用法律若干问题的解释》(法释〔2014〕10号)第十一条规定:走私国家禁止进出口的货物、物品,具有下列情形之一的,依照刑法第一百五十一条第三款的规定处五年以下有期徒刑或者拘役,并处或者单处罚金:(一)走私国家一级保护野生植物五株以上不满二十五株,国家二级保护野生植物十株以上不满五十株,或者珍稀植物、珍稀植物制品数额在二十万元以上不满一百万元的;(二)走私重点保护古生物化石或者未命名的古生物化石不满十件,或者一般保护古生物化石十件以上不满五十件的;(三)走私禁止进出口的有毒物质一吨以上不满五吨,或者数额在二万元以上不满十万元的;(四)走私来自境外疫区的动植物及其产品五吨以上不满二十五吨,或者数额在五万元以上不满二十五万元的;(五)走私木炭、硅砂等妨害环境、资源保护的货物、物品十吨以上不满五十吨,或者数额在十万元以上不满五十万元的;(六)走私旧机动车、切割车、旧机电产品或者其他禁止进出口的货物、物品二十吨以上不满一百吨,或者数额在二十万元以上不满一百万元的;(七)数量或者数额未达到本款第一项至第六项规定的标准,但属于犯罪集团的首要分子,使用特种车辆从事走私活动,造成环境严重污染,或者引起甲类传染病传播、重大动植物疫情等情形的。具有下列情形之一的,应当认定为刑法第一百五十一条第三款规定的"情节严重":(一)走私数量或者数额超过前款第一项至第六项规定的标准的;(二)达到前款第一项至第六项规定的标准,且属于犯罪集团的首要分子,使用特种车辆从事走私活动,造成环境严重污染,或者引起甲类传染病传播、重大动植物疫情等情形的。

第九章
海上治安行政处罚

第一节 违反船舶边防治安管理的行政处罚

一、违反船舶边防治安管理案件的行政处罚

(一)未携带有效证件出海

1. 法条释义

未携带有效证件出海违法行为的主要法律特征是:第一,行为侵犯的客体是船舶边防治安管理秩序。第二,行为的客观方面主要表现为:未携带有效证件出海。第三,行为的主观方面是故意或过失。第四,单位和个人都可以成为行为的主体。

2. 违法行为的认定

未携带有效证件出海即构成违法行为。

3. 违法行为的处罚

根据《沿海船舶边防治安管理规定》第二十六条规定,应对船舶负责人及其直接责任人员处二百元以下罚款或者警告。

4. 法条链接

《沿海船舶边防治安管理规定》第二十六条规定:违反本规定,有下列情形之一的,对船舶负责人及其直接责任人员处二百元以下罚款或者警告:(一)未随船携带公安边防部门签发的出海证件或者持未经年度审验的证件出海的;(二)领取《出海船舶户口簿》的船舶更新改造、买卖、转让、租借、报废、灭失或者船员变更,未到公安边防部门办理出海证件变更或者注销手续的;(三)未依照规定办理船舶进出港边防签证手续的;(四)擅自容留非出海人员在船上作业、住宿的。

(二)未按规定办理出海证件变更、注销手续

1. 法条释义

未按规定办理出海证件变更、注销手续违法行为的主要法律特征是:第一,行为侵犯的客体是船舶边防治安管理秩序。第二,行为的客观方面主要表现为:未

按规定办理出海证件变更、注销手续。第三,行为的主观方面是故意。第四,单位和个人都可以成为行为的主体。

2. 违法行为的认定

未按规定办理出海证件变更、注销手续即构成违法行为。

3. 违法行为的处罚

根据《沿海船舶边防治安管理规定》第二十六条规定,应对船舶负责人及其直接责任人员处二百元以下罚款或者警告。

4. 法条链接

《沿海船舶边防治安管理规定》第二十六条规定:违反本规定,有下列情形之一的,对船舶负责人及其直接责任人员处二百元以下罚款或者警告:(一)未随船携带公安边防部门签发的出海证件或者持未经年度审验的证件出海的;(二)领取《出海船舶户口簿》的船舶更新改造、买卖、转让、租借、报废、灭失或者船员变更,未到公安边防部门办理出海证件变更或者注销手续的;(三)未依照规定办理船舶进出港边防签证手续的;(四)擅自容留非出海人员在船上作业、住宿的。

(三)未按规定办理船舶进出港边防签证手续

1. 法条释义

未按规定办理船舶进出港边防签证手续违法行为的主要法律特征是:第一,行为侵犯的客体是船舶边防治安管理秩序。第二,行为的客观方面主要表现为:未按规定办理船舶进出港边防签证手续。第三,行为的主观方面是故意。第四,单位和个人都可以成为行为的主体。

2. 违法行为的认定

未按规定办理船舶进出港边防签证手续即构成违法行为。

3. 违法行为的处罚

根据《沿海船舶边防治安管理规定》第二十六条规定,应对船舶负责人及其直接责任人员处二百元以下罚款或者警告。

4. 法条链接

《沿海船舶边防治安管理规定》第二十六条规定:违反本规定,有下列情形之一的,对船舶负责人及其直接责任人员处二百元以下罚款或者警告:(一)未随船携带公安边防部门签发的出海证件或者持未经年度审验的证件出海的;(二)领取《出海船舶户口簿》的船舶更新改造、买卖、转让、租借、报废、灭失或者船员变更,未到公安边防部门办理出海证件变更或者注销手续的;(三)未依照规定办理船舶进出港边防签证手续的;(四)擅自容留非出海人员在船上作业、住宿的。

（四）未申领有效证件擅自出海

1. 法条释义

未申领有效证件擅自出海违法行为的主要法律特征是：第一，行为侵犯的客体是船舶边防治安管理秩序。第二，行为的客观方面主要表现为：未申领有效证件擅自出海。第三，行为的主观方面是故意。第四，单位和个人都可以成为行为的主体。

2. 违法行为的认定

未申领有效证件擅自出海即构成违法行为。

3. 违法行为的处罚

根据《沿海船舶边防治安管理规定》第二十七条规定，对船舶负责人及其直接责任人员处五百元以下罚款。

4. 法条链接

《沿海船舶边防治安管理规定》第二十七条规定：违反本规定，有下列情形之一的，对船舶负责人及其直接责任人员处五百元以下罚款：（一）未申领《出海船舶户口簿》《出海船舶边防登记簿》或者《出海船民证》擅自出海的；（二）涂改、伪造、冒用、转借出海证件的；（三）未编刷船名船号，经通知不加改正或者擅自拆换、遮盖、涂改船名船号以及悬挂活动船牌号的；（四）未经许可，私自载运非出海人员出海的。

（五）涂改、伪造、冒用、转借出海证件等

1. 法条释义

涂改、伪造、冒用、转借出海证件等违法行为的主要法律特征是：第一，行为侵犯的客体是船舶边防治安管理秩序。第二，行为的客观方面主要表现为：涂改、伪造、冒用、转借出海证件等行为。第三，行为的主观方面是故意。第四，单位和个人都可以成为行为的主体。

2. 违法行为的认定

实施涂改、伪造、冒用、转借出海证件等行为即构成违法行为。

3. 违法行为的处罚

根据《沿海船舶边防治安管理规定》第二十七条规定，对船舶负责人及其直接责任人员处五百元以下罚款。

4. 法条链接

《沿海船舶边防治安管理规定》第二十七条规定：违反本规定，有下列情形之一的，对船舶负责人及其直接责任人员处五百元以下罚款：（一）未申领《出海船舶户口簿》《出海船舶边防登记簿》或者《出海船民证》擅自出海的；（二）涂改、伪造、冒用、转借出海证件的；（三）未编刷船名船号，经通知不加改正或者擅自拆

换、遮盖、涂改船名船号以及悬挂活动船牌号的;(四) 未经许可,私自载运非出海人员出海的。

(六) 擅自容留非出海人员作业、住宿

1. 法条释义

擅自容留非出海人员作业、住宿违法行为的主要法律特征是:第一,行为侵犯的客体是船舶边防治安管理秩序。第二,行为的客观方面主要表现为:擅自容留非出海人员作业、住宿。第三,行为的主观方面是故意或过失。第四,单位和个人都可以成为行为的主体。

2. 违法行为的认定

擅自容留非出海人员作业、住宿即构成违法行为。

3. 违法行为的处罚

根据《沿海船舶边防治安管理规定》第二十六条规定,应对船舶负责人及其直接责任人员处二百元以下罚款或者警告。

4. 法条链接

《沿海船舶边防治安管理规定》第二十六条规定:违反本规定,有下列情形之一的,对船舶负责人及其直接责任人员处二百元以下罚款或者警告:(一) 未随船携带公安边防部门签发的出海证件或者持未经年度审验的证件出海的;(二) 领取《出海船舶户口簿》的船舶更新改造、买卖、转让、租借、报废、灭失或者船员变更,未到公安边防部门办理出海证件变更或者注销手续的;(三) 未依照规定办理船舶进出港边防签证手续的;(四) 擅自容留非出海人员在船上作业、住宿的。

(七) 拒不编刷船名、船号,擅自拆换、遮盖、涂改船名、船号

1. 法条释义

拒不编刷船名、船号,擅自拆换、遮盖、涂改船名、船号违法行为的主要法律特征是:第一,行为侵犯的客体是船舶边防治安管理秩序。第二,行为的客观方面主要表现为:拒不编刷船名、船号,擅自拆换、遮盖、涂改船名、船号。第三,行为的主观方面是故意。第四,单位和个人都可以成为行为的主体。

2. 违法行为的认定

拒不编刷船名、船号,擅自拆换、遮盖、涂改船名、船号即构成违法行为。

3. 违法行为的处罚

根据《沿海船舶边防治安管理规定》第二十七条规定,对船舶负责人及其直接责任人员处五百元以下罚款。

4. 法条链接

《沿海船舶边防治安管理规定》第二十七条规定:违反本规定,有下列情形之一的,对船舶负责人及其直接责任人员处五百元以下罚款:(一) 未申领《出海船

舶户口簿》《出海船舶边防登记簿》或者《出海船民证》擅自出海的;(二)涂改、伪造、冒用、转借出海证件的;(三)未编刷船名船号,经通知不加改正或者擅自拆换、遮盖、涂改船名船号以及悬挂活动船牌号的;(四)未经许可,私自载运非出海人员出海的。

(八)悬挂活动船牌号

1. 法条释义

悬挂活动船牌号违法行为的主要法律特征是:第一,行为侵犯的客体是船舶边防治安管理秩序。第二,行为的客观方面主要表现为:悬挂活动船牌号。第三,行为的主观方面是故意。第四,单位和个人都可以成为行为的主体。

2. 违法行为的认定

悬挂活动船牌号即构成违法行为。

3. 违法行为的处罚

根据《沿海船舶边防治安管理规定》第二十七条规定,对船舶负责人及其直接责任人员处五百元以下罚款。

4. 法条链接

《沿海船舶边防治安管理规定》第二十七条规定:违反本规定,有下列情形之一的,对船舶负责人及其直接责任人员处五百元以下罚款:(一)未申领《出海船舶户口簿》《出海船舶边防登记簿》或者《出海船民证》擅自出海的;(二)涂改、伪造、冒用、转借出海证件的;(三)未编刷船名船号,经通知不加改正或者擅自拆换、遮盖、涂改船名船号以及悬挂活动船牌号的;(四)未经许可,私自载运非出海人员出海的。

(九)私自载运非出海人员出海

1. 法条释义

私自载运非出海人员出海违法行为的主要法律特征是:第一,行为侵犯的客体是船舶边防治安管理秩序。第二,行为的客观方面主要表现为:私自载运非出海人员出海。第三,行为的主观方面是故意或过失。第四,单位和个人都可以成为行为的主体。

2. 违法行为的认定

私自载运非出海人员出海即构成违法行为。

3. 违法行为的处罚

根据《沿海船舶边防治安管理规定》第二十七条规定,对船舶负责人及其直接责任人员处五百元以下罚款。

4. 法条链接

《沿海船舶边防治安管理规定》第二十七条规定:违反本规定,有下列情形之一的,对船舶负责人及其直接责任人员处五百元以下罚款:(一)未申领《出海船舶户口簿》《出海船舶边防登记簿》或者《出海船民证》擅自出海的;(二)涂改、伪造、冒用、转借出海证件的;(三)未编刷船名船号,经通知不加改正或者擅自拆换、遮盖、涂改船名船号以及悬挂活动船牌号的;(四)未经许可,私自载运非出海人员出海的。

(十)非法进入国家禁止、限制进入的海域、岛屿

1. 法条释义

非法进入国家禁止、限制进入的海域、岛屿违法行为的主要法律特征是:第一,行为侵犯的客体是船舶边防治安管理秩序。第二,行为的客观方面主要表现为:非法进入国家禁止、限制进入的海域、岛屿。第三,行为的主观方面是故意或过失。第四,单位和个人都可以成为行为的主体。

2. 违法行为的认定

非法进入国家禁止、限制进入的海域、岛屿即构成违法行为。

3. 违法行为的处罚

根据《沿海船舶边防治安管理规定》第二十八条规定,对船舶负责人及其有关责任人员处一千元以下罚款;根据《中华人民共和国治安管理处罚法》第五十三条规定,对船舶负责人及有关责任人员处五百元以上一千元以下罚款;情节严重的,处五日以下拘留,并处五百元以上一千元以下罚款。

4. 法条链接

《沿海船舶边防治安管理规定》第二十八条规定:违反本规定,有下列情形之一的,对船舶负责人及其有关责任人员处一千元以下罚款:(一)非法进入国家禁止或者限制进入的海域或者岛屿的;(二)未经许可,将外国籍或者香港、澳门特别行政区、台湾地区的船舶引航到未对上述船舶开放的港口、锚地的;(三)擅自搭靠外国籍或者香港、澳门特别行政区以及台湾地区船舶的,或者因避险及其他不可抗力的原因被迫搭靠,事后未及时向公安边防部门报告的;(四)航行于内地与香港、澳门特别行政区之间的小型船舶擅自在非指定的港口停泊、上下人员或者装卸货物的。

《中华人民共和国治安管理处罚法》第五十三条规定:船舶擅自进入、停靠国家禁止、限制进入的水域或者岛屿的,对船舶负责人及有关责任人员处五百元以上一千元以下罚款;情节严重的,处五日以下拘留,并处五百元以上一千元以下罚款。

(十一)擅自引航境外船舶进入未开放港口、锚地

1. 法条释义

擅自引航境外船舶进入未开放港口、锚地违法行为的主要法律特征是:第一,

行为侵犯的客体是船舶边防治安管理秩序。第二,行为的客观方面主要表现为:擅自引航境外船舶进入未开放港口、锚地。第三,行为的主观方面是故意。第四,单位和个人都可以成为行为的主体。

2. 违法行为的认定

擅自引航境外船舶进入未开放港口、锚地即构成违法行为。

3. 违法行为的处罚

根据《沿海船舶边防治安管理规定》第二十八条规定,对船舶负责人及其有关责任人员处一千元以下罚款。

4. 法条链接

《沿海船舶边防治安管理规定》第二十八条规定:违反本规定,有下列情形之一的,对船舶负责人及其有关责任人员处一千元以下罚款:(一)非法进入国家禁止或者限制进入的海域或者岛屿的;(二)未经许可,将外国籍或者香港、澳门特别行政区、台湾地区的船舶引航到未对上述船舶开放的港口、锚地的;(三)擅自搭靠外国籍或者香港、澳门特别行政区以及台湾地区船舶的,或者因避险及其他不可抗力的原因被迫搭靠,事后未及时向公安边防部门报告的;(四)航行于内地与香港、澳门特别行政区之间的小型船舶擅自在非指定的港口停泊、上下人员或者装卸货物的。

(十二)擅自搭靠境外船舶

1. 法条释义

擅自搭靠境外船舶违法行为的主要法律特征是:第一,行为侵犯的客体是船舶边防治安管理秩序。第二,行为的客观方面主要表现为:擅自搭靠境外船舶。第三,行为的主观方面是故意。第四,单位和个人都可以成为行为的主体。

2. 违法行为的认定

擅自搭靠境外船舶即构成违法行为。

3. 违法行为的处罚

根据《沿海船舶边防治安管理规定》第二十八条规定,对船舶负责人及其有关责任人员处一千元以下罚款。

4. 法条链接

《沿海船舶边防治安管理规定》第二十八条规定:违反本规定,有下列情形之一的,对船舶负责人及其有关责任人员处一千元以下罚款:(一)非法进入国家禁止或者限制进入的海域或者岛屿的;(二)未经许可,将外国籍或者香港、澳门特别行政区、台湾地区的船舶引航到未对上述船舶开放的港口、锚地的;(三)擅自搭靠外国籍或者香港、澳门特别行政区以及台湾地区船舶的,或者因避险及其他不可抗力的原因被迫搭靠,事后未及时向公安边防部门报告的;(四)航行于内地与香港、澳门特别行政区之间的小型船舶擅自在非指定的港口停泊、上下人员或者装卸货物的。

（十三）被迫搭靠境外船舶不及时报告

1. 法条释义

被迫搭靠境外船舶不及时报告违法行为的主要法律特征是：第一，行为侵犯的客体是船舶边防治安管理秩序。第二，行为的客观方面主要表现为：被迫搭靠境外船舶不及时报告。第三，行为的主观方面是故意。第四，单位和个人都可以成为行为的主体。

2. 违法行为的认定

被迫搭靠境外船舶不及时报告即构成违法行为。

3. 违法行为的处罚

根据《沿海船舶边防治安管理规定》第二十八条规定，对船舶负责人及其有关责任人员处一千元以下罚款。

4. 法条链接

《沿海船舶边防治安管理规定》第二十八条规定：违反本规定，有下列情形之一的，对船舶负责人及其有关责任人员处一千元以下罚款：（一）非法进入国家禁止或者限制进入的海域或者岛屿的；（二）未经许可，将外国籍或者香港、澳门特别行政区、台湾地区的船舶引航到未对上述船舶开放的港口、锚地的；（三）擅自搭靠外国籍或者香港、澳门特别行政区以及台湾地区船舶的，或者因避险及其他不可抗力的原因被迫搭靠，事后未及时向公安边防部门报告的；（四）航行于内地与香港、澳门特别行政区之间的小型船舶擅自在非指定的港口停泊、上下人员或者装卸货物的。

（十四）擅自在非指定港口停泊、上下人员、装卸货物

1. 法条释义

擅自在非指定港口停泊、上下人员、装卸货物违法行为的主要法律特征是：第一，行为侵犯的客体是船舶边防治安管理秩序。第二，行为的客观方面主要表现为：航行于内地与香港、澳门特别行政区之间的小型船舶擅自在非指定港口停泊、上下人员、装卸货物。第三，行为的主观方面是故意。第四，单位和个人都可以成为行为的主体。

2. 违法行为的认定

航行于内地与香港、澳门特别行政区之间的小型船舶擅自在非指定港口停泊、上下人员、装卸货物即构成违法行为。

3. 违法行为的处罚

根据《沿海船舶边防治安管理规定》第二十八条规定，对船舶负责人及其有关责任人员处一千元以下罚款。

4. 法条链接

《沿海船舶边防治安管理规定》第二十八条规定：违反本规定，有下列情形之一的，对船舶负责人及其有关责任人员处一千元以下罚款：（一）非法进入国家禁止或者限制进入的海域或者岛屿的；（二）未经许可，将外国籍或者香港、澳门特别行政区、台湾地区的船舶引航到未对上述船舶开放的港口、锚地的；（三）擅自搭靠外国籍或者香港、澳门特别行政区以及台湾地区船舶的，或者因避险及其他不可抗力的原因被迫搭靠，事后未及时向公安边防部门报告的；（四）航行于内地与香港、澳门特别行政区之间的小型船舶擅自在非指定的港口停泊、上下人员或者装卸货物的。

（十五）携带、隐匿、留用、擅自处理违禁物品

1. 法条释义

携带、隐匿、留用、擅自处理违禁物品违法行为的主要法律特征是：第一，行为侵犯的客体是船舶边防治安管理秩序。第二，行为的客观方面主要表现为：携带、隐匿、留用、擅自处理违禁物品。第三，行为的主观方面是故意。第四，单位和个人都可以成为行为的主体。

2. 违法行为的认定

携带、隐匿、留用、擅自处理违禁物品即构成违法行为。

3. 违法行为的处罚

根据《沿海船舶边防治安管理规定》第二十九条规定，对船舶负责人及其直接责任人员处五百元以上一千元以下罚款。

4. 法条链接

《沿海船舶边防治安管理规定》第二十九条规定：违反本规定，有下列情形之一的，对船舶负责人及其直接责任人员处五百元以上一千元以下罚款：（一）携带、隐匿、留用或者擅自处理违禁物品的；（二）非法拦截、强行靠登、冲撞或者偷开他人船舶的；（三）非法扣押他人船舶或者船上物品的。

（十六）非法拦截、强行靠登、冲撞或者偷开他人船舶

1. 法条释义

非法拦截、强行靠登、冲撞或者偷开他人船舶违法行为的主要法律特征是：第一，行为侵犯的客体是船舶边防治安管理秩序。第二，行为的客观方面主要表现为：非法拦截、强行靠登、冲撞或者偷开他人船舶。第三，行为的主观方面是故意。第四，单位和个人都可以成为行为的主体。

2. 违法行为的认定

非法拦截、强行靠登、冲撞或者偷开他人船舶即构成违法行为。

3. 违法行为的处罚

根据《沿海船舶边防治安管理规定》第二十九条规定,对船舶负责人及其直接责任人员处五百元以上一千元以下罚款。

4. 法条链接

《沿海船舶边防治安管理规定》第二十九条规定:违反本规定,有下列情形之一的,对船舶负责人及其直接责任人员处五百元以上一千元以下罚款:(一)携带、隐匿、留用或者擅自处理违禁物品的;(二)非法拦截、强行靠登、冲撞或者偷开他人船舶的;(三)非法扣押他人船舶或者船上物品的。

(十七)非法扣押他人船舶、船上物品

1. 法条释义

非法扣押他人船舶、船上物品违法行为的主要法律特征是:第一,行为侵犯的客体是船舶边防治安管理秩序。第二,行为的客观方面主要表现为:非法扣押他人船舶、船上物品。第三,行为的主观方面是故意。第四,单位和个人都可以成为行为的主体。

2. 违法行为的认定

非法扣押他人船舶、船上物品即构成违法行为。

3. 违法行为的处罚

根据《沿海船舶边防治安管理规定》第二十九条规定,对船舶负责人及其直接责任人员处五百元以上一千元以下罚款。

4. 法条链接

《沿海船舶边防治安管理规定》第二十九条规定:违反本规定,有下列情形之一的,对船舶负责人及其直接责任人员处五百元以上一千元以下罚款:(一)携带、隐匿、留用或者擅自处理违禁物品的;(二)非法拦截、强行靠登、冲撞或者偷开他人船舶的;(三)非法扣押他人船舶或者船上物品的。

(十八)"三无"船舶擅自出海作业

1. 法条释义

"三无"船舶擅自出海作业违法行为的主要法律特征是:第一,行为侵犯的客体是船舶边防治安管理秩序。第二,行为的客观方面主要表现为:"三无"船舶擅自出海作业。第三,行为的主观方面是故意。第四,单位和个人都可以成为行为的主体。

2. 违法行为的认定

"三无"船舶擅自出海作业即构成违法行为。

3. 违法行为的处罚

根据《沿海船舶边防治安管理规定》第三十条规定,依照国务院有关规定没收船舶,并可以对船主处船价二倍以下的罚款。

4. 法条链接

《沿海船舶边防治安管理规定》第三十条规定:船舶无船名船号、无船籍港、无船舶证书擅自出海从事生产、经营等活动的,依照国务院有关规定没收船舶,并可以对船主处船价二倍以下的罚款。

《关于清理、取缔"三无"船舶的通告》规定:一、凡未履行审批手续,非法建造、改装的船舶,由公安、渔政渔监和港监部门等港口、海上执法部门予以没收;对未履行审批手续擅自建造、改装船舶的造船厂,由工商行政管理机关处船价2倍以下的罚款,情节严重的,可依法吊销其营业执照;未经核准登记注册非法建造、改装船舶的厂、点,由工商行政管理机关依法予以取缔,并没收销货款和非法建造、改装的船舶。二、港监和渔政渔监部门要在各自的职责范围内进一步加强对船舶进出港的签证管理。对停靠在港口的"三无"船舶,港监和渔政渔监部门应禁止其离港,予以没收,并可对船主处以船价2倍以下的罚款。三、渔政渔监和港监部门应加强对海上生产、航行、治安秩序的管理,海关、公安边防部门应结合海上缉私工作,取缔"三无"船舶,对海上航行、停泊的"三无"船舶,一经查获,一律没收,并可对船主处船价2倍以下的罚款。

5. 相关案例

张某与某省公安边防总队海警某支队、梁某行政处罚纠纷案

2009年,张某向梁某购买一艘铁壳船舶,在未办理船舶所有人过户登记手续、未经相关审批许可的情形下,将该船舶用作沿海经营轻质燃料油买卖。某省公安边防总队海警某支队根据群众举报,于2015年4月28日在茂名市博贺港查获扣押了该船舶。海警某支队受理此案后,立即展开调查工作,在经过检查船舶、调查询问当事人、核实相关证书证件的情况下,对张某作出第56号《处罚决定书》,认定涉案铁壳船无船名船号、无船舶证书、无船籍港,属于"三无"船舶。根据《国务院对清理、取缔"三无"船舶通告的批复》(国函〔1994〕111号)第一条、第三条的规定,决定对涉案无船名船号铁壳船予以没收,由海警某支队执行。

第二节 妨害国(边)境管理案件的行政处罚

一、移动、损毁国家边境的界碑、界桩以及其他边境标志、边境设施或者领土、领海标志设施

(一) 法条释义

移动、损毁国家边境的界碑、界桩以及其他边境标志、边境设施或者领土、领海标志设施违法行为,是指行为人明知是国家设立在边境上的界碑、界桩以及其他边境标志、边境设施或者领土、领海标志设施,而故意予以移动、损毁的行为。界碑、界桩以及其他边境标志是我国领土范围的重要标志,标志着我国的主权和领土完整,事关国家权益,因此,世界各国无不对此非常重视,甚至为了界碑、界桩不惜发动战争。历史上因争夺界碑、界桩的具体方位而引发大规模战争的案例非常多,无不浸透着一个国家的血泪史和苦难史。为了我国的领土完整和国家主权,我们必须严格按照有关规定确定我国的界碑、界桩以及其他边境标志的地理位置,防止因移动、损毁国家边境的界碑、界桩以及其他边境标志、边境设施或者领土、领海标志设施而损害我国的主权和领土完整。因此,我国法律对国家边境的界碑、界桩以及其他边境标志予以明确的保护。

该行为的主要法律特征是:第一,行为侵犯的客体是国家对边境、领土、领海的正常管理秩序。第二,行为的客观方面表现为实施了移动、损毁国家边境界碑、界桩、过境标志、边境设施或者领土、领海标志的行为等。移动、损毁,是指将界碑、界桩以及其他边境标志、边境设施或者领土、领海标志设施砸毁、拆除、挖掉、盗走、移动或者改变其原样等,从而使其失去其原有的意义和作用的行为。"国家边境的界碑、界桩",是指我国政府与邻国按照条约规定或者历史上实际形成的管辖范围,在陆地接壤地区里埋设的指示边境分界及走向的标志物。界碑和界桩没有实质的区别,只是形状不同。"领土"指一个国家主权管辖下的区域,包括领陆(陆地)、领水(水域及其底土)和领空(领陆和领水上空)等。"领水"包括内水和领海。内水指国家领陆内以及领海基线(沿海国划定其领海外部界限的起算线)向陆地一面的水域,指河流、湖泊、内海、封闭性海湾和港口等泊船处。"领空"指隶属于国家主权的领陆和领水上空,一般指领陆和领水上面的大气空间。"领海",指沿海主权所及的与其海岸或内水相邻接的一定范围的海域。群岛国的领海是群岛水域以外邻接一定范围的海域;沿海国的领海是其主权所及的领海上空及其海床和底土。第三,行为主体是一般主体。第四,行为主观方面表现为故意或者过失。

（二）违法行为的认定

移动、损毁国家边境的界碑、界桩以及其他边境标志、边境设施或者领土、领海标志设施即构成违法行为。

（三）违法行为的处罚

根据《中华人民共和国治安管理处罚法》第三十三条规定，处十日以上十五日以下拘留。

（四）法条链接

《中华人民共和国治安管理处罚法》第三十三条规定：有下列行为之一的，处十日以上十五日以下拘留：(1)盗窃、损毁油气管道设施、电力电信设施、广播电视设施、水利防汛工程设施或者水文监测、测量、气象测报、环境监测、地质监测、地震监测等公共设施的；(2)移动、损毁国家边境的界碑、界桩以及其他边境标志、边境设施或者领土、领海标志设施的；(3)非法进行影响国（边）界线走向的活动或者修建有碍国（边）境管理的设施的。

二、协助组织或者运送他人偷越国（边）境

（一）法条释义

协助组织或者运送他人偷越国（边）境违法行为的主要法律特征是：第一，行为侵犯的客体是国边境管理秩序。第二，行为的客观方面主要表现为：协助组织或者运送他人偷越国（边）境。第三，行为的主观方面是故意。第四，行为主体为一般主体，即符合法律规定，能够承担治安管理责任的自然人。

（二）违法行为的认定

违反国家出入境和边境管理法律法规，协助组织或者运送他人偷越国（边）境即构成违法行为。

（三）违法行为的处罚

处十日以上十五日以下拘留，并处一千元以上五千元以下罚款。

（四）法条链接

《中华人民共和国治安管理处罚法》第六十一条规定：协助组织或者运送他人偷越国（边）境的，处十日以上十五日以下拘留，并处一千元以上五千元以下罚款。

(五) 相关案例

协助他人偷越国(边)境的治安违法行为——范某协助运送他人偷越边境案

在某边境城市,范某靠打鱼为生。2013年5月9日,范某因协助犯罪分子运送他人偷渡被行政处罚。

经公安机关调查,犯罪分子程某,以营利为目的,用机帆船非法运送偷渡分子。2013年5月1日,因越境人员比较多,程某的机帆船无法满足偷渡需求,在得知邻村范某家有机帆船后,遂与范某商量租船。非法利益的驱使下,范某与程某达成租船协议。范某将其机帆船租给程某运送偷渡分子,每运送一趟偷渡分子,程某支付范某三千元钱。边境公安机关破获程某运送他人非法偷渡案后,掌握了范某将其帆船租给程某的事实,依据《中华人民共和国治安管理处罚法》第六十一条规定,对范某予以十日行政拘留并处罚款五千元的治安处罚。

本案涉及协助运送他人偷越国(边)境违法行为的认定与处罚。运送他人偷越国(边)境在客观方面表现为,行为人采用步行的方式陪伴偷渡者或者用车辆、船只、航空器等交通运输工具将偷渡者带出或者运送出入国(边)境的行为。本案中,范某明知程某租用机帆船运送偷渡分子,不但没有及时向公安机关举报,还将船租给程某,协助其运送偷渡分子,但由于情节轻微,尚未构成犯罪,应依据本条之规定予以治安处罚。故此,公安机关对范某予以十日行政拘留并处罚款五千元是正确的。

三、为偷越国(边)境人员提供条件

(一) 法条释义

为偷越国(边)境人员提供条件违法行为的主要法律特征是:第一,行为侵犯的客体是国边境管理秩序。第二,行为的客观方面主要表现为:为偷越国(边)境人员提供条件。第三,行为的主观方面是故意。第四,行为主体为一般主体,即符合法律规定,能够承担治安管理责任的自然人。

(二) 违法行为的认定

实施为偷越国(边)境人员提供条件的行为即构成违法行为,情节严重具有下列情形之一的,涉嫌偷越国(边)境罪,应予立案侦查:(1)境外实施损害国家利益的行为的。(2)偷越国(边)境三次以上或者三人以上结伙偷越国(边)境的。(3)拉拢、引诱他人一起偷越国(边)境的。(4)勾结境外组织、人员偷越国(边)境的。(5)因偷越国(边)境被行政处罚后一年内又偷越国(边)境的。(6)有其他严重情形的。

(三) 违法行为的处罚

根据《中华人民共和国治安管理处罚法》第六十二条规定,处五日以上十日以

下拘留,并处五百元以上二千元以下罚款。

(四) 法条链接

《中华人民共和国治安管理处罚法》第六十二条规定:为偷越国(边)境人员提供条件的,处五日以上十日以下拘留,并处五百元以上二千元以下罚款。

偷越国(边)境的,处五日以下拘留或者五百元以下罚款。

第三节　妨害公共安全案件的行政处罚

一、非法携带枪支、弹药或者管制器具

(一) 法条释义

非法携带枪支、弹药或者管制器具的行为,主要是指行为人违反有关规定,携带枪支、弹药或者弩、匕首等国家管制器具的行为。行为人只要违反有关规定,非法携带枪支、弹药或者弩、匕首等国家规定的管制器具的,即构成本条规定的违法行为。该行为的主要法律特点是:第一,行为侵犯的客体是公共安全和国家对枪支、弹药、管理器具的管理秩序。第二,行为客观方面表现为行为人必须实施了非法携带枪支、弹药或者弩、匕首等国家规定的管制器具的行为。行为对象是枪支、弹药或者弩、匕首等国家规定的管制器具。这里的"非法",是指违反有关管制器具管理的法律、法规、规章及相关规范性文件的行为。如《中华人民共和国枪支管理法》对可以佩带枪支的人员、配置枪支的单位以及枪支管理、使用等,都作了明确的规定,违反这些规定,携带枪支、弹药的即属于违法;公安部《对部分刀具实行管制的暂行规定》规定:"匕首,除中国人民解放军和人民警察作为武器、警械配备的以外,专业狩猎人员和地质、勘探等野外作业人员必须持有的,须由县以上主管单位出具证明,经县以上公安机关批准,发给《匕首佩带证》,方准持有佩带。""严禁任何单位和个人非法制造、销售和贩卖匕首、三棱刀、弹簧刀等属于管制范围内的各种刀具。严禁非法携带上述刀具进入车站、码头、机场、公园、商场、影剧院、展览馆或其他公共场所和乘坐火车、汽车、轮船、飞机。"这里的"枪支",是指以火药或者压缩气体等为动力,利用管器具发射金属弹丸或者其他物质,足以致人伤亡或者丧失知觉的各种枪支,包括军用的手枪、步枪、冲锋枪、机枪以及射击运动用的各种枪支,还有各种民用的狩猎用枪等。"弹药",是指上述枪支所使用的子弹、火药等。这里的管制器具是个广义的概念,既包括管制刀具,也包括弩等器具。相对于管制器具,管制刀具是我们多年来约定俗成的概念,且有其特定的范围,考虑到近年来我国正在酝酿着对管制刀具的改革,将管制范围扩大到弩等,并采用管制器具的概念。因此,《中华人民共和国治安管理处罚法》将《中华人民共和国治安管理处罚条例》规定的管制刀具改为管制器具,管制刀具属于管制器具

的重要组成部分。这里的"管制器具"是指国家依法进行管制,只能由特定人员持有、使用,禁止私自生产、买卖、持有的弩、匕首、三棱刮刀、弹簧刀以及类似的单刃刀、双刃刀等。其中,弩是在弓的基础上创造出来的。由于受到体力的限制,人拉开弓不能持久,为了延长张弓的时间,更好地瞄准,人类发明了弩。弩主要由弩弓和弩臂两部分组成,弓上装弦,臂上装弩机,两者配合而放箭。弩和弓相比,更利于瞄准,命中率高,射程远,杀伤力大,是具有相当威力的远射武器。第三,行为的主体是自然人。第四,行为的主观方面可以是故意,也可以是过失。

(二)违法行为的认定

非法携带枪支、弹药或者管制器即构成违法行为,具有下列情形的之一,涉嫌非法持有、私藏枪支、弹药罪,应予立案侦查:(1)非法持有、私藏军用枪支一支以上的。(2)非法持有、私藏以火药为动力发射枪弹的非军用枪支一支以上,或者以压缩气体等为动力的其他非军用枪支二支以上的。(3)非法持有、私藏军用子弹二十发以上、气枪铅弹一千发以上或者其他非军用子弹二百发以上的。(4)非法持有、私藏手榴弹、炸弹、地雷、手雷等具有杀伤性弹药一枚以上的。(5)非法持有、私藏的弹药造成人员伤亡、财产损失的。

(三)违法行为的处罚

根据《中华人民共和国治安管理处罚法》第三十二条规定,处五日以下拘留,可以并处五百元以下罚款;情节较轻的,处警告或者二百元以下罚款;非法携带枪支、弹药或者弩、匕首等国家规定的管制器具进入公共场所或者公共交通工具的,处五日以上十日以下拘留,可以并处五百元以下罚款。

(四)法条链接

《中华人民共和国治安管理处罚法》第三十二条规定:非法携带枪支、弹药或者弩、匕首等国家规定的管制器具的,处五日以下拘留,可以并处五百元以下罚款;情节较轻的,处警告或者二百元以下罚款。非法携带枪支、弹药或者弩、匕首等国家规定的管制器具进入公共场所或者公共交通工具的,处五日以上十日以下拘留,可以并处五百元以下罚款。

(五)相关案例

携带三棱尖刀的治安违法行为——钱某非法携带管制器具案

2014年8月9日,钱某携带一把三棱尖刀在乘船时被公交分局查获。

经公安机关调查,并对其携带的三棱尖刀进行了鉴定,钱某所携带的三棱尖刀刀尖角度小于60度,刀身长度超过150毫米,符合《管制刀具认定标准》(公通字〔2007〕2号)的认定标准,认定为管制刀具。遂对钱某作出行政拘留十日,收缴管制刀具三棱尖刀一把的处理决定。

本案涉及非法携带管制器具行为的认定与处罚。"管制器具",是指国家依法进行管制,只能由特定人员持有、使用,禁止私自生产、买卖、持有的弩、匕首、三棱刮刀、弹簧刀以及类似的单刃刀、双刃刀等。本案中,钱某所携带的三棱尖刀属于典型的管制刀具,钱某的行为已经构成了在公共交通工具上非法携带管制刀具。按照《中华人民共和国治安管理处罚法》第三十二条第二款规定,非法携带枪支、弹药或者弩、匕首等国家规定的管制器具进入公共场所或者公共交通工具的,处五日以上十日以下拘留,可以并处五百元以下罚款。故此,公安机关对其作出行政拘留十日的处罚是正确的。

二、盗窃、损毁油气管道设施、电力电信设施、广播电视设施、水利防汛工程设施或者水文监测、测量、气象测报、环境监测、地质监测、地震监测等公共设施

(一) 法条释义

该违法行为是指行为人实施了盗窃、损毁油气管道设施、电力电信设施、广播电视设施、水利防汛工程设施或者水文监测、测量、气象测报、环境监测、地质监测、地震监测等公共设施的行为。该行为的主要法律特征是:第一,行为侵犯的客体是国家对公共设施的管理秩序。在我国的社会经济建设过程中,公共设施属于为国民经济运行、产业发展、居民生活提供交通、通信、能源、水务、教育、医疗、文化体育等公共性服务的设施。在整个社会发展过程中,公共设施具有举足轻重的地位,它决定着经济建设的持续、健康发展,以及人民生活水平的稳步提高。因此,公共设施重要性不言而喻,需要重点管理和保护。第二,该行为在客观方面表现为实施了盗窃、损毁等破坏公共设施的行为。盗窃,是指以非法占有为目的,采用秘密窃取等手段窃取,尚不够刑事处罚的行为。损毁,是指行为人出于故意或者过失损坏或者毁坏公私财物的行为。根据《中华人民共和国石油天然气管道保护条例》的规定,"油气管道、设施"包括:(1) 输送石油、天然气(含煤气)的管道;(2) 管道防腐保护设施,包括阴极保护站、阴极保护测试桩、阳极地床和杂散电流排流站;(3) 管道水工防护构筑物、抗震设施、管堤、管桥及管道专用涵洞和隧道;(4) 加压站、加热站、计量站、集油(气)站、输气站、配气站、处理场(站)、精管站、各类阀室(井)及放空设施、油库、装卸栈桥及装卸场;(5) 管道标志、标识和穿越公(铁)路检漏装置。在实践中,破坏、侵占油气田的输油输气管道现象十分严重,形成了诸多重大事故隐患,并引发了一些事故。主要表现为:一是不法分子为偷油偷气,在管道上打孔、肆意破坏油气管道等生产设施,严重影响管道安全运行。二是违法开采油气,破坏油气田设施,破坏已建成运行的输气管道,强行安装阀门,破坏正常供气等。根据《电力设施保护条例》的规定,"电力设施"包括:发电设施、变电设施和电力线路设施。其中,发电设施、变电设施的保护范围包括:

(1) 发电厂、变电站、换流站、开关站等厂、站内的设施;(2) 发电厂、变电站外各种专用的管道(沟)、储灰场、水井、泵站、冷却水塔、油库、堤坝、铁路、道路、桥梁、码头、燃料装卸设施、避雷装置、消防设施及其有关辅助设施;(3) 水力发电厂使用的水库、大坝、取水口、引水隧洞(含支洞口)、引水渠道、调压井(塔)、露天高压管道、厂房、尾水渠、厂房与大坝间的通信设施及其有关辅助设施。电力线路设施的保护范围包括:(1) 架空电力线路:杆塔、基础、拉线、接地装置、导线、避雷线、金具、绝缘子、登杆塔的爬梯和脚钉,导线跨越航道的保护设施,巡(保)线站,巡视检修专用道路、船舶和桥梁,标志牌及其有关辅助设施;(2) 电力电缆线路:架空、地下、水底电力电缆和电缆联结装置,电缆管道、电缆隧道、电缆沟、电缆桥、电缆井、盖板、入孔、标石、水线标志牌及其有关辅助设施;(3) 电力线路上的变压器、电容器、电抗器、断路器、隔离开关、避雷器、互感器、熔断器、计量仪表装置、配电室、箱式变电站及其有关辅助设施;(4) 电力调度设施:电力调度场所、电力调度通信设施、电网调度自动化设施、电网运行控制设施。根据《中华人民共和国电信管理条例》的规定,"电信设施",是指公用电信网、专用电信网、广播电视传输网的设施,包括所有有线、无线、电信管道和卫星等设施。根据《广播电视设施保护条例》的规定,"广播电视设施",包括广播电视台、站(包括有线广播电视台、站,下同)和广播电视传输网的下列设施:(1) 广播电视信号发射设施,包括天线、馈线、塔桅(杆)、地网、卫星发射天线及其附属设备等;(2) 广播电视信号专用传输设施,包括电缆线路、光缆线路(以下统称传输线路)、塔桅(杆)、微波等空中专用传输通路、微波站、卫星地面接收设施、转播设备及其附属设备等;(3) 广播电视信号监测设施,包括监测接收天线、馈线、塔桅(杆)、测向场强室及其附属设备等。根据《中华人民共和国防洪法》及相关法规的规定,"防汛工程设施",主要由国有防汛工程设施和集体所有的防汛工程设施组成,包括挡水、泄水建筑物、引水系统、尾水系统、分洪道及其附属建筑物,附属道路、交通设施,供电、供水、供风、供热及制冷设施;水闸、泵站、涵洞、桥梁、道路工程及其管护设施;蓄滞洪区、防护林带、滩区安全建设工程等。"水文监测、测量设施",是指水利、电力、气象、海洋、农林等部门用于测算水位、流量等数据的水文站、雨量站等设施。对此,《中华人民共和国水法》已有明确规定,该法第七十二条规定:有下列行为之一,构成犯罪的,依照刑法的有关规定追究刑事责任;尚不够刑事处罚,且防洪法未作规定的,由县级以上地方人民政府水行政主管部门或者流域管理机构依据职权,责令停止违法行为,采取补救措施,处1万元以上5万元以下的罚款;违反治安管理处罚条例的,由公安机关依法给予治安管理处罚;给他人造成损失的,依法承担赔偿责任:(一)侵占、毁坏水工程及堤防、护岸等有关设施,毁坏防汛、水文监测、水文地质监测设施的;(二)在水工程保护范围内,从事影响水工程运行和危害水工程安全的爆破、打井、采石、取土等活动的。保护水文监测、测量设施,主要是为了及时准确地向防汛抗旱等部门提供实时水文信息、实时气象信息、水文预报、风暴潮预报。"气象测报设施",是指气象探测设施、气象信息专用传输设施、大型气象专用技术装备等气象仪器、设施、标志。《中华人民共和国气象法》第十一条规定:国家依法保护气象设施,任何组织或者个人不得侵占、损毁或者擅自移动气象设施。"环境监测设施",是指用于监控和测量环境资源的质量、污染程度等各项指标设施、设备,如渗沥液监测井、尾气取样孔等。"地震监测设施",是指地震监测台网的监测设施、设备、仪器和其他依照国务院地震行政主管部门的规定设立的地震监测设施、设备、仪器。根据《中华人民共和国防震减灾法》的规定,国家依法保护地震监测设施和地震观测环境,任何单位和个人不得危害地震监测设施和地震观测环境。第三,行为主体为自然人。第四,行为主观方面出于故意。

(二)违法行为的认定

盗窃、损毁油气管道设施、电力电信设施、广播电视设施、水利防汛工程设施或者水文监测、测量、气象测报、环境监测、地质监测、地震监测等公共设施即构成违法行为,情节严重的,根据具体情节可能涉嫌盗窃罪、故意毁坏财物罪、破坏易燃易爆设备罪、破坏公用电信设施罪、过失损坏公用电信设施罪等刑事犯罪等,应予立案侦查。

(三)违法行为的处罚

根据《中华人民共和国治安管理处罚法》第三十三条规定,处十日以上十五日以下拘留。

(四)法条链接

《中华人民共和国治安管理处罚法》第三十三条规定:有下列行为之一的,处十日以上十五日以下拘留:(一)盗窃、损毁油气管道设施、电力电信设施、广播电视设施、水利防汛工程设施或者水文监测、测量、气象测报、环境监测、地质监测、地震监测等公共设施的;(二)移动、损毁国家边境的界碑、界桩以及其他边境标志、边境设施或者领土、领海标志设施的;(三)非法进行影响国(边)界线走向的活动或者修建有碍国(边)境管理的设施的。

第四节　妨害社会管理案件的行政处罚

一、伪造、变造船舶户牌，买卖或者使用伪造、变造的船舶户牌，或者涂改船舶发动机号码

（一）法条释义

船舶户牌是表明船舶身份的特有标志。伪造、变造船舶户牌，买卖或者使用伪造、变造的船舶户牌，或者涂改船舶发动机号码的行为，其目的都是为了逃避船舶管理部门对船舶的有效监管。因此，有必要对此类行为进行处罚。该违法行为的主要法律特征是：第一，行为侵犯客体是国家对船舶的管理活动。侵犯对象是船舶的户牌和发动机号码。第二，行为客观方面表现为伪造、变造船舶户牌，买卖或者使用伪造、变造的船舶户牌，或者涂改船舶发动机号码。第三，行为主体一般为自然人，单位也可以成该行为的主体。第四，行为人主观方面须出于故意。

（二）违法行为的认定

伪造、变造船舶户牌，买卖或者使用伪造、变造的船舶户牌，或者涂改船舶发动机号码，即构成违法行为。

（三）违法行为的处罚

根据《中华人民共和国治安管理处罚法》第五十二条规定，处十日以上十五日以下拘留，可以并处一千元以下罚款；情节较轻的，处五日以上十日以下拘留，可以并处五百元以下罚款。

（四）法条链接

《中华人民共和国治安管理处罚法》第五十二条规定：有下列行为之一的，处十日以上十五日以下拘留，可以并处一千元以下罚款；情节较轻的，处五日以上十日以下拘留，可以并处五百元以下罚款：（一）伪造、变造或者买卖国家机关、人民团体、企业、事业单位或者其他组织的公文、证件、证明文件、印章的；（二）买卖或者使用伪造、变造的国家机关、人民团体、企业、事业单位或者其他组织的公文、证件、证明文件的；（三）伪造、变造、倒卖车票、船票、航空客票、文艺演出票、体育比赛入场券或者其他有价票证、凭证的；（四）伪造、变造船舶户牌，买卖或者使用伪造、变造的船舶户牌，或者涂改船舶发动机号码的。

二、船舶擅自进入、停靠国家禁止、限制进入的水域或者岛屿

（一）法条释义

船舶擅自进入、停靠国家禁止、限制进入的水域或者岛屿违法行为的主要法

律特征是:第一,行为侵犯的客体是国家对特定水域、岛屿的管理秩序。侵犯对象是国家禁止、限制进入的水域或者岛屿。我国当前一些法律、法规或者规章对于船舶航行以及船舶运营作了不少规范。例如,《中华人民共和国渔业法》第八条规定:外国人、外国渔业船舶进入中华人民共和国管辖水域,从事渔业生产或者渔业资源调查活动,必须经国务院有关主管部门批准,并遵守本法和中华人民共和国其他有关法律、法规的规定;同中华人民共和国订有条约、协定的,按照条约、协定办理。《中华人民共和国港口法》第三十四条规定:船舶进出港口,应当依照有关水上交通安全的法律、行政法规的规定向海事管理机构报告。海事管理机构接到报告后,应当及时通报港口行政管理部门。船舶载运危险货物进出港口,应当按照国务院交通主管部门的规定将危险货物的名称、特性、包装和进出港口的时间报告海事管理机构。海事管理机构接到报告后,应当在国务院交通主管部门规定的时间内作出是否同意的决定,通知报告人,并通报港口行政管理部门。但是,定船舶、定航线、定货种的船舶可以定期报告。第三十五条规定:在港口内进行危险货物的装卸、过驳作业,应当按照国务院交通主管部门的规定将危险货物的名称、特性、包装和作业的时间、地点报告港口行政管理部门。港口行政管理部门接到报告后,应当在国务院交通主管部门规定的时间内作出是否同意的决定,通知报告人,并通报海事管理机构。另外,国务院的行政法规也对船舶的航行和停泊问题做了规定。例如,国务院 2002 年 6 月 28 日颁布的《内河交通安全管理条例》第十六条规定:船舶在内河航行时,上行船舶应当沿缓流或者航路一侧航行,下行船舶应当沿主流或者航路中间航行;在潮流河段、湖泊、水库、平流区域,应当尽可能沿本船右舷一侧航路航行。第二十条规定:船舶进出港口和通过交通管制区、通航密集区或者航行条件受限制的区域,应当遵守海事管理机构发布的有关通航规定。任何船舶不得擅自进入或者穿越海事管理机构公布的禁航区。该条例第二十四条还规定:船舶应当在码头、泊位或者依法公布的锚地、停泊区、作业区停泊;遇有紧急情况,需要在其他水域停泊的,应当向海事管理机构报告。这些规定都要求船舶在内河或者海上航行时,必须遵守有关法律、法规以及航行规则的规定。这一方面是维护船舶航行秩序的需要;另一方面也是保护人身、财产安全,保障船东和货主的合法权益的需要。第二,行为客观方面表现为船舶违反国家规定擅自进入、停靠国家禁止、限制进入的水域或者岛屿。一是擅自进入国家禁止、限制进入的水域。该特定的水域可能是有关法律、行政法规规定禁止或者限制进入的水域,也有可能是为了特定的需要,例如防洪安全、桥梁安全等的需要而由交通或者水利管理部门临时规定禁止或者限制进入的水域。二是船舶在国家限制禁止的水域靠岸或者在国家限制进入的岛屿停靠。禁止停靠的原因可能是涉及国防安全,也可能是涉及海洋自然资源的保护等。第三,行为主体为特殊主体,即船舶的负责人和其他有关责任人员。船舶负责人一般指的是船长,有关责任人员一般指的是直接负责控制船舶航行的人或者是指挥船舶进入国家禁止、限制进入的水域或者岛屿的人。这里所规定的"情节严重的"包括该行为造成了严重的损害后果，或者船舶负责人、直接责任人员不听从交通管理部门的劝阻等情形。第四，行为人主观方面须出于故意。

（二）违法行为的认定

船舶擅自进入、停靠国家禁止、限制进入的水域或者岛屿即构成违法行为。

（三）违法行为的处罚

根据《中华人民共和国治安管理处罚法》第五十三条规定，对船舶负责人及有关责任人员处五百元以上一千元以下罚款；情节严重的，处五日以下拘留，并处五百元以上一千元以下罚款。

（四）法条链接

《中华人民共和国治安管理处罚法》第五十三条规定：船舶擅自进入、停靠国家禁止、限制进入的水域或者岛屿的，对船舶负责人及有关责任人员处五百元以上一千元以下罚款；情节严重的，处五日以下拘留，并处五百元以上一千元以下罚款。

第五节 非法运输、储存、买卖成品油案件的行政处罚

非法运输、储存、买卖成品油

（一）法条释义

该违法行为的主要法律特征是：第一，行为侵犯的客体是成品油的管理秩序。第二，行为的客观方面主要表现为：非法运输、储存、买卖成品油。第三，行为的主观方面是故意。第四，单位和个人都可以成为行为的主体。

（二）违法行为的认定

非法运输、储存、买卖成品油即构成违法行为，涉嫌走私的，应予立案侦查。需要注意的是：（1）非法运输、储存、买卖成品油案件与走私成品油案件定性不同，应区别对待。（2）执法实践中经常遇到违法犯罪嫌疑人为抗拒检查、逃避责任，将成品油倾泄入海的现象，情节严重，涉嫌重大环境污染事故罪的，应予立案侦查。

（三）违法行为的处罚

根据《关于严格查禁非法运输、储存、买卖成品油的通知》第三条规定，对无合

法、齐全手续的成品油依法予以没收,不得罚款放行。

(四) 法条链接

《关于严格查禁非法运输、储存、买卖成品油的通知》第三条规定:任何单位和个人在内海、领海、界河、界湖和海关附近沿海沿边规定地区运输、储存、买卖成品油无合法、齐全手续的,由海关、公安(边防)、工商行政管理部门依照本通知的规定,对无合法、齐全手续的成品油依法予以没收,不得罚款放行。

(五) 相关案例

上海海警破获一起非法运输成品油案件[①]

据上海海警支队披露,2018年1月底,该支队在上海某海域成功破获一起非法运输成品油案件,共缉拿三艘嫌疑船舶,抓获16名违法嫌疑人。

据介绍,某夜,上海海警支队某舰正在开展夜间巡逻,指挥员发现在舰左前方,有一团黑影,形迹十分可疑。该舰悄悄抵近,认为有非法行为嫌疑后,便打开扫海灯,发现有3艘改装船以夜色作掩护,正在接驳成品油。其违法行为直接暴露在海警眼前,3艘嫌疑船舶立即分散逃窜。当巡逻舰艇试图靠泊其中一艘嫌疑船舶后,其船员不但将海警舰船的缆绳扔回海中,还加速驶离。无法顺利靠泊,3名执法民警凭借过硬的军事技术,迅速强行登临,控制住了其中一艘嫌疑船舶。海警舰艇继续追击剩下的嫌疑船舶。海警支队同时派出增援舰艇,经过彻夜奋战,3艘嫌疑船舶被悉数缉拿,在海警舰船看护下,押往指定码头。

据悉,受国际油价上涨影响,导致海上走私及非法运输、买卖、储存成品油案件不断增加,自2017年11月份以来,该支队已连续查获多起非法运输成品油,抓获多名违法嫌疑人,查获无合法、齐全手续成品油7 000余吨。

---

① 案件来源:http://newsxmwb.xinmin.cn/fatan/2018/02/07/31358733.html。

参考文献

[1] 蔡先凤.浙江海洋经济发展与海洋生态安全保护:重大挑战与制度创新[J].法治研究,2012(10):108-116.

[2] 崔凤,刘变叶.关于完善我国海洋自然保护区立法的构想[J].中国海洋大学学报(社会科学版),2008(5):7-11.

[3] 崔晓军,曹彩容.刍议我国海洋石油勘探开发溢油执法监管机制[J].海洋开发与管理,2013,30(9):34-37.

[4] 高翔.论国际海洋石油开发环境污染法律救济机制的构建[J].中国海商法研究,2014,25(2):29-38.

[5] 管彦杰.我国海上行政执法的相关因素的考察[J].海洋开发与管理,2014,31(8):30-32.

[6] 韩丙正,袁冠华.海上"非法排污案件"行政处罚难点问题研究[J].中国海事,2017(3):27-29.

[7] 何沙,李志刚.亟待为我国海洋石油勘探与开发立法[J].学术界,2005(3):175-178.

[8] 胡建淼.行政法学[M].4版.北京:法律出版社,2015.

[9] 黄建刚,孔志洁.行政违法行为构成要件实务研究[J].中国工商管理研究,2015(2):73-76.

[10] 姜明安.行政法与行政诉讼法[M].6版.北京:北京大学出版社,高等教育出版社,2015.

[11] 金伟峰.海洋行政法学[M].北京:法律出版社,2015.

[12] 柯良栋,吴明山.治安管理处罚法释义与实务指南[M].北京:中国人民公安大学出版社,2005.

[13] 李林,吕吉海,等.中国海上行政法学探究[M].杭州:浙江大学出版社,2013.

[14] 李林."管理论"形成的机理探索:以我国海上行政执法发展的历史为鉴[J].公安海警学院学报,2017,16(4):19-25.

[15] 李响.我国海上行政执法体制的构建[J].苏州大学学报(哲学社会科学版),2012,33(3):77-81.

[16] 李彦平,李晨钰,徐艺玮,等.国外对海底电缆管道违法行为处罚对我国的启示:以新西兰和澳大利亚为例[J].海洋开发与管理,2019,36(3):3-9.

[17] 李彦平,刘大海.基于海域空间资源配置的海底电缆管理与保护研究[J].广东海洋大学学报,2017,37(5):56-60.

[18] 连财辉.海事行政处罚与行政强制的区别实施[J].中国水运(下半月),2008,8(5):26-27,29.

[19] 刘惠荣,刘卫,张颖,等.海洋行政执法理论[M].北京:海洋出版社,2013.

[20] 刘学舟.论海关执法中"收缴"的法律属性及对物处罚模式的创设[J].海关与经贸研究,2016,37(2):95-111.

[21] 吕建华,杨艺.论中国东海区海洋倾废管理问题与对策[J].太平洋学报,2011,19(8):96-104.

[22] 吕建华,张娜.我国海洋环境突发事件应急管理体系建构[J].山东行政学院学报,2014(3):7-10.

[23] 罗豪才,王锡锌.行政程序法与现代法治国家[J].行政法论丛,2000,3(1):179-229.

[24] 马谋雄,李琳.《海上海事行政处罚规定》在执法实践中的难点探讨[J].航海,2009(4):22-24.

[25] 潘虹.试论我国涉外海洋调查立法的法律渊源和现实空间[J].海洋开发与管理,2009,26(3):28-32.

[26] 裴兆斌.海上执法体制解读与重构[J].中国人民公安大学学报(社会科学版),2016,32(1):132-137.

[27] 曲琳.我国海洋环境保护法律制度的完善[J].公民与法(法学版),2014(1):40-43.

[28] 宋云霞.海洋科学研究法律制度解析[J].西安政治学院学报,2011,24(2):75-78.

[29] 宋增华.海权的发展趋势及中国海权发展战略构想:兼论海上行政执法力量兴起对中国海权发展的影响[J].中国软科学,2009(7):187-192.

[30] 孙书贤.海洋行政执法案例汇编(第二辑)[M].北京:海洋出版社,2008.

[31] 滕祖文,彭垣,闵庆方.论海洋行政处罚[J].海洋开发与管理,2002,19(6):13-21.

[32] 王晓冬.浅谈如何在海洋石油开发中做好海洋环保工作[J].化工管理,2018(16):118.

[33] 王印红,王琪.海洋强国背景下海洋行政管理体制改革的思考与重构[J].上海行政学院学报,2014,15(5):102-111.

[34] 王振清.海洋行政执法研究[M].北京:海洋出版社,2008.

[35] 吴高盛.中华人民共和国治安管理处罚法释义[M].北京:人民出版社,2005.
[36] 向力.海上行政执法的主体困境及其克服:海洋权益维护视角下的考察[J].武汉大学学报(哲学社会科学版),2011,64(5):82-87.
[37] 徐贺云.我国涉外海洋科学研究管理实践和对法规修订的思考[J].边界与海洋研究,2019(4):50-60.
[38] 于洋.联合执法:一种治理悖论的应对机制:以海洋环境保护联合执法为例[J].公共管理学报,2016,13(2):49-62.
[39] 袁晓乐.我国海上行政执法管理体制的多重思考[J].法制与社会,2016(21):193-194.
[40] 张宏声.海洋行政执法必读[M].北京:海洋出版社,2004.
[41] 张辉.论加强中国海洋执法力度的途径[J].社科纵横,2014,29(1):74-78.
[42] 张明慧,林勇,张宪文,等.我国海底电缆管道管理问题分析与对策建议[J].海洋开发与管理,2015,32(10):26-29.
[43] 张少凯,董晓林,陈名伟.对涉外海洋科学考察活动的海事管理责任分析[J].中国海事,2011(8):26-29.
[44] 郑敬高,等.海洋行政管理[M].青岛:中国海洋大学出版社,2012.
[45] 周华伟,张童.以中国海警局的设立为视角,论完善我国海上统一行政执法制度[J].水运管理,2013,35(8):25-27.
[46] 朱晖,郭晓杰.海上行政执法程序完善对策[C]//中国太平洋学会海洋维权与执法研究分会2016年学术研讨会论文集.大连,2017:269-278.
[47] 邹立刚.国家海上行政管辖权研究[J].法治研究,2014(8):19-26.